法藏知津

四編：佛教歷史與文獻研究專輯

杜潔祥 主編

第8冊

《比丘尼傳》及其補遺考釋（下）

周奢 著

花木蘭文化出版社

國家圖書館出版品預行編目資料

《比丘尼傳》及其補遺考釋（下）／周 奢 著 — 初版 — 新北市：
花木蘭文化出版社，2015〔民 104〕
目 2+252 面；19×26 公分
（法藏知津四編：佛教歷史與文獻研究專輯　第 8 冊）
ISBN：978-986-254-413-6（精裝）
1. 比丘尼　2. 佛教傳記
011.08　　　　　　　　　　　　　　　　　100000221

ISBN-978-986-254-413-6

9 789862 544136

法藏知津四編：佛教歷史與文獻研究專輯
第 八 冊　　　　　　　　　ISBN：978-986-254-413-6

《比丘尼傳》及其補遺考釋（下）

作　　者　周 奢
主　　編　杜潔祥
副總編輯　楊嘉樂
編　　輯　許郁翎
出　　版　花木蘭文化出版社
社　　長　高小娟
聯絡地址　235 新北市中和區中安街七二號十三樓
　　　　　電話：02-2923-1455／傳眞：02-2923-1452
網　　址　http://www.huamulan.tw 信箱 hml 810518@gmail.com
印　　刷　普羅文化出版廣告事業
初　　版　2015 年 5 月
定　　價　四編 15 冊（精裝）新台幣 25,000 元

《比丘尼傳》及其補遺考釋（下）

周奢 著

目次

下　冊

第三章 結 論

一、女眾入道的因緣

我國是一崇尚家庭倫理的國家，《大學》所謂：「天下之本在國，國之本在家。」正是這一層意思。後來韓昌黎的反對佛教，就是從這一層立論的：「君不出令，則失其所以為君；臣不行君之令而致之民，則失其所以為臣；民不出粟、米、麻、絲，作器皿，通貨財以事其上，則誅。今其法曰：『必棄而君臣，去而父子，禁而相生相養之道。』以求其所謂清淨寂滅者。」又說：「今也欲治其心，而外天下國家，滅其天常。子焉而不父其父，臣焉而不君其君，民焉而不事其事。」（見《韓昌黎集·原道篇》）那麼，佛是「夷狄之教」，竟然有人信，有人入道，甚且是家庭重心的女眾入道，這原因豈不是很值得考究的嗎？今撰其因緣，略有以下諸端：

（一）前世業因，所以從小便不沾葷腥，不慕榮利的。如安令首尼：「父仲，仕偽趙為外兵郎。令首幼聰敏好學，言論清綺，雅性虛淡，不樂人間，從容閑靜，以佛法自娛，不願求娉……仲以問佛圖澄。澄曰：『君歸家潔齋三日，竟可來。』仲從之。澄以茵之子磨麻油，傳仲右掌，令仲視之。見一沙門在大眾中說法，形狀似女，具以白澄。澄曰：『是君女先身，出家益物，往事如此。若從其志，方當榮拔六親，令君富貴；生死大苦海，向得其邊。』仲還許之，首便剪落。」（見《比丘尼傳》卷一〈偽趙建賢寺安令首尼傳2〉）又如全書卷三〈東官曾成法緣尼傳 37〉所記法緣尼的事跡也是：「法緣，本姓俞，東官曾成人也。宋元嘉九年，年十歲，妹法綵年九歲。未識經法；忽以其年二月八日，俱失所在，經三日而歸。說至淨土天宮見佛，佛為開化。

至九月十五日，又去一旬乃還，便能作外國書語及誦經。見西域人，言譴善相了解。十年正月十五日，又復失去；田中作人見其隨風飄颺上天，父母憂之，祀神求福。既而經月乃返，返已出家，披著法服，持髮而歸。自說見佛及比丘尼，語云：『汝前世因緣，應爲我弟子。』舉手摩頭，髮自墮落。」又如全書全卷〈崇聖寺僧敬尼傳 39〉：「僧敬在孕，家人設會，請瓦官寺僧超、西寺曇芝尼，使二人指腹，呼胎中兒爲弟子，母代兒喚二人爲師，約不論男女，必令出家。將產之日，母夢神人語之曰：『可建八關。』即命營始；僧像未集，敬便生焉。聞空中語曰：『可與建安寺白尼作弟子。』母即從之。及五六歲，聞人經唄，輒能誦憶。」以上是略顯神異的事例，但也有少即清信茹素的例子，如全書卷一〈北永安寺曇備尼傳 6〉：「少有清信，願修正法；而無有昆弟，獨與母居，事母恭孝，鄉黨稱之。年及笄嫁，徵幣弗許；母不能違，聽其離俗。精勤戒行，日夜無怠。」又如全書卷二〈廣陵僧果尼傳 27〉：「宿殖誠信，純篤自然。在乳哺時，不過中食，父母嘉異。」又如全書全卷〈竹園寺慧濬尼傳 33〉：「幼而穎悟，精進邁群。且輒燒香運想，禮敬移時；中則菜蔬一飯，鮮肥不食。雖在居家，有如出俗。」《北史》之中也有此例，《北史》卷三十三〈李靈傳〉說：「搔妹曰法行，幼好道，截指自誓不嫁，遂爲尼。」李搔的妹妹，是官拜驃騎大將軍、儀同三司李元忠的女兒；李搔也作到河內太守，頗著政績。可以說是家世顯赫了，她卻幼而好道，截指自誓不嫁地誓願爲尼，這如果不是前世業因，何克臻此？（見〈法行尼傳遺考 23〉）

（二）家庭環境，譬如父母、兄弟姊妹的信佛，因而影響到她出家的心志。如全書卷二〈永安寺僧端尼傳 24〉：「僧端，廣陵人也。門世奉佛，姊妹篤信，誓願出家。」全書卷四〈山陰招明寺釋法宣尼傳 65〉：「父道寄，世奉正法，宣幼而有離俗之志，年始七歲而蔬食苦節。」又如全書卷三〈剡齊興寺德樂尼傳 51〉：「樂生而口有二牙，及長，常於闇室不假燈燭，了了能見。願樂離俗，父母愛惜而不敢遮。至八歲許，其姊妹同時入道，爲晉陵光尼弟子。」又如竹園寺淨行尼，是淨淵尼的第五妹，也是姊妹出家；何后寺道儀尼，是廬山慧遠和尚的姑姑。多少都是耳濡目染所致的。也有在深宮之中，因見嬪妃的信道，感己身之不幸而毅然出家的。如《伽藍記》卷一〈瑤光寺〉條就說：「永寧講堂，尼房五百餘間。綺疏連亙，戶牖相通，珍木香草不可勝言：牛筋、狗骨之木，雞頭、鴨腳之草，亦悉備焉。椒房嬪御學道之所，披

庭美人並在其中，亦有名族處女，性愛道場，落髮辭親，來依此寺。屏珍麗之飾，服修道之衣；投心八正，歸誠一乘。」就是此等的寫照。

　　（三）家庭的變故，如或寡居，或家道多故。如：仝書卷一〈竹林寺淨撿尼傳 1〉：「撿少好學，早寡家貧，常為貴遊子女教授琴書；聞法信樂，莫由諮稟。」又，仝書仝卷〈弘農北岳妙相尼傳 4〉：「父茂，家素富盛，相早習經訓。十五適太子舍人北地皇甫達達，居喪失禮，相惡之，告求離絕，因請出家。」又如，仝書卷二〈吳太玄臺寺法相尼傳 29〉：「篤志好學，不以屢空廢業，清安貧窶，不以榮達移心。出適傅氏，家道多故。苻堅敗績，眷屬散亡，出家持戒，信解彌篤。」再如仝書卷三〈錢塘齊明寺超明尼傳 49〉：「父先，少為國子生，世奉大法。明幼聰穎雅有志尚，讀五經，善文義，方正有禮，內外敬之。年二十一，夫亡寡居，鄉鄰求嫂，誓而弗許，因遂出家住崇隱寺。」說到家庭的變故，《比丘尼傳》裡，真是不乏其例。

　　（四）但是，最悲慘的，莫過於本無正信，卻因身不由己的，或因宮闈內鬥，或因主子的強迫而青燈古佛地了此殘生。這一種例子，在史書后妃、宮嬪傳裡，特別多見，我們不妨說是政治的迫害吧。譬如：《北史》卷十三〈后妃傳上〉：「孝文廢皇后馮氏，太師熙之女也……孝文立為皇后，恩遇甚厚。孝文後重引后姊昭儀至洛，稍有寵，后禮愛漸衰。昭儀自以年長，且前入宮披，素見待念，輕后而不率妾禮。后雖性不妒忌，時有愧恨之色。昭儀規為內主，譖構百端，尋廢后為庶人。后貞謹有德操，遂為練行尼，後終於瑤光佛寺。」姊姊後亦受迫為尼，〈后妃傳〉上說：「未幾，疾病，（文明太皇）太后乃遣還家為尼……帝崩，梓宮達魯陽，乃行遺詔。北海王詳奉宣遺旨，長秋卿白整等入授后藥。后走呼，不肯引決，曰：『官豈有此也！是此諸王輩殺我耳。』整等執持強之，乃含椒而盡。」另外的例子是，「宣武皇后高氏……性妒忌，宮人希得進御。及明帝即位，上尊號曰皇太后；尋為尼，居瑤光寺……時天文有變，靈太后欲以當禍，是夜暴崩，天下冤之。喪還瑤光佛寺，殯葬皆以尼禮。」更悲淒的例子，是：「文帝文皇后乙弗氏……時新都關中，務欲東討，蠕蠕寇邊，未遑北伐，故帝結婚以撫之。於是更納悼后，命后遜居別宮，出家為尼……六年春，蠕蠕舉國渡河，前驅已過夏；頗有言虜為悼后之故興此役，帝曰：『豈有百萬之眾，為一女子舉也？雖然，致此物論，朕亦何顏以見將帥邪！』乃遣中常侍曹寵齎手敕，令后自盡。后奉敕……因慟哭久之……召僧設供，令侍婢數十人出家，手為落髮。事畢，乃入室，引被自覆

而崩，年三十一。」不只帝室有這現象，就是富室公卿，亦復如是。譬如《伽藍記》卷三〈高陽王寺〉條就說：「高陽王寺，高陽王雍之宅也，在津陽門外三里、御道西。雍爲尒朱榮所害也，捨宅以爲寺……雍薨後，諸妓悉令入道。」當然，這種例子，《北史》之中還有幾多例子，此處不煩悉舉。

（五）因爲身罹疾疢，或自願、或家人爲彼發願出家的。如全書卷二〈江陵祇洹寺道壽尼傳 18〉：「道壽……元嘉中遭父憂。因毀遘疾，自無痛癢，唯黃瘠骨立；經歷年歲，諸治不瘳。因而發願，願疾癒得出家。」又如，〈吳太玄臺寺釋玄藻尼傳 19〉：「藻年十餘，身嬰重疾；良藥必進，日增無損。時玄臺寺釋法濟語安苟曰：『恐此疾由業，非藥所消。貧道按佛經云：若履危苦，能歸依三寶，懺悔求願者，皆獲甄濟。君能與女，並捐棄邪俗，洗滌塵穢，專心一向，當得痊癒。』……既靈驗在躬，遂求出家，住太玄臺寺。精勤匪懈，誦《法華經》，菜食長齋三十七載。」

但是，有一殊堪玩味的，是后妃宮嬪入道的習尚，似乎只見於北方，南人則似不多見。揣其原因，似乎在於崇信的心態不同，今略述之如下：

北朝從元魏算起，歷經了北齊、北周，凡三代 194 年，其出家的嬪妃多到十五位（這是就史傳上明載其姓氏者說的，至於不記名的、或隨其嬪妃剃落的，那眞是多到不可勝計。詳情請參考本章第一節之三「家庭的變故，或寡居，或家道多故，或國破家亡。」段）而南朝就只有陳後主的沈皇后而已，並且她也是到了隋代，煬帝被殺，才始入了空門的。這其間的原因，我想偏在事、理是一大關鍵。

北朝重在「事行」，南朝重在「理入」。重在事行，事不行就以力鬥，所以北朝有毀佛之舉；重在理入，理不入就以義爭，因此南朝止於口舌之辯而已。譬如：《梁傳》卷二〈河西曇無懺傳〉記沮渠蒙遜和魏世祖的事佛，即說：「時河西王沮渠蒙遜僭據涼土，自稱爲王。聞讖名（案，即曇無懺的別譯），呼與相見……至遜僞承玄二年，蒙遜濟河伐乞伏暮末於枹罕，以世子興國爲前驅……遂爲亂軍所殺。遜大怒，謂事佛無應，即欲遣斥沙門，五十以下皆令罷道。」於己有利則信，不利則即毀去：「時魏虜拓跋燾聞讖有道術，遣使迎請……又命遜曰：『聞彼有曇摩讖法師，博通多識，羅什之流；祕咒神驗，澄公之匹。朕思欲講道，可馳驛送之。』」可見拓跋燾所重的，端在「祕咒神驗，澄公之匹」而已。「至遜義和三年三月。讖因請西行，更尋《涅槃》後分；遜忿其欲去，乃密圖害讖，比發，遜果遣刺客於路害之，春秋四十九。」再

如全書卷三〈宋河西浮陀跋摩傳〉說：「浮陀跋摩，此云覺鎧，西域人也……宋元嘉之中，達於西涼……時蒙遜已死，子牧犍襲位。以犍承和五年歲次丁丑四月八日，即宋元嘉十四年，於涼州城內閑豫宮中，請跋摩譯焉……有頃，魏虜拓跋燾西伐姑臧，涼土崩亂，經書什物，皆被焚蕩，遂失四十卷，今唯有六十卷存焉。」這是毀經書，殺道人的事例，更進一步的是禁教，《魏書》卷一一四〈釋老志〉記高宗的詔書說：「夫山海之深，怪物多有，姦淫之徒得容假托，講寺之中，致有兇黨。是以先朝因其瑕釁，戮其有罪；有司失旨，一切禁斷。」可證。至於北齊，也不是正信的佛教徒，《北史》卷八〈齊本紀〉載後主蕭緯的行事，說：「又於晉陽起十二院，壯麗逾於鄴下；所愛不恆，數毀而又復。夜則以火照作，寒則以湯為泥，百工困窮，無時休息。鑿晉陽西山為大佛像，一夜燃油萬盆，光照宮內。又為胡昭儀起大慈寺，未成，改為穆皇后大寶林寺。窮極工巧，運石填泉，勞費億計，人牛死者，不可勝紀。御馬則藉以氈罽，食用有十餘種；將合牝牡，則設青廬、具牢饌而親觀之。」及至北周武帝之所以討論釋老，即是要廢佛。《北史》卷十〈周本紀〉：「建德三年（574 A. D.）夏四月丙子，初斷佛、道二教，經像悉毀，罷沙門、道士，並令還俗。」其廢佛的酷烈，請看下文「三比丘尼的堅持與成就」所引《房錄》的數字，即可概見。

　　反觀南朝的君王，就多能從理上入佛；不過，我以為這卻是從士大夫開始作基礎，而影響及於上層的。譬如說《梁傳》卷四〈晉剡沃洲山支遁傳〉就說：「支遁，字道林，本姓關氏，陳留人，或云河東林慮人……二十五歲出家。每至講肆，善標宗會；而章句或有所遺，時為守文者所陋。謝安聞而善之，曰：『此乃九方歅之相馬也，略其玄黃而取其駿逸。』王洽、劉恢、殷浩、許詢、郗超、孫綽、桓彥表、王敬仁、何次道、王文度、謝長遐、袁彥伯等，並一代名流，皆著塵外之狎。遁常在白馬寺與劉系之等談《莊子·逍遙篇》，云：『各適性以為逍遙』。遁曰：『不然。夫桀、跖以殘害為性，若適性為得者，彼亦逍遙矣。』於是退而注《逍遙篇》，群儒舊學莫不歎伏。」此等風尚自必影響及於王侯，《梁傳卷七〈宋京師東安寺釋慧嚴傳〉寫宋文帝與何尚之之言，說：「至元嘉十二年（435 A. D.），京尹蕭摹之上啟，請制起寺及鑄像。帝乃與侍中何尚之、吏部郎中羊玄保等議之。謂尚之曰：『朕少來讀經不多，比日彌復無暇，三世因果未辨厝懷，而復不敢立異者，正以卿輩時秀，率所敬信故也。范泰、謝靈運常言，六經典文本在濟俗，必求靈性真奧，豈得不以佛經

爲指南耶？近見顏延之〈推達性論〉、宗炳〈難白黑論〉，明佛汪汪尤爲名理，並足開獎人意。若使率土之濱皆敦此化，則朕坐致太平，夫復何事？』此外，梁武帝之出於齊竟陵王門下，早和僧伽往返之事，也是風氣使然。《金樓子》卷三〈說蕃篇八〉載：「竟陵蕭子良開私倉賑貧民，少有清尚，禮才好士，居不疑之地，傾意賓客，天下才學皆游集焉。善立勝事，夏月客至，爲設瓜飲及甘果。著之文教，士子文章及朝貴辭翰，皆發教撰錄。居雞籠山西邸，集學士抄五經、百家，依《皇覽》立爲四部要略千卷；招致名僧講論佛法，造經唄新聲，道俗之盛，江左未有也。好文學，我高祖、王元長、謝元暉、張思光、何憲、任昉、孔廣、江淹、虞炎、何佪、周顒之儔，皆當時之傑，號士林也。」因此，「武帝雖爲宗教實行家；但究本人，染當世學術之風氣，於佛教特重義學。」可見南朝諸帝的崇佛，殆發於理智的信仰，當然不同於昧理的狂熱，於是就少有失勢、失志便遁入空門的舉措。

附論：我國首位尼師的商榷

本節擬探討的，是：

1. 我國佛教傳入時期之探討（魚豢〈魏略·西戎傳〉之再考察。）
2. 「尼」字的考察
3. 我國女眾之出家，究在何時？

本師釋迦牟尼佛之成道時期，學者的說法各異〔註1〕；但是，佛於成道後的第十二年曾經返還本國爲其釋種宣法，卻是大體相同的。譬如《佛祖統紀》卷第二的記載，就說：

1000 B.C.周昭王五十年戊寅　悉達多太子年二十五出家。

995 B.C.周穆王四年癸未　太子成道，時年三十。

987 B.C.周穆王十二年辛卯　佛親爲父王說法，時年三十八歲。

984 B.C.周穆王十五年甲午　佛再還迦毗羅國，時年四十二，而大愛道出家，爲比丘尼之始。〔註2〕

〔註1〕如《佛祖統紀》、《歷代三寶紀》、《佛祖歷代通載》、《釋氏稽古略》等。

〔註2〕《佛祖統紀》卷第三下：「十五年甲午，佛再還迦毗羅國，爲父王說法，度釋種八萬四千人，得須陀洹果……初，佛還國，大愛道求出家（原注：佛姨母摩訶波闍波提也），再三不許；佛再還國，復求出家，如前不許。阿難白佛：大愛道至心欲受法律，願佛聽之。佛令盡形壽行八敬法，時大愛道得出家，爲比丘尼始。」

這是表示佛成道後十二年，才有比丘尼的出現與活動；那麼，佛教傳來我國，什麼時候才有比丘尼的出現與活動呢？這當然得從佛教傳來的時期說起。

關於佛教傳入的時期，真是眾說紛紜，一般佛教史學者認為較可靠的資料，大概有：魚豢的《魏略・西戎傳》、劉孝標的《世說新語・文學篇注》、魏收的《魏書・釋老志》、長孫无忌的《隋書・經籍志》、法琳的《辯正論第五》、《太平御覽》卷七九二〈四夷部〉以及《史記・大宛傳正義》、《通典》卷一九三、《通志》卷一九六、《廣川畫跋》卷二等，其中最早而可靠的資料，當然是魚豢的《魏略・西戎傳》了。今案本資料見於《三國志》卷三十〈烏丸鮮卑東夷傳〉的裴松之的補注；我們先把它抄在下面，再用考釋的方式，作逐字的查考庶幾比較詳實：

> 罽賓國、大夏國、高附國、天竺國並屬大月氏〔1〕。臨兒國，《浮屠經》云〔2〕：「其國王生浮屠；浮屠，太子也。父曰屑頭邪，母云莫邪〔3〕。浮屠身服色黃，髮青如青絲，乳青毛，蛉赤如銅。始莫邪夢白象而孕，及生，從母左脅出；生而有結，墮地能行七步。〔4〕」此國在天竺城中。
>
> 天竺又有神人，名沙律〔5〕。昔漢哀帝元壽元年，博士弟子景盧〔6〕受大月氏王使伊存口受《浮屠經》〔7〕，曰「復立」〔8〕者其人也。《浮屠》所載：臨蒲塞、桑門、伯聞、疏問、白疏閒、比丘、晨門，皆弟子號也〔9〕；《浮屠》所載與中國《老子經》〔10〕相出入，蓋以為老子西出關、過西域、之天竺、教胡。浮屠屬弟子別號，合有二十九，不能詳載，故略之如此。

考釋：

〔1〕所謂「罽賓國、大夏國、高附國、天竺國並屬大月氏」跟下文「臨兒國，《浮屠經》」云云無關，因為它是承續前文西行南道的且志國、小宛國、精絕國、樓蘭國之屬鄯善以及戎盧國、扞彌國、渠勒國等之屬于寶而說的；因此，事實上它應該是歸在上一段才是。不過，天竺國屬大月氏，大月氏因此與佛教之傳播我國，很有深切的關係，這一層是不能忽略的。

〔2〕至於「臨兒國，《浮屠經》云」句，在唐朝杜佑的《通典》卷一九三，卻寫成了：「晉、宋時，《浮圖經》云：臨倪國其王生浮圖太子也……」

（見〈天竺國條〉）《通志》所引，與之相同。這裡有二點要注意：一、「臨兒國，《浮屠經》云」的句式，倒成了「《浮圖經》云：臨倪國」。前者是引《浮屠經》來解說臨兒國，顯見其國是塊然獨存的，也就是說它是確實存在天竺城中的。後者則是表示《浮圖經》裏有一臨倪國，如果你把《浮圖經》當作純宗教書來看待，那麼臨倪國竟許就是子虛烏有的所在；如果你認爲《經》不能盡摒，很可以做史地考證的資料，那麼它就告訴你：天竺域中，有一臨倪國在。注意，這裡是用一「域」字，不是前者的「城」字；到底何者爲是？請詳下文。二、〈西戎傳〉的臨兒國云云，是直接接在「罽賓國」等等之後說的；不像《通典》、《通志》之前多了一句「晉、宋時」的案語。與之和句式顛倒的事體相參，我們很可以認爲《通典》、《通志》和裴松之注所引用的《魏略·西戎傳》的資料來源是不同的；來源不同，所記卻是同一件事，那麼佛教在漢哀帝年間傳來我國，就是鐵的事實了。三、「臨兒國」做「臨倪國」，兒、倪一音之轉，古來本相通用的。但是，日本學者如賴威氏、藤田豐八氏、鎌田茂雄氏，認爲臨兒 Lin-eul 的古音應該是 Lin-ni，並且進一步認爲是 Lum (bi) ni 的略音，也就是我們熟知的「藍毗尼」了；而古人或者把它譯作「臨毗」，譬如《史記·大宛傳正義》就是這樣 [註3]。另外，藤田氏還認爲「國」字是「園」字之誤，藍毗尼園、臨毗園都是我們耳熟能詳的，所以《魏略·西戎傳》乃寫作「天竺城中」，不像《通典》、《通志》之改作「天竺域中」；再者「國」、「園」之誤，《比丘尼傳》的「王園寺」正是「王國寺」的誤書。（詳請參閱本論文的〈剡齊興寺德樂尼傳考 51〉）從以上三點的考察，《世說新語》的引用，應該是比較接近《魏略》的原貌的，它說：

《魏略·西戎傳》曰：「天竺城中有臨兒國，《浮屠經》云：『其國王

［註3］《史記》卷一二三〈大宛列傳〉：「大夏在大宛西南二千餘里、嬀水南……其東南有身毒國。」唐張守節〈正義〉說：「身毒在月氏東南數千里，俗與月氏同……月氏脩浮圖道，不殺伐，遂以成俗……浮圖經云：臨毗國王生隱屠太子，父曰屠頭邪，母曰莫邪。（案，疑漏一『隱』字）屠身色黃，髮如青絲，乳有青色，爪赤如銅。始莫邪夢白象而孕，及生，從母右脅出。生有髮，墮地能行七步。又云：太子生時，有二龍王夾左右吐水，一龍水暖，一龍水冷，遂成二池，今猶一冷一暖。初行七步處，琉璃上有太子腳跡，見在生處，名祇洹精舍，在舍衛國南四里，是長者須達所起。又有阿輸迦樹，是夫人所攀，生太子樹也。」

生浮圖;浮圖者,太子也。』……」〔註4〕

屠、圖,是音譯時用字的不同,這是無關宏旨的;浮屠或浮圖,其實就是後來譯成的「佛陀」。但是,把佛陀和太子劃成等號,這就顯見佛教初來,我們先輩學者理解的一般了;不過,這正好顯示了資料的古老和可靠。

〔3〕《魏略》又說:「父曰屑頭邪,母云莫邪」,「邪」和「耶」本同一音,如「瑯琊」的「琊」字就是從「邪」而讀做一せˊ的。所以《辯正論》、《通典》、《通志》等做「屑頭耶」、「莫耶」,都是同一個人;而屑頭邪就是'Suddhodana,也就是淨飯王,莫邪就是 Maya,也即是摩耶夫人。

〔4〕「浮屠身服色黃」,《通志》寫作「浮圖者身體色黃」,比較通,因為佛身金色,是三十二相、八十種好之一。至於「乳青毛,蛉赤如銅」《辯正論》、《通典》、《廣川畫跋》沒有這一句,《通志》、《世說新語》沒有「乳青毛」句;而《史記》作「乳有青色(案,文不雅馴,或者應作『乳有青色毛』或『乳有青毛』才是),爪赤如銅」古相書上說乳上長毛是富貴相,毛紺青色又是三十二相、八十種好之一,於是這話就通了。又,「從母左脅出」,一般多做右脅出,左陽右陰,應該左才是,但是左右都好,不妨。「生而有結」,結應該是肉髻,也是瑞相之一;說到「墮地能行七步」,這是稍具佛學知識的人所熟知的。

〔5〕但是,其後突然接了一句「天竺又有神人,名沙律。昔漢哀帝元壽元年,博士弟子景盧受大月氏王使伊存口受《浮屠經》」是不是說伊存所傳授的《浮屠經》,是沙律所傳的呢?學者或說沙律就是舍利弗

〔註4〕《世說新語·文學第四》:「殷中軍見佛經云:『理應在阿堵上。』」劉孝標注云:「佛經之行中國尚矣,莫詳其始。《牟子》曰:『漢明帝夜夢神人,身有日光,明日,博問群臣。通人傅毅對曰……於是遣羽林將軍秦景、博士弟子王遵等十二人之大月氏國,寫取佛經四十二部,在蘭臺石室。』劉子政《列仙傳》曰:『歷觀百家之中,以相檢驗,得仙者百四十六人,其四十六人已在佛經,故撰得七十人;可以多聞博識者遐觀焉。』如此即漢成、哀之間,已有佛經矣。與《牟子》、《傳記》便為不同。《魏略·西戎傳》曰:『……博士弟子景廬受大月氏王使伊存,口傳〈浮屠經〉,曰復豆者,其人也。』〈漢武故事〉曰:『昆邪王殺休屠王,以其眾來降,得其金人之神,置之甘泉宮。金人皆長丈餘,其祭不用牛羊,唯燒香禮拜。上使依其國俗祀之。』此神全類於佛,豈當漢武之時,其經未行於中土,而但神明事之耳?故驗劉向、魚豢之說,佛至自哀、成之世明矣。」

'Sariputra，今考舍利弗的來源，據《釋迦譜》的說法有二：一是智慧無窮，決了諸疑的舍利弗比丘；一是入水三昧，不以爲難，廣有所識，人所敬念的質多舍利弗比丘。後者雖然也是智慧如水，只是在佛的經論之中，很少再有提到的；《釋迦譜》說舍利弗比丘的出家因緣，是：「爾時阿捨婆耆比丘著衣持缽，入村乞食，善攝諸根，威儀詳序，路人見者皆生恭敬。時舍利弗忽於路次，逢見阿捨婆耆……心大歡喜，踊躍遍身。」這便和阿捨婆耆同去求佛剃度，佛也很高興地向諸弟子介紹：「……當於我法中爲上弟子。舍利弗者，於智慧最爲第一。」可是，《釋迦譜》同時又引〈普曜經〉，說介紹舍利弗見佛出家的不是阿捨婆耆，而是安陸：「佛有沙門，名曰安陸。遣行宣法，開化未聞；五濁之世，人在荒迷，不達至眞。入城分衛，衣服齊整，威儀禮節，不失常法，行步安詳；因是使人見之心悅，時舍利弗本字優婆替，而遙見之，心中欣然。」我頗懷疑安陸就是沙律，因爲《辯正論》描寫沙律的形象是：「年老髮白狀似老子，常教民爲浮圖。」所謂「常教民爲浮圖」不就是安陸的「遣行宣法，開化未聞」之作爲嗎？可惜我沒有更堅實的證據。總之，不管沙律是舍利弗也好，是安陸也好，這一句「天竺又有神人，名沙律」，都覺得突兀，好像是硬生生插入的一樣。而《辯正論》卻順勢把它說成是老子：「國有神人，名曰沙律，年老髮白狀似老子，常教民爲浮圖。近世黃巾見其頭白，改彼沙律，題此老聃，曲能安隱，誑惑天下。」於是，就造就出「老子化胡說」了。

〔6〕「博士弟子景盧」，景盧，《辯正論》、《通典》、《隋書·經籍志》作秦景，《通志》作景匱，《廣川畫跋》作秦景憲，《世說新語》作景盧；盧、匱、盧，是聲轉；景，是楚地的大姓；我想受《經》的人，或者姓名就叫做「景盧」吧？因爲盧、盧形音都相近，匱字則與盧字音相似，而《廣川畫跋》竟然作「秦景憲」，憲，正有思慮之義，如孔子的學生原憲字就叫子思，又如《禮記·學記》開宗明義說：「發慮憲，求善良，足以謏聞，不足以動眾。」唐·孔穎達疏：「憲，思也。」可以爲證。至於「秦」字，則是大月氏或者其王使伊存稱景盧是來自秦地的人之意（外人稱中國爲「秦」，古書之夥，不煩枚舉）；後世傳訛，竟誤成這樣不能卒讀了。

漢哀帝爲什麼叫博士景盧去受伊存的《浮屠經》呢？根據《漢書》的記載，是當時發現了金人，這在當時是一莊嚴的大事，且和佛教的傳說，很有關係。印順法師的《妙雲集下篇・佛教史地考論》說：「漢初，自以爲得土德；光武二年，才改定爲火德。但一般還以爲是土德的，如王充《論衡》說：『土色黃，漢土德也，故金化出。』漢得土德，就有土德的符瑞，如〈明帝紀〉說：『十一年，溗湖出黃金，盧江太守以獻。』在本紀中，湖出黃金的符瑞，還不覺得與金人有關。但讀到晉葛洪《抱朴子・外篇》：『靈禽噅喈於阿閣，金象焜昱乎清沼』就顯得與金人有關了。……其中『靈禽噅喈於阿閣』，在漢宣帝、明帝、章帝時代，都是有的；而『金象焜昱乎清沼』，那唯有明帝十一年，溗湖所出的黃金了。本紀說「金」（其實水裏發現幾塊黃金，說不上祥瑞），《抱朴子》說『金象』，這是值得重視的事！金象就是金人，《後漢書・王景傳》，也明白的說到：『建初七年（82 A. D.）遷（王景爲）徐州刺史。先是杜陵杜篤奏上〈論都賦〉，欲令車駕遷還長安。耆老聞者，皆動懷土之心，莫不眷然伫立西望。景以宮廟已立，恐人情疑惑；會時有神雀諸瑞，乃作〈金人論〉，頌洛邑之美，天人之符。』（案，見〈循吏列傳第六十六〉）王景的〈金人論〉歌頌定都洛陽以來的人和天瑞。『神雀』以外，特別以『金人』爲題，可想見當時確有『金人』的祥瑞，不只是抱朴子『金象』的傳說了。金人即金象，不僅是民間的傳說，還見於朝廷的頌讚。這是皇漢的符瑞，也是佛教東來的瑞兆。」其實，「金人」之事，早在漢武帝的時候就有了，《世說新語・文學篇注》引〈漢武故事〉說：「昆邪王殺休屠王，以其眾來降，得其金人之神，置之甘泉宮。金人皆長丈餘，其祭不用牛羊，唯燒香禮拜。上使依其國俗祀之。」然後加以案語，說：「此神全類於佛，豈當漢武之時，其經未行於中土，而但神明事之耳？」佛教之來，是不是一如劉孝標的「案語」？我們不能必定；但是，漢哀的遣使以及後來明帝的夢見金人，應該與此都有關係的了。

〔7〕伊存口受《浮屠經》，這《經》如果不是咒語，大概就是如〈四十二章經〉、〈般若波羅密多心經〉之類的短小精悍的典籍吧？與前文「臨兒國，《浮屠經》云」不同；這一個《浮屠經》，《廣川書跋》的引用卻是《晉中經》。案，中是指皇宮而言，皇宮裏所祕藏的書，便叫做

「中經」；《晉中經》又稱《晉中經簿四部書》，是晉·荀勗所編，見
於梁·阮孝緒的〈七錄序〉後來《廣弘明集》卷三曾經加以引用：「《晉
中經簿四部書》，一千八百八十五部、二萬九百三十五卷，其中十六
卷佛教書簿，少二卷，不詳所載多少？一千一百一十九部亡，七百六
十六部存。」那麼，這一個《浮屠經》大概是在十六卷佛教書簿裏頭，
可惜已經亡佚不可得見了。案，任繼愈氏的《中國佛教史》第一卷，
說到伊存口受《浮屠經》的事體時，說：「關於這個記載（案，即指
上引《魏略·西戎傳》而言），有必要指出如下幾點：（一）博士弟子
景盧之所以願意接受大月氏使者伊存口授《浮屠經》，說明這種宗教
信仰已引起當時社會上某些人的注意。（二）大月氏在公元前二世紀
移居大夏後很快就接受當地的風俗文化，因此在公元前一世紀末盛行
佛教並由其來華使者口授佛經，是完全可能的。公元後一世紀大月氏
取得統一，建立貴霜王朝，此後有不少佛教僧侶直接來華傳教譯經。
（三）口授佛經是佛教的傳統作法。在公元後一世紀以前，佛教經典
沒有成文記載，全靠口頭傳誦，甚至東漢時我國早期的譯經，也多從
口授。」這一些話，可以使我們對這事，有一更深切的思考。

〔 8 〕「復立」諸本多做「復豆」，很是，因為它正是佛陀的音譯 Buddha。
任繼愈氏的《中國佛教史》第一卷又說：「從《魏略》對《浮屠經》
的解釋來看，最早的《浮屠經》大概叫做《復豆經》，引文中的『復
立』當按照《世說新語》注的引文改作『復豆』（宋徐鉉《說文解字》
注，『豆』，徒後切『徒後切』與『浮屠』Buddha 同音。）而在佛教
流行以後才按當時的譯法改為《浮屠經》。」

〔 9 〕根據鎌田茂雄的說法，以為：「桑門、晨門就是沙門'Sramana，至於
伯聞，在《通典》和《廣川畫跋》做伯開，伯開也許是聲聞'Sravaka
的音譯；疏問可能與桑門、晨門同為沙門，至於白疏聞是否為式叉摩
那'Siksamana 或'Sramanera 的音譯，則不太了解，在《通典》、《廣川
畫跋》均做白間。在這裡出現的譯語、音譯語都是僧祐《出三藏記集》
卷一前後〈出經異記第五〉之中所找不到的詞彙。」〔註5〕

〔10〕《老子經》這當然不是五千言的《道德經》，我想大概就是《晉中經

───────────────

〔註 5〕鎌田茂雄氏《中國佛教通史》第一卷、第一章、第四節〈佛教傳入的諸般狀
況〉。

簿四部書》裏的道經，也就是《世說新語》所說：「劉子政《列仙傳》曰：『歷觀百家之中，以相檢驗，得仙者百六十人；其七十四人已在佛經，故撰得七十人，可以多聞博識者遐觀焉。』」的《列仙傳》之類的書籍吧？可惜也都亡佚了。

從以上的考釋，我們知道，佛教確實在西漢年間——尤其是哀帝的時候，已經傳入中土了；至於景盧之口受伊存的《浮屠經》，那是個人接受佛教的最早記錄。

那麼，我國比丘尼的出現與活動也在這個時候開始了嗎？這裡有必要先把「尼」字作一考察：本論文所考察的「尼」字，不在於漢字的原意義的探索〔註6〕，而是在乎譯文本義的闡述。

尼，是比丘尼 Bhiksuni 的略稱；Bhiks，漢譯或作苾芻、煏芻，比較通行的譯法爲比丘。嘉祥《法華義疏》卷一說：「比丘名爲乞士。上從如來乞法以練神，下就俗人乞食以資身，故名乞士。世之乞人但乞衣食，不乞於法，不名乞士。」龍樹菩薩《大智度論》卷三：「云何名比丘？比丘名乞士，清淨活命，故名爲比丘。復次，比名破，丘名煩惱，能破煩惱故名比丘。復次，受戒時自言：『我是某甲比丘，盡形壽持戒。』故名比丘。復次，比名怖，丘名能怖魔王及魔人民；當出家剃頭、著染衣受戒，是時魔怖。何以故怖？魔言是人必得入涅槃。」這樣看來，所謂比丘，實際上含蘊著乞士、破煩惱、持淨戒、能怖魔等四層意義，所以《維摩經佛國品》引僧肇和尚的注說：「肇曰：比丘，秦言或名淨乞食，或名破煩惱，或名淨持戒，或名能怖魔。天竺一名該此四義，秦言無一名以譯之，故存本名焉。」這也就是其後唐·玄奘法師譯音不譯義之所本了。而比丘尼的意義與之相同，只是「ni 尼」爲梵語代表女性的聲音，《俱舍光記》十四說：「苾芻，唐言乞士，舊云比丘，訛也。苾芻尼，苾芻如前解，尼是女聲。」《慧琳音義》講得更明白：「苾芻尼義說同上，出家女之總名。尼，例聲明即女聲也。」所以出家受了具足戒的女子，與男性一般地乞衣食，乞於法，能破煩惱、能淨持戒、能怖魔的女乞士，乃叫做比丘尼，略稱爲尼。但她們的具足戒是怎麼受的呢？《大智度論》卷第

〔註6〕《說文解字》八上〈尸部〉云：「尼，從後近之。从尸，匕聲。」案，「從後近之」是「尼」字的本義；《玉篇》、《廣韻》等等說它有：「安也，止也，和也，息也。」諸義，是它的引申、假借義，而 Bhiksuni 之譯成比丘尼，或簡稱之爲尼，用的正是其引申、假借義。

十三有明確的解說：『若欲受具足戒，應二部僧中，用五衣、缽盂；比丘尼為和尚及教師，比丘為戒師，餘如受戒法。略說則五百戒，廣說則八萬戒；第三羯磨訖，即得無量律儀，成就比丘尼。比丘則有三衣、缽盂，三師十僧，如受戒法。略說則二百五十戒，廣說則八萬戒；第三羯磨訖，即得無量律儀法。』」

尼，又稱「女僧」，王叔承詩：「女僧聞作盂蘭會，乞假中元施寶簪。」清‧丁福保的《佛學大辭典》說：「女僧起於漢代，漢‧劉峻女出家，又洛陽婦阿潘出家，乃尼之始；何充捨宅安尼，乃尼寺之始。」實則其言殆引用於宋‧釋贊寧的《僧史略》而稍異，《僧史略》卷上〈東夏出家〉條說：「夫狂蒙寄於伽藍，頓生善念；孟軻鄰其學校，尋染儒風。佛法既行，民人皆化；于時豈無抽簪解佩、脫履投形者乎？乃漢明帝聽陽城侯劉峻等出家，僧之始也；洛陽婦女阿潘等出家，此尼之始也。」釋贊寧的意思是「陽城侯劉峻等出家」是「僧之始也」，並不是說「漢‧劉峻女出家，乃尼之始」也；而是「洛陽婦女阿潘等出家」，這才是「尼之始也。」另外，全書全卷〈尼得戒由〉條開頭也說：「愛道初緣，豈為容易？阿潘出俗，又實希奇。」可見得贊寧和尚是認定了阿潘才是尼始，而他的說法，是根據唐‧張泌〈粧樓記〉：「漢聽陽城侯劉俊等出家，僧之始也；又聽洛陽婦阿潘等出家，尼之始也。」的話而寫的。這樣對比起來，丁福保氏說「漢‧劉峻女出家」是尼師之始，就不知何所據而云然了。不過，贊寧和尚、張泌兩人的說法，也未必都無問題，譬如說張泌只說「漢聽陽城侯劉俊等出家」，並沒有明指哪一位漢帝？而贊寧和尚便挑明了是漢明帝，其根據何在呢？又譬如說張泌的陽城侯是劉「俊」，贊寧和尚乃作劉「峻」，是同一人呢？兩人呢？筆誤呢？等等問題，都需要考察的；其詳，請參閱下文。

其實要成為正式的女僧、尼僧、尼或比丘尼之前，還得經過：沙彌尼、練行尼、式又摩那尼等等的修習、考驗。今分述如下：

沙彌尼，梵語作 Sramanerika，即女性的沙彌也；請從沙彌（梵語作 Sramanera），開始講。《行事鈔》卷一說：「沙彌是梵語，此云息慈，息其世染，慈濟群生。」其實也可以解釋為息惡行慈。音譯作室羅摩拏洛迦、室末那伊洛迦、室羅末尼羅等等，意譯也作求寂解，《南海寄歸內法傳》（唐‧翻經三藏沙門義淨撰，見《佛教大藏經‧史傳部二》、佛教出版社，民國六十七年三月印行）卷三〈十九受戒軌則〉說：「既受戒已，名室羅末尼羅，譯為求寂，

言欲求趣涅槃圓寂之處。舊云沙彌者，言略而音訛；翻為息慈者，意准而無據也。」總而言之，凡出家受十戒的男子便稱沙彌，女子便稱沙彌尼，因為他們始初出家，戒法還輕，須得由大僧給予勤加策勵，所以它的另一意義即「勤策男（女）」。實則勤策男（女）殆有三品：一是七歲到十三歲，趕得了飛鳥就食的，稱為驅烏沙彌；二是十四歲到十九歲，五年的期間，正好接受師傅的調教，已經能夠進受具足戒了，因此叫做應法沙彌；三是二十歲到七十歲，按照出家的律法，早該具僧尼的位階了；而因緣未具，只好還是沙彌，這有一專稱，叫「文字沙彌」。至於室羅摩拏理迦──沙彌尼，其一切規矩則準此而行。

練行尼，佛的法制無此，顧名思義應該就是修練行法的女子，且應是沒有正式出家，又不是優婆夷（即所謂進事女之在家女居士）的女子。如《魏書》卷十三〈皇后列傳〉說到廢后：「后貞謹有德操，遂為練行尼，後終於瑤光佛寺。」便是一例證。

式叉摩那尼，梵語作 Siksamana，《俱舍光記》十四：「式叉摩那，唐云正學；正，謂正學六法。言六法者，謂不婬、不盜、不殺、不虛誑語、不飲諸酒、不非時食。」又，《行事鈔‧資持記上》一之二曰：「式叉摩那，此云學法女。由尼報弱，就小學中，別提六行為具方便。二年則驗胎有無，六法則顯行貞固，《十誦》所謂練身、練心，即是義也。」說明白些，就是由沙彌尼要臻受比丘尼之具足戒的，需得在十八歲至二十歲的滿兩年期間，學習上述六法以及考察有無身孕，才可以決定她能否受比丘尼之具足戒；而這一段（十八歲至二十歲的滿兩年）的學習期間，就稱為式叉摩那尼。《大智度論》卷第十三最末一段，談到這一問題，有更深入的分析，他說有人問：

「沙彌十戒便受具足戒；比丘尼法中，何以有式叉摩那，然後得受具足戒？」答曰：「佛在世時，有一長者婦，不覺懷妊而出家受具足戒。其後身大轉現，諸長者譏嫌比丘，因此制有二歲學戒受六法，然後受具足戒。」這是怕在不知身體狀況之下，本來是要誠心受戒，而反招致別人的譏嫌，便有損於出家眾的威儀了。所以龍樹菩薩再深入解析說：

「問曰：『若為譏嫌，式叉摩那豈不致譏？』答曰：『式叉摩那未受具足戒，譬如小兒、亦如給使，雖有罪穢，人不譏嫌，是名式叉摩那受六法。是式叉摩那有二種：一者十八歲童女受六法，二者夫家十歲得受六法。』」

從上可見式叉摩那尼的重要，這一種式叉摩那尼在佛制之中原就存在，

譬如巴利文原典的《長老尼偈》就有美女嫡達式叉摩那尼。

　　比丘尼的名號、說法，雖有以上諸般的不同；但是，佛教初傳時學者、民眾的無知，以及民族自尊心的作崇，常常是有意、無意地對尼眾的曲解，而稱之爲「尼媼」的，如《晉書》卷二十七，志第十七〈五行上〉：「孝武太元十三年四月，廣陵高平閭崇家雌雞生無右翅，彭城人劉象之家雞有三足。京房易傳曰：『君用婦人言，則雞生妖。』是時，主相並用『尼媼』之言，寵賜過厚，故妖象見焉。」也有稱之爲「尼姉」的，如仝書仝卷：「又，十二月乙未，延賢堂災。是月丙申，蟲斯則百堂及客館、驃騎府庫皆災。于時朝多弊政，衰陵日兆，不哲之罰，皆有象類，主相不悟，終至亂亡。會稽王道子寵幸『尼姉』，各樹用其親戚，乃至出入宮掖，禮見人主。天戒若曰，登延賢堂及客館者多非其人，故災之也。又，孝武帝更不立皇后，寵幸微賤張夫人，夫人驕妬，皇子不繁，乖『蟲斯則百』之道，故災其殿焉。道子復賞賜不節，故府庫被災，斯亦其罰也。」案，姉〔註7〕就是姉、姆〔註8〕，老太婆的意思；尼而稱爲老太婆、姉姆，其不敬就可想見。〔註9〕

　　當然，本論文所研究的，初不以出家受了具足戒的女子，與男性一般地乞衣食，乞於法，能破煩惱、能淨持戒、能怖魔的女乞士之比丘尼爲範圍的；因爲所受戒律儘管不足，並不是個人問題，而是社會環境使然，但其本身已出家習佛乃爲事實，固不能以形式有無來界定她。所以，下文將就我國的首位比丘尼爲考察的課題。

　　除了以上對「尼」字的界定之外，還有兩個須要而卻難以釐清的問題，一是佛教傳進來了，是不是僧尼也一起傳進來了呢？就像前文所述，口授《浮

〔註7〕《集韻》云：「姉，老女自稱。」又，《正字通》也說：「姉，婦之老者，能以甘言悅人，故曰姉。今俗呼姉婆，是也。」

〔註8〕《說文解字》十二下〈女部〉：「姆，女師也。从女、每聲，讀若母。」《儀禮·士昏禮》：「姆纚笄宵衣在其右。」鄭玄注：「婦人五十無子，出不復嫁；以婦道教人，若今時乳母也。」所以古書往往與乳母並列，如《晉書》卷二十八，志第十八〈五行中〉：「十五年七月，旱。十七年，秋旱至冬。是時烈宗仁恕，信任會稽王道子，政事舒緩。又茹千秋爲驃騎諮議，竊弄主相威福。又比丘尼、乳母、親黨及婢僕之子階緣近習，臨部領眾。又所在多上春竟囚，不以其辜，建康獄吏，枉暴既甚。此又僭踰不從冤濫之罰。」

〔註9〕案，《晉書》卷六十四，列傳第三十四〈簡文三子〉：「會稽文孝王道子，字道子，出後瑯邪……于時孝武帝不親萬機，但與道子酣歌爲務，姉姆尼僧，尤爲親暱，並竊弄其權。凡所幸接，皆出自小豎。郡守長吏，多爲道子所樹立。既爲揚州總錄，勢傾天下，由是朝野奔湊。」

屠經》給景盧的伊存，是大月氏王的使者，是所謂的優婆塞、居士，他並不
是僧尼的流亞。一是我國僧尼的剃落，到底從什麼時候開始的呢？我國男眾
的出家，根據日本學者山內晉卿氏的研究，認為：漢人私相剃度，可以上溯
到魏文帝黃初年間（220～226 A. D.）；至於由政府正式許可的所謂「官准」，
則推論是在東晉明帝太寧年間（323～326 A. D.）〔註10〕。然則女眾的入道，
也是在此一時候嗎？山內氏並沒有加以說明，學者們竟也不見有提及的了；
不過，根據《開元釋教錄》卷第一載有疑為東漢時代所譯，而失其譯者的「律
部」經典，有：（1）《沙彌尼戒經》一卷（原注：或無「經」字）；（2）《比丘
尼十戒經》一卷。

　　再根據《釋教錄》卷第一的案語，說本卷收錄的經、戒、羯磨，所涵蓋
的時期是「從明帝永平十年丁卯（67 A. D.）至獻帝延康元年庚子（220 A. D.）」
試想，如果沒有尼眾受戒的需求，則何有於尼戒經的翻譯？不但如此，從這
以後幾乎代有此類經戒的譯著〔註11〕，甚至有同本異譯、有不同部派、有偽

〔註10〕　山內晉卿的研究，請參閱氏之〈漢人出家公許之研究〉佛教大學出版部《支
　　　　那佛教史研究》。
〔註11〕　我且在這裏根據湯用彤氏的《漢魏兩晉南北朝佛教史》所列羅什法師《律藏》
　　　　的翻譯部分和僧祐律師《出三藏記集》以及日本《大正新脩大藏經勘同目錄》
　　　　等所載比丘尼戒本，作一簡表如下：
　　　　254 A. D. 曹魏正元元年　曇諦譯《羯磨》一卷，其中已經有〈比丘尼羯磨
　　　　　　　　法〉。
　　　　358 A. D. 東晉穆帝升平二年　初（晉咸康中，335～342 A. D.），沙門僧建在
　　　　　　　　月支國得《僧祇尼羯磨》及戒本，到現在才在洛陽譯出。
　　　　371 A. D. 晉簡文帝咸安元年　沙門釋僧純於西域拘夷國得胡本〈比丘尼大戒〉
　　　　　　　　一卷，到關中令竺佛念、曇摩持、慧常共譯出。
　　　　379 A. D. 秦符堅建元十五年　十一月五日釋僧純出〈比丘尼大戒〉一卷。
　　　　387 A. D. 晉孝武帝太元十二年　竺法汰曾經辯駁覓歷所傳〈大比丘尼戒〉一
　　　　　　　　卷，是偽經。（案，覓歷，是帛尸梨蜜的弟子。《梁傳》卷一〈晉建
　　　　　　　　康建初寺帛尸梨蜜傳〉說：「初，江東未有咒法，蜜譯出〈孔雀王經〉，
　　　　　　　　明諸神咒。又授弟子覓歷高聲梵唄，傳響於今。」今細讀〈帛尸梨
　　　　　　　　蜜傳〉只知其善胡唄三契，誦咒數千言，聲音高暢，是初傳密咒於
　　　　　　　　江東的西域僧人；並沒有說他們傳譯戒本，那麼，竺法汰的辯駁或
　　　　　　　　許可信吧？）
　　　　404 A. D. 晉安帝元興三年　十月十七日，在中寺為弗若多羅度語，譯《十誦
　　　　　　　　律》，「三分獲二」而多羅卒。
　　　　405 A. D. 晉安帝義熙元年　是年秋，曇摩流支至長安，因遠公（案，即慧遠
　　　　　　　　和尚）、姚興之請，與什共續譯《十誦律》，前後成五十八卷。後卑
　　　　　　　　摩羅又開為六十一卷。《摩訶僧祇尼戒本》，這是法顯共覺賢譯出的，

造的出現；凡此現象，只有一個理由可以解釋，那就是出家尼眾的夥頤，而她們的時代都在淨撿尼之前。

再看下一例證：《法苑珠林》（以下簡稱《珠林》）卷一○七〈感應緣〉引〈齊沙門尙統師傳〉云：「漢明初感，摩騰、法蘭唯有二人初來至此；不得受具，但與道俗剃髮，被服縵條，唯受五戒、十戒而已。伏惟如來出世八年，始興羯摩；震旦在白水條東二萬七千里，開持律五人得授大戒。自後至漢第十桓帝一百餘年內，猶用三歸、五戒、十戒迭相傳授。桓帝已後，北天竺國有五西國僧，來到漢地與大僧受具足戒：一名支法領、二名支謙、三名竺法護、四名竺道生、五名支婁讖。其時大律未有，支法領口誦出戒本一卷、羯摩本一卷，在北流行，今時名《舊羯摩》；後到魏皇初三年（案，『皇初』是後秦高祖姚興的年號，三年是 396 A. D.；魏，應該是『黃初』，三年是 222 A. D.）曇摩迦羅又譯出戒律。後至元孝文世，有光律師驗《舊羯摩》及以戒本，文有加減，多少不足；依大律本次第刊集，現世流行，號爲《新羯摩》。于時尼眾來求受戒，支法領曰：『如律所明，唯開邊地五人僧受具戒；不論尼眾。』是時尼等辭退而還，泣淚如雨，不能自勝。後到漢末魏初，東天竺國有二比丘尼來到長安，見比丘尼眾，問曰：『汝誰邊受戒？』尼眾答曰：『我到大僧所，受五戒、十戒而已。』二尼歎曰：『邊地尼等，悉未有具。』爲還本國，

有多個名稱：《比丘尼波羅提木叉僧祇戒本》、《比丘尼僧祇律波羅提木叉戒經》、《比丘尼僧祇律戒經》、《僧祇比丘尼戒本》、《僧祇尼戒本》等。

410 A. D. 晉安帝義熙六年　佛陀耶舍在中寺，始出《四分律》。

412 A. D. 晉安帝義熙八年　佛陀耶舍譯《四分律》訖，共六十卷。其中「第二分」爲「尼戒法」，將它獨立出來，便叫做〈四分比丘尼戒本〉，凡一卷。

416 A. D. 晉安帝義熙十二年　佛馱跋陀羅在道場寺譯出《摩訶僧祇律》。

423 A. D. 宋少帝景平元年　佛大什，在龍光寺譯出《彌沙塞律》，這就是《五分律》。

467 A. D. 宋明帝太始三年　九月十日沙門竺法護出〈比丘尼誡經〉一卷。

465～471 A. D. 宋明帝泰始元年～泰豫元年　釋法穎律師於京都撰出〈十誦比丘尼戒本〉一卷，這一本又叫〈十誦比丘尼大戒〉。

492 A. D. 齊武帝永明十年　僧伽跋陀羅、僧禕法師在廣州譯出《善見毗婆沙律》一部、十八卷，明年傳於淨秀尼。

522 A. D. 梁武帝普通三年　釋明徽集〈五分比丘尼戒本〉一卷，這一本又叫做〈彌沙塞尼戒本〉。

此外，沒有載明出經年月的，還有見於《出三藏記集‧新集續撰失譯雜經錄第一》所載的：(1)〈沙彌尼戒〉一卷、(2)〈比丘尼十戒經〉一卷。

化得一十五人來；三人在雪山凍死，二人墮黑澗死，餘到此土唯有十人在此。諸尼悉赴京師，與授具戒；後到具地，亦與彼尼受具訖已。西尼思憶本鄉，即附舶南海而還，及至上船，唯有七人，三人命終，來去經途十有餘年。後至魏文帝三年（222 A. D.），內敕設無遮大會，魏帝敕問此土僧尼得戒源由、有何靈驗？」〔註12〕案，支法領，僧史中無傳，只在梁・釋慧皎《高僧傳》（以下簡稱《梁傳》）卷二〈佛馱跋陀羅傳〉裏提到，說：「先是沙門支法領於于闐得《華嚴》前分、三萬六千偈，未有宣譯；至義熙十四年（418 A. D.），吳郡內史孟顗、右衛將軍褚叔度即請賢（案，即佛馱跋陀羅的漢譯覺賢）為譯匠。」這個「先」，到底先到什麼時候，我們實在無從考察，所以他是什麼時候來華的？也就很費解了。但是，在《珠林》引文之後，提到了支謙、竺法護、竺道生、支婁讖等；今考《梁傳》卷一支樓迦讖（即支婁讖），說他是漢靈帝的時候來遊洛陽，更在光和、中平的十年之間（178～188 A. D.）傳譯了梵文。支謙的〈傳〉見於《出三藏記集》卷十三、《梁傳》卷一康僧會的附傳，也說他是漢靈帝世來獻中國〔註13〕（不過，要知道的是，支謙並不是僧伽，而是居士。其他請詳下文。）；竺法護的〈傳〉也見於《出三藏記集》卷十三、《梁傳》卷一〈本傳〉，卻沒有說他何時來晉〔註14〕，不過根據《出三藏記集》所錄〈須眞天子經記〉〔註15〕，知道他至少是在西晉武帝泰始二年（266 A. D.）來到長安的。至於竺道生的〈傳〉見於《梁傳》卷七，說他是在鳩摩羅什來入長安以後，才來從什公學，並且說他是寓居彭城的鉅鹿人；不是所謂的「北天竺國有五西國僧」，那麼應該是早已漢化的胡人了，因此姑寘不論。然則，就以上三人來看，可知支法領應當也是同時而稍早的人物。接著再檢視〈佛馱跋陀羅傳〉，卻沒有說到支法領曾經「誦出戒本一卷、羯摩本一卷，在北流行，今時名《舊羯摩》」，所幸有《珠林》的引文，而得以保存了。請看，這時已經有「尼眾來求受戒」了，這都是在淨撿尼受戒之前的事體。

〔註12〕〈法苑珠林〉說本傳出自《梁高僧傳》，但今本不見。

〔註13〕《出三藏記集》卷十三：「支謙，字恭明，一名越，大月氏人也。祖父法度以漢靈帝世，率國人數百歸化，拜率善中郎將……十歲學書，同時學者皆伏其聰敏；十三學胡書，備通六國語。初，桓、靈支謙譯出法典……獻帝之末，漢室大亂，與鄉人數十共奔於吳。」

〔註14〕《梁傳》卷一〈竺曇摩羅剎傳〉所記，就是他：「竺曇摩羅剎，此云法護，其先月氏人，世居敦煌郡。年八歲出家，事外國沙門竺高座為師……。」

〔註15〕〈須眞天子經記〉：「〈須眞天子經〉，太始二年十一月八日於長安青門內白馬寺中，天竺菩薩曇摩羅察口授出之。」

　　第三個例證是吳廢帝孫亮時候，長干寺旁的尼舍。案，《景定建康志》卷四十六〈天禧寺〉條引宋李之儀〈天禧寺新建法堂記〉，說：「天禧寺者，乃長干道場……吳時有尼居其地，爲小精舍；孫綝尋毀除之，塔亦同泯。吳平後，諸道人復於舊處建立焉。」長干道場，就是長干寺，也就是阿育王寺。《南史》卷七十八、〈列傳〉卷六十八的〈夷貃傳上〉說：「至孝武太元九年，上金相輪及承露。其後有西河離石縣胡人劉薩何，遇疾暴亡而心猶暖，其家未敢便殯。經七日更蘇，說云：『所（？）兩吏見錄，向西北行，不測遠近，至十八地獄，隨報重輕，受諸楚毒。觀世音語云：汝緣未盡，若得活，可作沙門。洛下、齊城、丹陽、會稽並有阿育王塔，可往禮拜，若壽終則不墮地獄。語竟，如墜高巖，忽然醒寤。』因此出家，名慧達，遊行禮塔次，至丹陽，未知塔處。及登越城四望，見長干里有異氣，因就禮拜，果是先阿育王塔所。」〔註16〕長干里，正是長干寺的所在地，《景定建康志》卷四十六〈祠祀志三・寺院・天禧寺〉條說：「天禧寺，即古長干寺，在城南門外。」並引《丹陽記》說：「大長干寺道西有張子布宅，在淮水南，對瓦官寺。長干是秣陵縣〔註17〕東里巷名，江東謂山壟之間曰干；建康南五里有山岡，其間平地，庶民雜居。有大長干、小長干、東長干，並是地名。小長干在瓦官寺南巷西，頭出大江，梁初起長干寺。按，塔記在秣陵縣東，今天禧寺乃大長干也。」再者，所謂「梁初起長干寺」，依據《景定建康志》的記載，說是：「梁天監元年立，大同元年幸長干寺；阿育王塔出佛爪髮舍利，又幸寺設無遮食，大赦。」這一次的「又幸寺」，即《南史》全卷全傳所說的：「（梁大同）三年，武帝改造阿育王佛塔，出舊塔下舍利及佛爪髮……阿育王即鐵輪王，王閻浮提一天下；佛滅度後，一日一夜，役鬼神造八萬四千塔，此即其一。」同一事體，可見長干寺是梁武帝所建造的；而他建造的寺基，就在孫吳時尼的小精舍旁，上引《景定建康志》卷四十六〈天禧寺〉條引李之儀〈天禧寺新建法堂記〉的說法：「天禧寺者，乃長干道場……吳時有尼居其地，爲小精舍。」可以爲證；但是「吳時」，到底是什麼時候呢？正史～如《三國志》～並不記載吳帝信奉

〔註16〕　本文又見《冥祥記》、《法苑珠林》卷八十六，而重在罪福報應的宣示，文繁，不具引。

〔註17〕　案，《三國志》卷四十七〈吳主傳第二〉說：「（建安）十六年（211 A.D.），權徙治秣陵。明年（212 A.D.），城石頭，改秣陵爲建業。」又：「黃龍元年（229 A.D.），秋九月，（孫）權遷都建業，因故府不改館。」可見秣陵就是建業。

佛法的事實；不過，如《梁傳》所載吳大帝奉佛立寺的事，我想不是佛教徒所捏造的，應該是實有其事的。因爲《三國志》卷四十六〈吳主權傳〉曾經有這麼一段記錄，說：「太元元年（251 A. D.）夏五月，立皇后潘氏，大赦，改年。初，臨海羅陽縣有神，自稱王表。周旋民間，言語飲食與人無異，然不見其形。又有一婢，名紡績。是月，遣中書郎李崇齎輔國將軍羅陽王印綬迎表。表隨崇俱出，與崇及所在郡守令長談論，崇等無以易。所歷山川，輒遣婢與其神相聞。秋七月，崇與表至，權於蒼龍門外爲立第舍，數使近臣齎酒食往。表說水旱小事，往往有驗。二年（252 A. D.）二月，大赦，改元爲神鳳。皇后潘氏薨。諸將吏數詣王表請福，表亡去。夏四月，權薨，時年七十一，諡曰大皇帝。」既可以爲此神棍「立第舍」，當然更可能立精舍了，何況又有太子師傅的優婆塞支謙爲康僧會的先容呢？《梁傳》卷一〈康僧會傳〉所說：「孫權已制江左，而佛教未行。先有優婆塞支謙，字恭明，一名越；本月氏人，來遊漢境。」他是支讖的徒孫、支亮的徒弟，他「博覽經籍，莫不精究，世間伎藝，多所綜習，遍學異書，通六國語。」他爲人細長黑瘦，眼多白而睛黃，當時人竟然因此流傳了一句「支郎眼中黃，形軀雖細是智囊」的俗諺。〈康僧會傳〉又說：「漢獻末亂，避地于吳。孫權聞其才慧，召見悅之，拜爲博士，使輔導東宮。與韋曜諸人共盡匡益，但生自域外，故吳志不載。」等等的話，是可信的。因爲有支謙做先行，康僧會的遇合就機緣湊泊了。〈傳〉又說：「時吳地初染大法，風化未全；僧會欲使道振江左，興立圖寺，乃仗錫東遊，以吳赤烏十年（247 A. D.）初達建業，營立茅茨，設像行道。時吳國以初見沙門，睹形未及其道，疑爲矯異。有司奏曰：有胡人入境，自稱沙門，容服非恆，事應檢查。權曰：昔漢明帝夢神，號稱爲佛，彼之所事，豈非其遺風耶？」案，孫權有這一番的認識，想來是受到支謙的教化的了。〈傳〉又說：「（權）即召會詰問，有何靈驗？會曰：如來遷跡，忽逾千載，遺骨舍利，神曜無方。昔阿育王起塔乃八萬四千，夫塔寺之興，以表遺化也。權以爲誇誕，乃謂會曰：若能得舍利，當爲造塔……即爲造塔，以始有佛寺，故號建初寺，因名其地爲佛陀里。」〔註18〕而《南朝寺考》又說孫

───────────

〔註18〕案，《南朝寺考・建初寺條》：「建初寺，在古宮城南七里（原注：當今花盝崗之南。吉案，唐許嵩《建康實錄》說此地即懷德縣城，所謂宮城南七里，就是建初寺前的路東邊。）……元張鉉《至正金陵新志・宮苑記》：吳大帝立大市在建初寺前，其寺亦名大市寺。（原注：至今聚寶門外西街有大市橋，其地正與城內建初寺址相對，孫吳時本無城也。）」

權曾經在寺前立大市，所以建初寺又稱做大市寺。唐・陸廣微《吳地記》說：「通玄寺，吳大帝孫權吳夫人舍宅置。（案，這可能是尼寺。）」亦可以爲證。然則，尼師的小精舍是不是這時候立的呢？就無從考索了。不過根據《至正金陵新志》，說它在唐朝的時候，曾經改爲尼寺，名爲法性尼寺。再者，《江南通志》卷四十六〈輿地志・寺觀・淮安府〉條曾經說到菩提寺建於孫吳赤烏二年（239 A. D.），其時又早了建初寺八年，則孫權立寺的事實，應該是可信的。

　　〈天禧寺新建法堂記〉又說：「孫綝尋毀除之，塔亦同泯。吳平後，諸道人復於舊處建立焉。」案，孫綝毀寺，事在吳廢帝孫亮太平三年，《三國志》卷四十八〈三嗣主孫亮傳〉載：「（太平）三年（257 A. D.）……自八月沉陰不雨四十餘日。亮以綝專恣，與太常全尙、將軍劉丞謀誅綝。九月戊午，綝以兵取尙，遣弟恩攻殺丞於蒼龍門外，召大臣會宮門，黜亮爲會稽王，時年十六。」這事，〈孫綝傳〉、《資治通鑑》說得很詳細，〈孫綝傳〉見全書卷六十四；《資治通鑑》則說得活龍活現，很可以作《三國志》的注腳，而看事件的始末：「吳孫綝以吳主親攬政事，多所難問，甚懼；返自鑊里，遂稱疾不朝，使弟威遠將軍據入蒼龍門侍衛，武衛將軍恩、偏將軍幹、長水校尉闓分屯諸營，欲以自固。」果然，「吳主惡之，乃推朱公主死意（案，朱公主，是吳大帝孫權的女兒，其後嫁給朱據。吳主孫亮五鳳二年（255 A. D.）吳將軍孫儀、張怡、林恂謀殺孫綝的叔父孫峻，事敗，死了幾十人；全公主趁機譖言朱公主，說她和孫儀同謀，孫峻不分青紅皀白，就把朱公主給殺了。這時孫亮追究起責任來，於是）全公主懼曰：『我實不知，皆朱據二子熊、損所白。』是時熊爲虎林督，損爲外部督，吳主皆殺之。損妻，即孫峻妹也。綝諫，不從，由是益懼。」孫綝虧心事做多了，哪有不怕的？於是，上下猜貳，吳主便想殺他了。《通鑑》又說：「吳主陰與全公主及將軍劉丞謀誅綝。全后父尙爲太常、衛將軍，吳主謂尙子黃門侍郎紀曰：『孫綝專勢，輕小於孤。孤前救之使速上岸，爲唐咨等作援，而留湖中不上岸一步；又委罪於朱異，擅殺功臣，不先表聞；築第橋南，不復朝見。此爲自在，無所復畏，不可久忍，今規取之。卿父作中軍都督，使密嚴整士馬，孤當自出臨橋，率宿衛虎騎、左右無難一時圍之，作版詔敕綝所領皆解散，不得舉手。正爾，自當得之；卿去，但當使密耳！卿宣詔卿父，勿令卿母知之；女人既不曉大事；且綝同堂姊，邂逅漏泄，誤孤非小也！』紀承詔以告尙，尙無遠慮，以語紀母，母使人密

語綝。」這樣的事體，《左傳》早有其例，所謂「謀及女子，宜其死也！」就是。《通鑑》又說：「九月、戊午，綝夜以兵襲尚，執之，遣弟恩殺劉承於蒼龍門外，比明，遂圍宮。」這確實是大事壞在小女子手上了。「吳主大怒，上馬帶鞬執弓欲出，曰：『孤大皇帝適子，在位已五年，誰敢不從者！』侍中近臣及乳母共攀止之，不得出，嘆吒不食，罵全后曰：『爾父憒憒，敗我大事！』又遣呼紀，紀曰：『臣父奉詔不謹，負上，無面目復見。』因自殺。綝使光祿勳孟宗告太廟，廢吳主爲會稽王。」孫亮廢，孫綝更加意氣風發了，《三國志》載說：「綝遣將軍孫耽送亮之國，徙尚於零陵，遷（魯班）公主於豫章。綝意彌溢，侮慢民神，遂殺大橋頭伍子胥廟，又壞浮屠祠，斬道人。」「壞浮屠祠，斬道人」這就印證了李之儀〈天禧寺新建法堂記〉的說法。

　　第四個例證是，唐·張泌《粧樓記》裏有一條，說到我國尼師之始：「漢聽陽城侯劉俊等出家，僧之始也；又聽洛陽婦阿潘等出家，尼之始也。」（案，《說郛》卷七十七下，也有同樣的記載。）這說法到了宋·釋贊寧的《僧史略》，就明確地說是：「夫狂蒙寄於伽藍，頓生善念；孟軻鄰其學校，尋染儒風。佛法既行，民人皆化，于時豈無抽簪解佩，脫履投衣者乎？乃漢明帝聽陽城侯劉峻等出家，僧之始也；洛陽婦女阿潘等出家，此尼之始也。」（卷上）案，《事務紀源》也有如是說。那麼，《僧史略》的這一段說法，可不可信呢？我們先來看看贊寧和尚在《僧史略序》上的一句話：「約成三卷，號《僧史略》焉，蓋取裴子野《宋略》爲目。所恨刪采不周，表明多昧。」意思是說他這一部《僧史略》，是仿傚裴子野的《宋略》而作的；至於說「刪采不周，表明多昧」當然是作者的客氣話、謙虛話了。然則他爲什麼要仿傚它呢？或者說《宋略》是怎樣的一部書呢？我在拙作《宋略考》（因爲此書至宋後已經亡佚了，所以才有這一篇拙文）裏，說：「裴子野，見《梁書》卷三十〈本傳〉及《南史》卷三十三〈裴松之附傳〉。子野，字幾原，河東聞喜人。宋·明帝太始五年（469 A. D.）生，中大通二年（530 A. D.）卒，年六十二。官至鴻臚卿、領步兵校尉、知著作郎兼中通事舍人，諡曰貞子。其著作略有：《喪服集注》三卷、《續裴氏家傳》二卷、《抄合後漢事》四十餘卷、《眾僧傳》二十餘卷、《百官九品》二卷附〈益諡法〉一卷、《方國使圖》一卷、《文集》二十卷、《齊梁春秋》草創未就而卒。」可見他是一史學家，是一家傳的史學家；沈約在寫《宋書》的時候，卻得罪了他，史傳說：「先是其曾祖松之受詔續修何承天《宋史》，未及成而卒，子野常欲繼成之。及齊永明

末，沈約撰《宋書》成；子野因書中言松之已後無有聞者，乃取而爲《宋略》二十卷，而內云：『戮不從義之淮南太守沈璞。』璞，約之先也。約懼，徒跣謝之，請兩釋之。歎其述作，曰：『吾弗逮也。』」沈約說他的《宋書》及不上子野的《宋略》，並不全是客氣話，因爲當時的范縝就曾經上表評其書說：「《宋略》二十卷，彌綸首尾，勒成一代，屬辭比事，有足觀者。且章句洽悉，訓故可傳；脫置之膠庠，以弘獎後進，庶一夔之變可尋，三豕之傳無謬矣。」話雖如此，卻不能無病，譬如唐·劉知幾在其大著《史通》裏，就直舉其弊，說他既要標榜簡略，卻難免傷於蕪穢。《史通》卷十七〈雜說〉云：「裴幾原刪略宋史，定爲二十篇，芟煩撮要，實有其力；而所錄文章，頗傷蕪穢。如文帝〈除徐傅官詔〉、顏延年〈元后哀冊文〉、顏峻〈討二凶檄〉、孝武〈擬李夫人賦〉、裴松之〈上國注表〉、孔熙先〈罪許曜詞〉，凡此諸文，是尤不宜載者。」接著詳論所謂蕪穢的六條理由（請參考拙作《宋略考》的引述）。另一弊病，是不擅取事，本人在《宋略考》裏曾說：「子野或長於識見，健於論贊；而或不擅取事（案，指餖飣考據之事）邪？」譬如司馬光的《資治通鑑考異》引錄其書凡四十八則，《考異》從其事者才十五則，竟有三十三則與之相左而不從（也請參考拙作《宋略考》的引述）。所以，我《宋略考》的「結論」就說：「《宋略》的規模，是從『〈左傳〉家』的編年體，有總論，有分論，刪裁《宋書》而識見越之，雖拙於餖飣而不掩其瑜者也。」〔註19〕其後圭臬於它的《僧史略》，當然也是一部了不起的著作了；不幸的，竟也有了上述的小疵。關於前者，與他同時而稍後的弘覺範，批評到《宋高僧傳》時，便頗有微辭，說：「李肇《國史補》曰：『崔趙公問徑山法欽，弟子出家得否？欽曰：出家是大丈夫事，非將相所爲。』趙公歎賞其言。贊寧作〈欽傳〉無慮千言，雖一報曉雞死，且書之；乃不及此，何也？」這是說和尚之不知去取。又如：「贊寧作《大宋高僧傳》，用十科爲品流，以『義學』冠之，已可笑；又列岊頭嚞禪師爲苦行、智覺壽禪師爲興福；雲門大師，僧中王也，與之同時，竟不載，何也？」這是說和尚之不能省事。再如盡人皆知的禪宗五祖、忍大師，本是栽松道人的後身，他的母親不婚而生，因此不從父姓，才有四祖在黃梅道上之戲問「姓（性）不姓（性）」的事體，而《傳燈

〔註19〕本人曾在寫作《吳越釋氏考》的時候，因爲運用到贊寧和尚的資料，乃順手作了《宋略考》，登載於輔仁大學第二十五期的《輔仁學誌》，爲是書稍事補苴，讀者或可檢作參考。

錄‧定祖圖》記忍大師姓周氏，蓋從母姓也。但是和尚的《大宋高僧傳》：「乃曰：『釋弘忍，姓周氏，其母始娠，移月光照庭室，終夕若晝，異香襲人，舉家欣駭。』安知眾館本社屋，生時置水中乎？又曰『其父偏愛，因令誦書。』不知從何得此語？其敘事妄誕，大率類此。」這是說和尚記事的不經。更如斷際禪師乃因老嫗一言，而欲見馬祖道一（後因道一已先化去，而不得見），並不是見百丈大師；乃贊寧和尚記為見百丈，這是說他的不審（案，以上所言，具見於弘覺範和尚之《林間錄》。）不審、不經、不能省事、不知去取，簡直撰述不該有的毛病，他都犯了！至於後者，則如《僧史略》把張泌《粧樓記》裏的「俊」字寫作「峻」，不論是劉俊或劉峻，《後漢書》並沒有陽城侯劉峻（俊）的傳；而贊寧和尚並沒有給予詳考，也沒有加以明說。又如張泌的《粧樓記》只說是漢時，和尚就指明是東漢明帝之時，而沒有指出資料的來源，這不就是「不擅取事」的明證嗎？我頗懷疑贊寧和尚是以佛教初傳在東漢‧明帝之時（前此的學者，多以之認知），便想當然耳地認為首位的比丘、比丘尼見於此時了。

我們現在且先為陽城侯劉峻（俊）作一小考如後。案，陽城縣，在山西省境之南，瀕沁水的西岸，因山為名。（陽城山，是從伊河、貫魯河之間的陽城山脈，迤邐著河南登豐縣東北之境而走的。）而《漢書》卷十五下〈王子侯表‧第三下〉、卷十六〈外戚恩澤侯表〉、卷十九下〈百官公卿表〉皆載有陽城侯事，今且據以列一簡表如下：

73 B. C. 漢宣帝本始元年　田延年，因為以大司農的身分，參與大將軍霍光定策，功封陽城侯（八月辛未封）；但是，本始二年（72 B. C.）就因為貪了皇帝的庫銀而自殺，國除。

66 B. C. 漢宣帝地節四年　三月，劉德以宗正關內侯，行謹重為宗室率，封為陽城繆侯。

58 B. C. 漢宣帝神爵四年　其子嗣劉田在七月壬子，封為陽城愍侯。（他是平干頃王的兒子。其後傳他的兒子節侯賢，再傳釐侯說，三傳報而免；往後並沒有承嗣的了。）

56 B. C. 漢宣帝五鳳二年　劉德的兒子，節侯安民嗣。

48 B. C. 漢宣帝初元元年　節侯安民的兒子，釐侯慶忌嗣。

33 B. C. 漢元帝竟寧元年　劉慶忌寧君曾經為宗正，封陽城侯，三年遷。

06 A. D. 王莽居攝元年　鼇侯慶忌嗣的兒子，侯颯嗣；王莽敗，絕。

〔註20〕

71 A. D. 東漢明帝永平十四年　司空陽城侯劉善峻等二百六十人四
俱出家。〔註21〕

從上表看來，所謂「陽城侯」，似乎有二個系統；但是，陽城侯劉峻（俊）或劉善峻是怎麼來的呢？史竟不載。《新唐書·宰相世系表》也不載陽城侯事，我們至此便失聯了。不過，本人以爲陽城侯劉氏出家爲僧事，或許事在多有，因爲細讀《漢書》卷三十六〈劉向傳〉：「向字子政，本名更生；年十二以父德任爲輦郎，既冠，以行修飭，擢爲諫大夫。是時宣帝循武帝故事，招選名儒俊材置左右，更生以通達能屬文辭，與王襃、張子僑等並進對，獻賦頌凡數十篇。上復興神僊方術之事，而淮南有《枕中鴻寶苑祕書》，書言神僊使鬼物爲金之術，及鄒衍重道延命方，世人莫見；而更生父德，武帝時治淮

〔註20〕《冊府元龜》卷二八二：「陽城侯德，楚元王曾孫，昭帝時爲宗正；地節中以親親行謹，封爲陽城侯。立十一年，子向坐鑄僞黃金當伏法，德上書訟罪會薨，大鴻臚奏德訟子罪，失大臣體，不宜賜諡置嗣。制曰：賜諡繆侯，爲置嗣。至孫慶忌，復爲宗正太常，薨，子岑嗣爲諸曹中郎將、列校尉至太常薨，傳子至王莽敗，乃絕。」

〔註21〕此說見於《說略》卷十八〈冥契上〉、《廣博物志》卷二十四、《廣弘明集》卷一等載：「《譯經圖記》載明帝永平三年庚申，帝感異夢，敕郎中蔡愔、中郎將秦景、博士王遵等十八人西尋佛法，至印度國，請迦葉、摩騰、竺法蘭用白馬馱經像，以十年丁卯至洛陽。帝悅，造白馬寺，譯〈四十二章經〉。十四年正月一日，五嶽道士褚善信等不悅朝正之次，表請較試；敕遣尚書令宋庠引入長樂宮，詔以十五日集白馬寺南門，信等以《靈寶》諸經置道東壇上，帝以經像舍利置道西七寶行殿上。信等遶壇泣懇天尊，以栴檀香燒經，冀經無損；並爲煨燼，其諸昇天、入火履冰、隱形諸術皆不復能，善禁咒者亦呼號不應。太傅張衍語信曰：『所試無驗，即是虛妄，宜就西域眞法。』時南嶽道士費叔方慙恚自感而死，時佛舍利光明五色直上空中，旋環如蓋，徧覆大衆，映蔽日輪。摩騰先是阿羅漢，即以神足游空飛行，坐臥神化自在。時天雨寶華及奏衆樂，摩騰復坐，法蘭說世。後宮陰夫人、王婕妤等百九十人、司空陽城侯劉善峻等二百六十人、四嶽道士呂慧通等六百二十人、京都張子尚等三百九十一人俱出家。記又引《吳書》闞澤對吳主云：『褚善信、費叔方自感而死爲證。』」但是，實不可信；《說略》即自加考訂說：「今攷之漢史，帝自元年太傅鄧禹薨後，絕不置太傅官；三公中亦無所謂張衍者，十四年衛尉、趙憙行太尉，司空爲牟融，亦不聞有所謂劉善峻也。且道教符籙之興起於張陵，盛於寇謙之，而極於杜光庭；當時何以有禁呪等事？且此既云永平十四年以《靈寶》諸經鬪法，而廣弘明集云《靈寶》創自張陵，赤烏始出上清，肇自葛玄，《三洞》造於鮑靚，又自相矛盾矣。」

南獄得其書，更生取而讀誦以為奇，獻之，言黃金可成……」有值得注意的二點：一是世人莫見的《枕中鴻寶苑祕書》，儘管劉奉世說淮南子劉安下獄時，劉德才幾歲的孩童，不可能治淮南獄而得其書〔註22〕；但是當時他的父親──辟彊為光祿大夫，應該有機會治其獄而得其書。所以不論是劉辟彊或劉德得其書，總之《枕中鴻寶苑祕書》〔註23〕是藏在他們家的。二是宣帝復興神僊方術之事，於是劉向乃有《列仙傳》之作；《世說新語》引劉子政的《列仙傳》說：「歷觀百家之中，以相檢驗，得仙者百六十人；其七十四人已在佛經，故撰得七十人，可以多聞博識者遐觀焉。」「其七十四人已在佛經」的話，學者多不信是實；但是，劉氏典校中祕，本就看到人所不見之書，而一定要說沒有《枕中鴻寶苑祕書》、佛經之事，好像也不盡合理。再者，陽城侯本來就是劉氏的世襲爵賞，因此儘管我們不能確知劉俊到底誰何？但是因為是陽城侯而得讀《枕中鴻寶苑祕書》、佛經，甚而至於出家，也是人情的或然。

　　以上例證，再再都足以證明在淨撿尼之前，已經有了尼師的存在；只是沒有像淨撿尼之受具戒而已，其或為沙彌尼、或為式又摩那尼、或為練行尼，已無從計較了。總之，淨撿尼之前已經有尼師的存在應該是一事實，而其時若以漢哀帝為斷，則時間約早於三個半世紀。因之寶唱和尚說「晉土有比丘尼，亦撿為始也。」的話，我們或許應該有另外一層的看法，就是淨撿尼或者是「官許」的尼僧之始吧？因為〈淨撿尼傳〉提到淨撿尼受戒的時候，曾經請教了西域沙門智山和尚，而智山和尚和竺佛圖澄本為舊識〔註24〕；因為這樣的因緣，當安令首尼要出家的時候，竺佛圖澄便要她從淨撿尼受戒〔註25〕。日本佛教史學者鐮田茂雄氏認為竺佛圖澄，是使後趙石虎承認比丘

〔註22〕《漢書注》引劉奉世曰：「按德待詔丞相府年三十餘，始元二年事也；淮南事元朔六年，是時德甫數歲，傳誤紀。是年德父辟彊為光祿大夫，時德待詔丞相府，欲用之；或言父見在，故拜辟彊。」

〔註23〕《漢書》顏師古注曰：「《鴻寶苑祕書》並道術篇名，藏在枕中，言常存錄之，不漏泄也。」

〔註24〕釋寶唱《比丘尼傳》卷一〈晉竹林寺淨撿尼傳〉說：「西域沙門智山也，住罽賓國……雅習禪誦。晉永嘉末來達中夏……時信淺薄，莫知啟稟；建武元年，還反罽賓，後竺佛圖澄還述其德業，皆追恨焉。」可以為證，其他請參閱拙著《比丘尼傳》研究本傳之註八。

〔註25〕仝上〈偽趙建賢寺安令首尼傳〉說：「安令首，本姓徐，東莞人也。父仲，仕偽趙為外兵郎……首以佛法自娛，不願求娉……仲以問佛圖澄……首便剪落，從澄乃淨撿尼受戒。」

的第一人〔註26〕，當然，既已承認了比丘，則承認比丘尼乃是自然而順理成章的事體了。

二、比丘尼受具足戒的爭執

女眾出家，本來就不是容易事，當年佛的姨媽大愛道・瞿曇彌要求出家，就當面被佛回絕了三次；後來雖經阿難的求情，得蒙應允，卻是有條件的：「假使女人欲作沙門者，八敬之法不得踰越，當盡壽學行之。譬如防水，善治堤塘，勿令漏失。其能如是，可入律法。」這是說，女眾出家得先守「八敬之法」，待考核之後，確定沒有踰越了，才能再「入律法」。果然，問題來了：「後於異時，大愛道與諸長老尼，俱詣阿難所白言：『諸長老尼皆久修梵行，且已見諦；云何當使禮幼少比丘？』」這是有對待，則不能無爭的事實。於是，佛告阿難：「當慎此言，勿得說也！」這是佛告誡阿難，不要把話再往外傳了，小心事態擴大就不好收拾了！並且叫阿難轉告大愛道，說：「若使女人不出家者，外道異學、一切賢者，當以四事種種供養：解髮布地，請令蹈之；如事日月，如事天神。我之正法，當千歲興盛；以度女人故，至五百歲而漸衰微。所以者何？女人有五處不能得作，何謂為五？一不得作如來，二不得作轉輪聖王，三不得作第二忉利天王，四不得作第六天魔王，五不得作第七梵天王。」（以上所引，具見梁・釋僧祐的〈釋迦譜〉卷二）儘管大愛道與諸長老尼都能「聞已歡喜奉行」〔註27〕，卻已經引起了比丘們的反彈了。譬如《法苑珠林》卷一一七〈度女部〉就引〈毗尼母經〉，說：「尊者迦葉責阿難為女人求出家中，彼有十事謫阿難。」這十事，大略是把前面佛說的「若使女人不出家者，外道異學、一切賢者，當以四事種種供養」更加具體的申訴而已；但是，其中有一條說：「若使女人不出家者，沙門威德過於日月，況諸外道，豈能正視於沙門首？」這是兩性爭持的事實例證。不過，本節所重，不在於兩性之爭；而是在所得之戒的大、小〔註28〕，與誦持之律部不同的爭持。

雖然大愛道與諸長老尼當時或有不平衡，但是她們畢竟是有大福報的，因為她們終究能得著佛的親授戒，〈釋迦譜〉說：「爾時大愛道便出家，尋受

〔註26〕《佛教通史》第四章、第二節〈佛圖澄的教化活動・官方允准漢人出家〉。

〔註27〕 本人在民國九十年五月二十二日，國立政治大學中國文學研究所學術研討會上，曾有〈八敬法的探討〉短文，請參閱本論文「附錄」。

〔註28〕 所謂大、小，是指或只受五戒、十戒者為小，受了具足戒者為大。

大戒，爲比丘尼；奉行法律，遂得應眞。」這風氣直影響及於後代，譬如西域尼師，就因此享盡了法乳的滋潤。《梁傳》卷二〈長安鳩摩羅什傳〉他母親和龜茲國的王女阿竭耶末帝尼出家的本事，便備受尊崇可以爲證。但是，同樣的一件事傳到我國，就大相逕庭了。《法苑珠林》卷一〇七〈受戒篇〉引〈齊尚統師傳〉說：「于時尼眾來求受戒。支法領曰：如律所明，唯開邊地五人僧受具戒，不論尼眾。」可見初時女眾出家，連「戒」都無處可受，當然是委屈無限地「泣淚如雨，不能自勝」。〈傳〉又說：「東天竺國有二比丘尼來到長安，見比丘尼眾，問曰：汝誰邊受戒？尼眾答曰：我到大僧所，受五戒、十戒而已。二尼嘆曰：邊地尼等，悉未有具。爲還本國，化得一十五人來；三人在雪山凍死，二人墮黑澗死。餘到此土，唯有十人。在此諸尼，悉赴京師，與授具戒；後到具地，亦與彼尼受具訖已。」其實，這一種不得具戒的痛苦，直到西晉的時候，還困擾、啃噬著當時的尼眾。譬如〈晉竹林寺淨撿尼傳〉就記載著說：「（撿）後遇沙門法始……晉建興中，於宮城西門立寺，撿乃造焉，始爲說法，撿因大悟。念及強壯以求法利，從始借經，遂達旨趣。他日謂始曰：『《經》中云：比丘、比丘尼願見濟度？』始曰：『西域有男女二眾，此土其法未具。』撿曰：『既云：比丘、比丘尼，寧有異法？』始曰：『外國人云，尼有五百戒，便應是異，當爲問和尚（案，和尚，當指西域高僧智山而言）。』和尚云：『尼戒大同細異；不得其法，必不得授。尼有十戒，得從大僧受。』撿即剃落，從和上受十戒，同其志者二十四人。於宮城西門共立竹林寺；未有尼師，共諮淨撿，過於成德。」一直到了「晉咸康中，沙門僧建於月支國得《僧祇尼羯磨》及戒本。升平二年二月八日，於洛陽譯出，請外國沙門曇摩羯（堀）多爲立戒壇……」於是「撿等四人同壇，上從大僧以受具戒。」這才成就了一代尼師，但是其間的曲折委屈，是顯而易見的。再譬如說〈廣陵僧果尼傳〉，也有同樣的記載：「元嘉六年（429 A. D.），有外國舶主難提，從師子國載比丘尼來，至宋都，住景福寺。後少時問果曰：『此國先來，已曾有外國尼未？』答曰：『未有。』又問：『先諸尼受戒，那得二僧？』答：『但從大僧受，得本事者乃是發起受戒，人心令生殷重，是方便耳。故如大愛道八敬得戒，五百釋女以愛道爲和尚，此其高例。』果雖答，然心有疑。具諮三藏，三藏同其解也。又諮曰：『重受得不？』……到十年，舶主難提復將師子國鐵薩羅等十一尼至。先達諸尼已通宋語，請僧伽跋摩於南林寺壇界，次第重受三百餘人。」像這樣的記載，《比丘尼傳》裏還有多處，此

不具引。

　　要考察尼師受戒的爭執，我以爲最要緊的，是先將當時《律藏》譯介的情況作一理解，才容易入手。關於《律藏》的譯介，《祐錄》既然說：「中夏聞法，亦先經而後律；《律藏》稍廣，始自晉末。」也就是鳩摩羅什法師在主持譯場的時候。（不過，《梁傳》卷一〈曇柯迦羅傳〉說：「中夏戒律，始自于此。」所謂「于此」就是指曇柯迦羅來華的時候。考曇柯迦羅來華，事在魏嘉平年中～案，即曹魏邵陵厲公（249～253 A. D.）這時期當然早於《祐錄》之說。〈傳〉接著說：「于時魏境雖有佛法，而道風訛替，亦有僧眾未稟歸戒，正以剪落殊俗耳，設復齋懺，事法祠祀。」意思是說當時的僧眾，不知戒律，以爲落髮就是出家，就是做了和尚；而凡所齋懺，就跟世俗的祠祭沒有兩樣。所以「迦羅既至，大行佛法。時有諸僧共請迦羅譯出戒律；迦羅以《律部》曲制，文言繁廣，佛教未昌，必不承用。乃譯出《僧祇戒心》，止備朝夕，更請梵僧立羯摩法受戒。」可以爲證。其實在曇柯迦羅來華之前，就已經有了戒律的譯介，其事證請看以下的簡譜。）所以，我且在這裏根據僧祐律師《出三藏記集》以及日本《大正新脩大藏經勘同目錄》和湯用彤氏的《漢魏兩晉南北朝佛教史》所列羅什法師《律藏》的翻譯部分等所載「比丘尼戒本」，作一簡表如下：

　　疑爲東漢時代所譯，而失其譯者的，據《開元釋教錄》的記載，略
　　有以下兩本：

　　（1）失譯　《沙彌尼戒經》一卷

　　（2）失譯　《比丘尼十戒經》一卷

254 A. D. 曹魏正元元年　曇諦譯《羯磨》一卷，其中已經有〈比丘
　　　　　尼羯磨法〉。

358 A. D. 東晉穆帝升平二年　初（晉咸康中，335～342 A. D.），沙
　　　　　門僧建在月支國得《僧祇尼羯磨》及戒本，到現在才在洛
　　　　　陽譯出。

371 A. D. 晉簡文帝咸安元年　沙門釋僧純於西域拘夷國得胡本〈比
　　　　　丘尼大戒〉一卷，到關中令竺佛念、曇摩持、慧常共譯
　　　　　出。

379 A. D. 秦苻堅建元十五年　十一月五日釋僧純出〈比丘尼大戒〉
　　　　　一卷。

387 A. D. 晉孝武帝太元十二年　竺法汰曾經辯駁覓歷所傳〈大比丘
尼戒〉一卷，是偽經〔註29〕。（案，覓歷，是帛尸梨蜜的
弟子。《梁傳》卷一〈晉建康建初寺帛尸梨蜜傳〉説：「初，
江東未有咒法，蜜譯出〈孔雀王經〉，明諸神咒。又授弟
子覓歷高聲梵唄，傳響於今。」今細讀〈帛尸梨蜜傳〉只
知其善胡唄三契，誦咒數千言，聲音高暢，是初傳密咒於
江東的西域僧人；並沒有説他們傳譯戒本，那麼，竺法汰
的辯駁應該是可信的。）

404 A. D. 晉安帝元興三年　十月十七日，在中寺爲弗若多羅度語，
譯《十誦律》，「三分獲二」而多羅卒。

405 A. D. 晉安帝義熙元年　是年秋，曇摩流支至長安，因遠公（案，
即慧遠和尚）、姚興之請，與什共續譯《十誦律》，前後成
五十八卷。後卑摩羅又開爲六十一卷。《摩訶僧祇尼戒
本》，這是法顯共覺賢譯出的，有多個名稱：《比丘尼波羅
提木又僧祇戒本》、《比丘尼僧祇律波羅提木又戒經》、《比
丘尼僧祇律戒經》、《僧祇比丘尼戒本》、《僧祇尼戒本》
等。

410 A. D. 晉安帝義熙六年　佛陀耶舍在中寺，始出《四分律》。

412 A. D. 晉安帝義熙八年　佛陀耶舍譯《四分律》訖，共六十卷。
其中「第二分」爲「尼戒法」，將它獨立出來，便叫做〈四
分比丘尼戒本〉，凡一卷。

416 A. D. 晉安帝義熙十二年　佛馱跋陀羅在道場寺譯出《摩訶僧祇
律》。

423 A. D. 宋少帝景平元年　佛大什，在龍光寺譯出《彌沙塞律》，
這就是《五分律》。

467 A. D. 宋明帝太始三年　九月十日沙門竺法護出〈比丘尼誡經〉
一卷。

465～471 A. D. 宋明帝泰始元年～泰豫元年　釋法穎律師於京都撰

〔註29〕《出三藏記集》卷十一〈比丘大戒二百六十事〉説：「卷中間〈尼受大戒法後
記〉云：『此土無大比丘尼戒文，斯一部僧法久矣。吳土雖有〈五百戒比丘尼〉；
而戒是覓歷所出，尋之，殊不似聖人所制。』」

出〈十誦比丘尼戒本〉一卷，這一本又叫〈十誦比丘尼大戒〉。

492 A. D. 齊武帝永明十年　僧伽跋陀羅、僧褘法師在廣州譯出《善見毗婆沙律》一部、十八卷，明年傳於淨秀尼。

522 A. D. 梁武帝普通三年　釋明徽集〈五分比丘尼戒本〉一卷，這一本又叫做〈彌沙塞尼戒本〉。

此外，沒有載明出經年月的，還有見於《出三藏記集・新集續撰失譯雜經錄第一》所載的：

(1) 〈沙彌尼戒〉一卷

(2) 〈比丘尼十戒經〉一卷

從這一分簡表，可注意的有二點：一是比丘尼戒律的翻譯，早在東漢時就已經有了；而且此後的譯本頗多，有同本異譯的，有不同部派的，甚至有偽造的。這原因無他，當時尼眾出家，最重要的是得有法源依據，得有合乎戒律的僧格，因此對於這一方面的需求，便顯得殷切孔亟了。另一點可注意的，是早先比丘尼的受戒只論如不如法，譬如僧建和尚在洛陽譯出《僧祇尼羯磨》及戒本，並請曇摩羯（堀）多和尚為立戒壇時，雖然受到了釋道場以《戒因緣經》責難，說它：「其法不成。」那是認定它「不如法」而起的爭執；並沒有像後來爭持到白熱化，而至不能相容的地步。但是，它真的不如法嗎？僧祐律師在〈尼受大戒法後記〉說到尼眾受戒的律儀，有這樣的鋪述：「七月十五日，各於所止處受歲如法：遣三人詣所依僧，承受界分齊耳（案，所謂『承受界分齊』的意思，就是：『沙門各各所住祠，或二百、或三百人為一部僧；比丘尼向三百人，凡有五祠，各各從所使僧祠，依准為界內，無共說戒法也。』）其餘如僧法。比丘尼當三受戒、五百戒：比丘尼滿十二歲，乃中為師；初受十戒時，索二女師，當使持律沙門授戒，乃付女師，令教道之。次受二百五十戒，年滿二十歲，直使女三師授之耳……受戒後，周一年無誤失，乃得受五百戒；後受戒時，三師十僧，如中受時，直使前持律師更授二百五十事，合前為五百耳。」這和〈淨撿尼傳〉所說的：「尼戒大同細異；不得其法，必不得授。尼有十戒，得從大僧受，但無和尚尼無所依止耳。」、〈慧果尼傳〉所說的：「律制：十僧得授具戒，邊地五人亦得授之，正為有處不可不如法耳。」以及《法苑珠林》卷一〇七〈受戒篇〉引〈齊尚統師傳〉的說法，原沒有什麼大差別的，可見如不如法，實在是部派見地的異同而已。再者譬如《梁傳》

－214－

卷三〈京師奉誠寺僧伽跋摩傳〉說：「時祇洹慧義擅步京邑，謂為矯異，執志不同，與跋摩拒論翻覆；跋摩標宗顯法，理證明允，既德有所歸，義遂迴剛，靡然推伏。」這是部派不同的爭持。原來僧伽跋摩和求那跋摩都是宗《十誦律》的，而祇洹慧義卻是崇重《僧祇律》的（詳《梁傳》卷三〈宋京師祇洹寺求那跋摩傳〉，而慧義《梁傳》卷七也自有傳），於是不能無爭。這也就是受戒爭持的根本原因所在了。《僧祇律》在當時最受到爭執的，莫過於「踞食」（也就是蹲踞在地，以手抓食的印度吃法）。關於這事體，《弘明集》卷十二載有釋慧義、范泰、鎮道子、王弘等的論辯書可證。

比丘尼受戒的衝突，最激烈的一次，是宋・後廢帝元徽二年（474 A.D.）法穎律師在晉興寺開講《十誦律》，重授戒法時；寶賢尼乃宣令不許，那激烈的程度，寶唱和尚描寫說：「賢乃遣僧局，齎命到講座，鳴木宣令諸尼，不得輒復重受戒。若年歲審未滿者，其師先應集眾懺悔竟，然後到僧局，僧局許可，請人監檢，方得受耳；若有違拒，即加擯斥。」（見〈普賢寺寶賢尼傳 34〉）這結果，使得淨秀尼的受戒，幾乎不成，卷四〈禪林寺淨秀尼傳 52〉說：「（淨秀尼）進止俯仰，必遵律範。欲請暉曜法師講《十誦律》，但有錢一千，憂事不辦……後又請法穎律師重講《十誦》。開題之日，澡罐中水自然香馥；其日就坐，更無餘伴；起懼犯獨，以諮律師，律師答言：『不犯。』秀觀諸尼未盡如法，乃歎曰：『洪徽未遠，靈緒稍隤；自非正己，焉能導物？』即行摩那埵，以自悔首。」這真是激烈異常了。然而，我們揆其衝突的原因，與其說是「諸好異者，盛相傳習，典制稍虧」（案，所謂「盛相傳習」，是指當時尼師重複受大僧、名僧之戒，竟然成了一種風氣、習尚了），而寶賢尼不得不採取這樣的手段；不如說是部派之異、傳法系統的不同。譬如〈秀尼傳〉就已透露出此中消息：「秀更從〈求那跋摩〉受〈十誦律〉戒；而青園徒眾，悟解不同，思立別住。」這已經擺明是對立的了，後來多虧秀尼師「外嚴法禁，內安禪默」，才化解了一場風暴。這樣的爭持，也見於後世，譬如，佛陀耶舍和支法領所傳的《四分律》，到了唐朝，就有所謂「新、舊疏之爭」。《宋傳》記載著說：「至代宗大曆十三年（778 A.D.），承詔兩街臨壇大德一十四人齊至安國寺，定奪新、舊兩疏是非。蓋以二宗俱盛，兩壯必爭，被擒翻利於漁人，互擊定傷於師足。既頻言競，多達帝聰……時（圓）照等序奏，云：『接《四分律》部主，梵云曇無德，秦言法藏。自姚秦弘始年壬寅歲（403 A.D.）罽賓三藏佛陀耶舍，秦言覺明，諷出梵文，沙門竺佛念聽而筆受，成四十五卷。至十一

年歲次戊申（戊申應是十二年，408 A. D.）支法領，又從西國將來梵本，於長安寺中重讎校，殆十四年辛亥譯畢。沙門慧辯筆受，成六十二卷。』」（見卷十五〈唐西京西明寺圓照傳〉）又，《宋傳》卷十六〈系曰〉：「《曇無德律》譯有重單，準〈僧傳〉止覺明口誦也；若據〈律序〉有支法領重譯之文焉……如言式叉迦羅尼，如破伊羅葉即是支法領本也……元魏以前，諸受戒者，用《四分羯磨》納戒。」同樣是《四分律》，只因新、舊注疏的不同，就有這樣水火不容的爭持，更何況是部派系統的歧見呢？

今考當時比丘尼誦持的戒派，大約有如下的情形：

1. 誦持《僧祇律》的，略如：淨撿、安令首、寶賢等。

2. 誦持《十誦律》的，略如：慧果、僧敬、德樂、淨秀、僧述、法宣等。

其他只受五戒、十戒、菩薩戒的，略如：明感、法盛、智勝等，至於只標明「戒行精峻」，而未審誦持的，《比丘尼傳》中真是俯拾皆是。

那麼，同是僧尼的戒律，怎麼會有分歧呢？其實這一種分歧，從佛還沒有涅槃的時候，就已經顯見了。《因緣經》說：「佛在世時，有一長者夢見一張白疊，忽然自為五段。驚詣佛所，請問其故。佛言：此乃我滅度後，律藏當分為五部。」僧祐和尚在《祐錄》詳述了這五部的紛爭：「佛泥洹後，大迦葉集諸羅漢，於王舍城安居。命優波離出律，八萬法藏有八十誦；初，大迦葉任持、第二阿難……至百一十餘年，傳授不異。一百一十餘年後，阿育王出世……請諸羅漢誦出經律。時有五大羅漢，各領徒眾弘法，見解不同；或執開隨制，共相傳習，遂有五部出焉。十六大國隨用並行，競各進業，皆獲道證……後時五部，異執紛然競起。」關於五部競起的情形，我在本文〈何后寺道儀尼傳考 13〉的〈注四〉裏有所考釋，請參詳。不過我在這裡，還有兩點補充：其一是，《十誦律》的盛行，使得當時的學者、僧伽直呼《十誦律》為《摩訶僧祇律》了。為什麼這樣呢？僧祐律師說五部競起的結果，「阿育王就問：皆誦佛語，我今何以測其是非？佛法斷事云何？諸僧皆言：法應從多。阿育王即集五部僧共行籌當，爾時眾取婆麤富羅部籌多，遂改此一部為『摩訶僧祇』。摩訶僧祇者，大眾名也。」這是說，大眾誦持得多，就叫「摩訶僧祇」；因為當時《十誦律》盛行，所以又叫做《摩訶僧祇律》了。可見當時《十誦律》盛行之一班了。（其他請參詳本論文的〈法系考〉節）。其二是，婆麤富羅為什麼叫《僧祇律》呢？原來是：「受持經典，皆說有我，不說空相，猶如小兒，故名婆麤富羅。而中天竺……巴連弗邑有五百僧欲斷事，既無律師，

又闕律文，莫知承案。即遣使到祇洹精舍，寫此律文，眾共奉行。」這就是名稱的由來。

另外，在《比丘尼傳》中，除少數誦持《僧祇律》、《菩薩戒》以外，大多奉行《十誦律》。其原因，恐怕淨秀尼的出死力，是一大因素吧？〈淨秀尼傳〉說：「後請法穎律師重講《十誦》，開題之日，澡罐中水自然香馥；其日就坐，更無餘伴。起懼犯獨，以諮律師。律師答言不犯，秀觀諸尼未盡如法，乃嘆曰：『洪徽未遠，靈緒稍隤；自非正己，焉能導物？』即行摩那埵，以自悔首。合眾見之，悉共相率退思補過，慚愧懺謝。」於是才在宋元嘉十年（433 A. D.）重新從僧伽跋摩受《十誦》戒，可見《十誦》的普被接受，秀尼師實有大力的。（另詳本論文〈禪林寺淨秀尼傳考52〉）

附論：「八敬法」的探討

筆者在寫作本論文時，適逢西藏政教領袖第十四世達賴喇嘛抵台（民國九十年三月三十一日），台灣「關懷生命協會」創會人釋昭慧卻藉這機會，「以爭取佛門兩性平權爲號召，弘誓文教基金會昨天（三十一日）在中研院國際會議廳以『人間佛教薪火相傳』爲題，爲印順法師九十六歲嵩壽誌慶舉辦研討會。會中，釋昭慧、釋傳道、學者江燦騰、中研院近史所副研究員陳儀深等多人，以揭撕『八敬法』海報動作爲開場，發表廢除『八敬法』宣言。」（民國九十年四月一日〈中國時報〉第二版）「八敬法」所以須要撕毀的理由，據前引〈時報〉所載，是因爲男女不平權的關係：「釋昭慧執筆的宣言指出，佛教史上第一批出家比丘尼大愛道，早在二千六百年前，即向佛要求廢除比丘尼必須禮敬比丘之法〔註30〕，年少比丘要對長老比丘尼『稽首作禮，恭敬承事』，這種顛覆傳統男尊女卑的價值觀，是尼眾姊妹好榜樣〔註31〕，可惜『革

〔註30〕案，《中阿含經》卷第二十八〈瞿曇彌經〉說：「彼時瞿曇彌大愛於後轉成大比丘尼眾，與諸長老上尊比丘尼爲王者所識，久修梵行，共俱往詣尊者阿難所，稽首作禮，卻住一面，白曰：『尊者阿難，當知此諸比丘尼長老上尊，爲王者所識，久修梵行：彼諸比丘，年少新學，晚後出家，入此正法律，甫爾不久。願令此諸比丘爲諸比丘尼，隨其大小，稽首作禮，恭敬承事，叉手問訊。』」又，梁釋僧祐的〈釋迦譜〉卷二也有這樣記載：「後於異時，大愛道與諸長老尼，俱詣阿難所白言：『諸長老尼皆久修梵行，且已見諦；云何當使禮幼少比丘？』」

〔註31〕《長老尼偈》6~6〈大愛道長老尼所說偈〉有一偈語，很值得我們的思考：「比丘證涅槃，和合且精進；禮拜佛弟子，即是拜世尊。」然則大愛道眞是反對「八敬法嗎？」

命尚未成功』。這次的宣言猶如當代大愛道二次革命,必須把佛法強調『眾生平等』說清楚、講明白。」但是,「與釋昭慧師出同門的福嚴佛學院,隨即在會場發布聲明稿,質疑印順導師是否贊同廢法動作?還是釋昭慧自己的主張?」(仝上引)印順導師是否贊同呢?我們檢查他的重要著作《妙雲集》似乎沒有看到這樣的主張,而〈聯合報〉三月三十一日第二版卻載:「釋昭慧表示,印順導師與達賴喇嘛分別是漢傳佛教與藏傳佛教的精神領袖,但是印順導師早在五十七年前就指出:『佛法一直在男眾手裏,不能發揚佛法的男女平等精神,不能扶助女眾,提高女眾,反而傾向重男輕女,甚至鄙棄女眾,厭惡女眾,以為女眾不可教,這實在是對於佛法的歪曲。』」這一段五十七年前的談話,不知見於印順導師的哪一部著作?但是,這就坐實了他老人家要撕毀「八敬法」的主張了嗎?難怪「與釋昭慧師出同門的福嚴佛學院」的廣淨法師要提出質疑:「福嚴佛學院師生抱怨,來到慶祝導師壽辰研討會場,好像必須是人人贊成廢除『八敬法』而來。福嚴院長厚觀法師在旁聽席上提問,印順老師有否授意今天的宣言?廢除八敬法就可以做到兩性平等?他說凡是對佛法有正知正見者,不會把『八敬法』當真的。」於是,「釋昭慧回應,廢了『八敬法』,兩性還是不平等,就像中華民國憲法說男女平等,結果男女還是平等不起來,這條社會運動之路還很漫長。很明確的是,可別想她到了八十歲,向剛受戒的比丘起迎禮拜。」我們平心靜氣地看看這一段報導,釋昭慧似乎並沒有回答了厚觀法師的提問。因此佛教史學者江燦騰先生乃代為回答說:「今天釋昭慧等多人的行動,不必然是印順的思想,卻是印順傳遞尊重尼眾思想播種的結果。」這話似乎也沒有明確地說明印順法師的意向,於是媒體又說:「學者陳儀深會後說,從社會運動角度看,廢法宣言有助加速佛教界的內省,『不得罵謗比丘』、『只准比丘說比丘尼過失,不准比丘尼說比丘過失』這些戒律是歷史產物,今天宜順應時代改變,避免太過消極。」(以上所引,具見民國九十年四月一日〈中國時報〉第二版)弔詭的是,學佛的人,沒有一個不是相信、承認釋迦牟尼佛是一位「實語者、如語者、不誑語者」,這樣的聖人、佛,居然制定了與他老人家一生極力呼籲的「眾生平等」相背的「八敬法」嗎?於是,釋昭慧說「八敬法」非佛制!

今考「八敬法」見於以下諸經、戒:

1. 〈大愛道般泥洹經〉西晉・白法祖譯。

　　案,本經主要在記述大愛道等五百比丘尼眾,先佛陀而入無餘依涅槃

的情況。

2. 《增一阿含經》卷五十〈大愛道般涅槃品〉，這是東晉・瞿曇僧伽提婆
所譯。

案，本品與前經所述，大抵相同。

3. 《中阿含》卷二十八〈瞿曇彌經〉，這也是東晉・瞿曇僧伽提婆所譯，
茲將「八尊師法 attha-ga-rudhamma」條列如下，以便比較：

甲、比丘尼當從比丘求受具足戒。

乙、比丘尼半月往從比丘受教。

丙、若住止處無比丘者，比丘尼便不得受夏坐。

丁、若比丘尼受夏坐訖，於兩部眾中，當請三事求見聞疑。

戊、若比丘不聽比丘尼問者，比丘尼則不得問比丘經、律、阿毗曇；
若聽問者，比丘尼得問比丘經、律、阿毗曇。

己、比丘尼不得說比丘犯，比丘得說比丘尼犯。

庚、比丘尼若犯僧伽婆尸沙，當於兩部眾中十五日行不慢。

辛、比丘尼受具足雖至百歲，故當問始受具足比丘極下意稽首作禮，
恭敬承事，叉手問訊。

4. 〈佛母般泥洹經〉劉宋・慧簡譯。

案，本經與前〈大愛道般泥洹經〉所述，大抵相同。

5. 〈瞿曇彌記果經〉劉宋・慧簡譯。

案，本經是〈瞿曇彌經〉的同本別譯，而把「八尊師法」譯作「八重
法」。

6. 〈大愛道比丘尼經〉北涼・失譯。

「八敬法」之異於前兩部者，厥為：

(1) 比丘、比丘尼不得相與並同居止。

(2) 三月止一處自相檢校，所聞所見當自省察；若邪語，受而不報、聞
而不聞、見若不見，亦無往反之緣，憺而自守。

(3) 比丘尼不得訟問自了，設比丘以所聞所見，若比丘有所聞訟問比丘
尼，比丘尼即當自省過惡，不得高聲大語自現其欲態也。

7. 《十誦律》卷四十〈明比丘尼法〉姚秦・弗若多羅等譯。

案，本法僅有「半月從比丘受八敬法」條為異而已。

8. 《四分律》的〈比丘尼犍度〉姚秦・佛陀耶舍共竺佛念譯。

案，本法也僅有「比丘尼不應爲比丘尼作舉、作憶念、作自言，不恳遮他覓罪、遮說戒、遮自恣；比丘尼不恳呵比丘，比丘應呵比丘尼。」條爲異而已。

9. 《摩訶僧祇律》卷三十六〈八波羅夷法〉東晉・佛陀跋羅共法顯譯。

案，本法認爲尼眾應守持八敬法，則可以得「五事利益」，即：

(1) 建立佛法。

(2) 令正法久住。

(3) 不欲有疑悔，請問於他人者。

(4) 有比丘尼犯罪恐怖，爲作依怙者。

(5) 欲遊化諸方而無罣礙者。

以上五事利益，很值得注意，因爲已經沒有尼眾出家，會使佛法住世減五百年的想法了。其他，說詳下。

10. 《彌沙塞部和醯五分律》卷二十八劉宋・佛陀什共竺道生等譯。

案，本律稱「八不可越法」，而條文都同；但在「甲、比丘尼當從比丘求受具足戒」上，加一「式叉摩那」表示此等尼眾，亦須從比丘受戒。

11. 《小品》卷十〈銅鍱律・比丘尼犍度〉

案，這是見於《南傳大藏經》的第四冊，日・宮本正尊、渡邊照宏等譯。其條文全同《彌沙塞部和醯五分律》所述。

12. 增支部、《八集》第六〈瞿曇彌品〉

案，這也是見於《南傳大藏經》，不過是在第二十二冊，也是渡邊照宏譯。其條文全同《彌沙塞部和醯五分律》所述，但在「式叉摩那尼」下加注「已受二年學」，意思是說：受了比丘的式叉摩那尼戒以後，還得受兩年的勤學，以觀後效。

從以上的援引，「八敬法」的甲、乙、丙、丁、戊、庚等條是規定比丘尼須從比丘處受戒、受教，甚而是反省。之所以有這一些規定，考其背景，應該是當佛答應大愛道出家時，只有男眾的比丘而已；因此，女眾的比丘尼不從他們受戒、受教、反省，便沒有地方可以皈依了。至於己、辛兩條則是從前述六條引申出來的，因爲比丘既是比丘尼的戒師、授教師，那麼指說她們的過失，應該和平不平等無關的。再者，比丘既不從比丘尼受戒，而比丘尼又須從比丘得戒，那麼依據倫常來講，百歲比丘尼向始受具的比丘又問承事

便沒有什麼不平等的了。何況守持八敬法，可以得「五事利益」（請詳前引），這五利益事，就無所謂不平等了。

其實，《大智度論》裡，也已經談到這平不平等的實質問題了。譬如卷第十三最末一段，說到出家四律儀的沙彌尼戒，除了和沙彌一般同受十戒以外，還得受「式叉摩那六法二歲」。於是，就有人抱不平地問：「沙彌十戒便受具足戒；比丘尼法中，何以有式叉摩那，然後得受具足戒？」答曰：「佛在世時，有一長者婦，不覺懷妊而出家受具足戒。其後身大轉現，諸長者譏嫌比丘，因此制有二歲學戒受六法，然後受具足戒。」可見這是純從男女生理不同來立法的，初無所謂的性別歧視。接著又再深入解析說：「問曰：『若為譏嫌，式叉摩那豈不致譏？』答曰：『式叉摩那未受具足戒，譬如小兒、亦如給使，雖有罪穢，人不譏嫌，是名式叉摩那受六法。是式叉摩那有二種：一者十八歲童女受六法，二者夫家十歲得受六法。若欲受具足戒，應二部僧中，用五衣鉢盂；比丘尼為和尚及教師，比丘為戒師，餘如受戒法。略說則五百戒，廣說則八萬戒；第三羯磨訖，即得無量律儀，成就比丘尼。比丘則有三衣鉢盂，三師十僧，如受戒法。略說則二百五十戒，廣說則八萬戒；第三羯磨訖，即得無量律儀法。』」同樣是受了八萬戒，同樣是在第三羯磨訖，才能得無量律儀法。則守五百戒或二百五十戒，明顯地是因體質生理的不同，不能說是性別歧視。

除了生理上的不同，當然還有心理上的差異；大體說來，男性比較剛毅、女子較比柔情，男性比較陽偉、女子較比陰鬱。《易經》的道理就說陽動陰靜，動則輕清在上，靜則重濁在下，因此佛制女眾的戒律乃有所區分，無關平不平等的著眼。〈比丘尼戒本所出本末序〉談到這一問題，說：「其解色以息婬，不在止冶容也；不欲以止竊，不在謹封藏也。解色則無情於外形，何記飾容與不飾乎？不欲則無心於珠玉，何須慢藏與緘縢乎？所謂無關而不可開，無約而不可解也。內楗既爾，外又毀容麤服，進退中規，非法不視，非時不餐，形如朽柱，心若漯灰，斯戒之謂也。豈非『聖人善救人，故無棄人』哉？然女人之心弱志而多放，佛達其微防之宜密，是故立戒每倍於男也。」正是這一層意思。

再說，出家入佛本是自願，佛的制約千百年來如是；妳能守、願守則何妨在此和合僧團之中，妳不能、不願受持則可勿與，實在也不必爭之若是。考察千百年來的尼師，之所以能在我國獨存獨大者，無不因為她們能持戒不

犯不毀，如寶唱和尚所示的《比丘尼傳》中的諸位尼師，雖然沒有「明律」的人才，卻個個「守律」不墮，以此贏得了朝野的尊崇、信仰；今天竟然要因著時移世異而撕毀這一律法，是不是須得再三斟酌呢？清朝初年學術上的三大家之一的船山先生王而農，在其名著《讀通鑑論》裏說：「屈其道而與身靡，身死而道亦不競。」思之不能無感。

三、比丘尼的堅持與成就及影響

　　《魏書》卷一一四〈釋老志〉載太武帝撞見寺院僧伽的穢跡，說：「世祖（案，即武帝）即位，富於春秋。既而銳志武功，每以平定禍亂為先。雖歸宗佛法，敬重沙門，而未存覽經教、深求緣報之意；及得寇謙之道，帝以清淨無為，有仙化之證，遂信行其術。時司徒崔浩，博學多聞，帝每訪以大事。浩奉謙之道，尤不信佛，每與帝言，數加非毀，長謂虛誕，為世費害。帝以其辯博，頗信之。會蓋吳反杏城，關中騷動，帝乃西伐，至於長安。先是，長安沙門種麥寺內，御騶牧馬於麥中，帝入觀馬。沙門飲從官酒，從官入其便室，見有弓矢矛盾，出以奏聞。帝怒曰：『此非沙門所用，當與蓋吳通謀，規害人耳。』命有司案誅一寺，閱其財產，大得釀酒具及州郡牧守所寄藏物，蓋以萬計。又為曲室，與貴室女私行淫亂。帝既忿沙門非法，浩時從行，因進其說。詔誅長安沙門，焚破佛像，敕留臺下四方令，一如長安行事。又詔曰：『彼沙門者，假西戎虛誕，妄生妖孽，非所以一齊政化，布淳德於天下也。自王公以下，有私養沙門者，皆送官曹，不得隱匿。限今年二月十五日，過期不出，沙門身死，容止者誅一門。』」於是，就開始了毀佛的事體：太延四年（438 A. D.）詔罷沙門年五十以下者，令從軍役（案，這一點，《唐傳·僧朗傳》說得更具體：「釋僧朗，涼州人。魏虜攻涼。城民素少，乃逼斥道人，用充軍旅，隊別兼之。及輶橦所擬，舉城同陷。收登城僧三千人至軍，將魏主所。」其實，驅逼僧眾以為軍伕的事體，原本就是蠻酋的技倆，《梁傳》卷十四〈梁京師正覺寺釋法悅傳〉就記載著：「齊初，兗州數郡欲起義南附，亦驅逼眾僧，助守營塹。時虜帥蘭陵公攻陷此營，獲諸沙門，於是盡執二州道人，幽繫圉裏。遣表僑臺，誣以助亂。」便是明證。）又，太平真君五年（445 A. D.）詔：「王公以下至庶人以私養沙門、巫覡於家者，皆遣詣官曹；過二月十五日不出，沙門、巫覡死，主人門誅。」更有甚者，連城內葬地也不准出

家人留瘞，而必須葬在南郊之外。於是，「土木宮塔，聲教所及，莫不畢毀。」
而北周武帝是怎麼毀佛的呢？《北史》卷十（周本紀下）：「天和三年（568 A.
D.）癸酉，帝御大德殿，集百僚及沙門、道士等，親講《禮記》。」這是他對
釋氏不信的端倪。接著，「建德二年（573 A. D.）十二月癸巳，集群官及沙門、
道士等，帝升高座，辨釋三教先後。以儒教爲先，道教次之，佛教爲後。於
是，三年（574 A. D.）五月丙子，初斷佛、道二教，經像悉毀，罷沙門、道士
並令還俗。」那毀損的情形，據《房錄》卷十一載：「建德敦牂，迄於作噩，
毀破前代關山西東數百年來官私所造一切佛塔，掃地悉盡。融刮聖容，焚燒
經典。八州寺廟，出四十千，盡賜王公，充爲宅第。三方釋子，減三百萬，
皆復軍民，還歸編戶。」

在這樣的境域之中，釋氏當然是受盡脅迫、戕害了，關於這一些事體，
僧傳多有所記；而入道的比丘尼們，是怎樣來因應的呢？揆其態度，大略有
以下諸端：

（一）她們的堅持

1. 受具不移

受不受具足戒，是比丘尼如不法如法、是否爲僧伽接受的最直接而信靠
的檢驗，所以初期的女眾入道，最堅持的就是這一點。如《比丘尼傳》卷一
（晉竹林寺淨撿尼傳）說：「他日謂始曰：『《經》中云：比丘、比丘尼願見濟
度？』始曰：『西域有男女二眾，此土其法未具。』撿曰：『既云：比丘、比
丘尼，寧有異法？』始曰：『外國人云，尼有五百戒，便應是異，當爲問和尚
（案，和尚，當指西域高僧智山而言）。』和尚云：『尼戒大同細異；不得其
法，必不得授。尼有十戒，得從大僧受。』撿即剃落，從和上受十戒，同其
志者二十四人。於宮城西門共立竹林寺；未有尼師，共諮淨撿，過於成德。」
一直到了「晉咸康中，沙門僧建於月支國得《僧祇尼羯磨》及戒本。升平二
年二月八日，於洛陽譯出，請外國沙門曇摩羯多爲立戒壇……」寶唱和尚贊
歎彼等的堅持功德，便記載著說：「當其羯磨之日，殊香芬馥，闔眾同聞，莫
不欣歎加其敬仰，善修戒行，志學不休。」又如全書卷二〈景福寺慧果尼傳
14〉載「到元嘉六年（429 A. D.），西域沙門求那跋摩至。果問曰：『此土諸尼
先受戒者，未有本事，推之愛道，誠有高例；未測厥後，得無異耶？』答無
異。又問：『就如律文，戒師得罪，何無異耶？』答曰：『有尼眾處，不二歲

學，故言得罪耳。』又問：『乃可此國先未有尼，非閻浮無也。』答曰：『律制，十僧得授具戒，邊地五人亦得授之；正爲有處不得不如法耳。』又問：『幾許里地爲邊地？』答曰：『千里之外，山海阻隔者也。』九年（412 A. D.），率弟子慧意、慧鎧等五人，從僧伽跋摩重受具戒，敬慎奉持如愛頂腦。」再譬如說〈廣陵僧果尼傳 27〉，也有同樣的記載：「元嘉六年（429 A. D.），有外國舶主難提，從師子國載比丘尼來，至宋都，住景福寺。後少時問果曰：『此國先來，已曾有外國尼未？』答曰：『未有。』又問：『先諸尼受戒，那得二僧？』答：『但從大僧受，得本事者乃是發起受戒，人心令生殷重，是方便耳。故如大愛道八敬得戒，五百釋女以愛道爲和尚，此其高例。』果雖答，然心有疑。具諮三藏，三藏同其解也。又諮曰：『重受得不？』……到十年，舶主難提復將師子國鐵薩羅等十一尼至。先達諸尼已通宋語，請僧伽跋摩於南林寺壇界，次第重受三百餘人。」又如卷三〈崇聖寺僧敬尼傳 39〉載：「僧敬尼……逮元嘉中，魯郡孔默出鎮廣州，攜與同行，遇見外國鐵薩羅尼等，來向宋都，並風節峻異，更從受戒，深悟無常。」就因爲她們的如是堅持，又能守戒無虧，才樹立了比丘尼的典範，使得當時、後世的道俗，不敢輕蔑，從此奠立她們在僧伽中的地位。

2. 持戒不毀

受戒容易，持戒而不毀難，尤其亂世裏的弱女子更難。其例上引諸傳已經可以窺見一斑，茲再舉一、二例如下：《比丘尼傳》卷二〈梁郡築戈村寺釋慧木尼傳 22〉：「木母老病，口中無齒；木嚼脯飴母，爲口不淨，不受大戒。白衣精勤，懺悔自業，忽見戒壇與天皆黃金色，舉頭仰視，南見一人……語木曰：『我已授汝戒。』」又如卷三〈建福寺智勝尼傳 42〉：「大明中，有一男子，詭期抱梁，欲規不遜。勝剋意淵深，雅操壁立，正色告眾，眾錄付官。守戒清淨，如護明珠。」再如卷四〈僞高昌都郎中寺馮尼傳 55〉說：「馮後忽謂法惠言……往龜茲國金花帳下直月聞，當得勝法。法惠聞而從之，往至彼寺見直月，直月歡喜，以葡萄酒一升與之令飲。法惠驚愕：『我來覓勝法，翻然飲我？』非法之物不肯飲；直月推背，急令出去。法退思：『我既遠來，未達此意，恐不宜違。』即頓飲之，醉吐迷悶，無所復識。直月便自他行；法惠酒醒，自知犯戒，追大慚愧，自搥其身，悔責所行，欲自害命。」

但是，其間也有不盡符佛制者，譬如僧、尼同寺便是。北齊武平元年（570 A. D.）的〈董洪達造像銘〉其中有比丘尼曇仙、曇信、曇那、惠膜、靜輝、

曇羨、曇容、曇財等。案，此銘是以白衣爲齋主，而請比丘爲起像；竟然隨著鐫題比丘尼名號，這是不是表示僧、尼同住一寺呢？是大可注意的事體。本銘的題款如下：

　　邑師比丘□敢起像　　齋主張黃頭

　　以上第一列

　　□化主馬黃頭　　北面像主比丘尼曇仙　　北面像主比丘尼曇信……北面像主比丘尼曇財……

　　以上第二列

但是，根據上引「北齊天保三年〈宋顯伯等造像龕記并陰側〉」的鐫刻形制：「邑師父法略　廣福寺僧寶　上座比丘尼惠藏　上座比丘尼僧津　比丘尼惠姜　比丘尼僧讚……」應該可以認定是僧、尼同住一寺了！這是不合尼戒的，如《大愛道比丘尼經》中所說的「八敬道」之三：「比丘、比丘尼不得相與並同居止」就是。）

3. 守節不辱

自古迄今，女眾多現柔弱相，柔弱易欺，所以她們的路程便益加坎坷，也益加掬人同情。全書卷一〈司州西寺智賢尼傳3〉：「智賢……及在緇衣，戒行修備……太守杜霸篤信黃老，憎嫉釋種。符下諸寺，剋日簡汰……霸先試賢以格，格皆有餘。賢儀觀清雅，辭吐辯麗；霸密挾邪心，逼賢獨住，賢識其意，誓不毀戒法，不苟存身命，抗言拒之。霸怒以刀斫賢二十餘瘡，悶絕躄地；霸去乃甦，倍加精進，榮齋苦節。」這是受權勢、宗教的雙重迫害。又有性別歧視的迫害，全書全卷〈弘農北岳妙相尼傳4〉：「晉永和中，弘農太守請七日齋。座上白衣諮請佛法，言挾不遜。相正色曰：『君非直見慢，亦大輕邦宰，何用無禮，苟出人間耶？』於是稱疾而退，當時道俗咸歎服焉。」也有亂世的迫害，如全書全卷〈建福寺康明感尼傳5〉：「……爲虜賊所獲，欲以爲妻，備加苦楚，誓不受辱；譴使牧羊，經歷十載……至州，復爲明伯連所虜……」還有對婚姻的反抗的，如全書全卷〈延興寺僧基尼傳8〉：「僧基……縮髮志道，秉願出家；母氏不聽，密以許嫁，祕其聘禮。迎接日近，女乃覺知，即便絕糧，水漿不下。親屬共請，意不可移；至於七日，母呼女婿。婿敬信，見婦殆盡。」

4. 苦行不殆

每一位在《比丘尼傳》裏留名的尼師，當然都是從苦行中來的；這裡所

要論述的，是特重在難行能行的事例上。譬如：全書卷二〈廣陵中寺光靜尼傳 25〉：「靜少而勵行，長而習禪思。不食甘肥，將受大戒，絕穀餌松，具足之後，積十五年。雖心識鮮明，而體力羸憊，祈誠懺到，每輒感勞，動經晦朔。沙門釋法成謂曰：『服食非佛盛事。』靜聞之，還食粳糧。」這一種「絕穀餌松」的行徑，一持十五年，豈是人盡能行的？又如全書全卷〈山陽東鄉竹林寺靜稱尼傳 28〉也是同樣的情形：「稱戒業精苦，誦經四十五萬言……遊心禪默，永絕塵勞……不資糧米，餌麻朮而已。聲達虜都，虜謂聖人。」再如全書卷四〈僞高昌都郎中寺馮尼傳 55〉載：「年三十出家，住高昌都郎中寺，菜蔬一食，戒行精苦，燒六指供養，皆至於掌。」能燒指供養，就能焚身施佛；《比丘尼傳》裏的事例，所在多有，請詳下文：〈比丘尼的修持法門〉。

有以上的種種堅持與修持，所謂功不唐捐，當然有以下的成就：

（二）她們的成就

1.學為物宗，士庶共欽

從來女子不識字，不知書，好像是天經地義的事體；比丘尼眾裏，能書、能詩的，簡直人中龍鳳了，當然，士庶乃趨之若鶩了。卷一〈僞趙建賢寺安令首尼傳 2〉：「首博覽群籍，經目必誦，思致淵深，神照詳遠。一時道學，莫不宗焉，因其出家者二百餘人。」二百餘的常隨眾，這力量是不可輕估的。再看全卷〈洛陽城東寺道馨尼傳 9〉：「馨雅能清談，尤善小品，貴在理通，不事辭辯，一州道學所共師宗。」又如卷二〈簡靜寺支妙音尼傳 12〉就說：「妙音，未詳何許人也。幼而志道，居處京華，博學內外，善爲文章。晉孝武帝、太傅、會稽王道、孟顗等並相敬信，每與帝及太傅、中朝學士談論屬文，雅有才致，藉甚有聲。太傅以太元十年（385 A. D.）爲立簡靜寺，以音爲寺主，徒眾百餘人。」太傅爲立寺院，徒眾百餘人，這是何等的氣勢！再如〈南永安寺曇徹尼傳 38〉：「五侯、七貴、婦女以下，莫不修敬。」等等都是，像這樣的例子，《比丘尼傳》中尚不乏其例啊。

2.講經宏通，宣說正法

因爲思致淵深、雅能清談，接著就正式浮上了臺面，開始了講經的事業。卷一〈洛陽城東寺道馨尼傳 9〉說道馨是比丘尼出來講經的第一人，雖然因此遭受道徒楊令辯的毒害，而講經的風尚卻從此推廓了開來。於是才有晉簡文

帝之崇敬道容尼，仝卷〈新林寺道容尼傳 10〉：「道容……晉明帝時甚見敬事……及簡文帝，先事清水道師，道師京都所謂王濮陽也。第內爲立道舍，容甌開導，未之從也。後宮人每入道屋，輒見神人爲沙門形，滿於室內；帝疑容所爲也，而莫能決。踐祚之後，烏巢太極殿，帝使曲安遠筮之，云：『西南有女人師，能滅此怪。』帝遣使往烏江迎道容，以事訪之。容曰：『唯有清齋七日，受持八戒，自當消弭。』帝即從之，整肅一心，未滿七日，群鳥競集，運巢而去。帝深信重，即爲立寺，資給所須；因林爲名，名曰新林。即以師禮事之，遂奉正法；後晉顯尙佛道，容之力也。」這是佛、道的一場鬥爭，如果道容尼師不勝，晉世佛教的推展，恐怕要另費心力了。再如卷三〈華嚴寺妙智尼傳 41〉：「禪堂初建，齊武皇帝敕請妙智講《勝鬘》、《淨名》，開題及講，帝數親臨，詔問無方智，連環剖析，初無遺滯，帝屢稱善，四眾雅服。」因爲她能言，能使帝及四眾雅服，所以特許入葬鍾山，以旌其德。又，仝書仝卷〈普賢寺淨暉尼傳 45〉說：「暉具戒之初，從濟瑗稟學，精思研求，究大乘之奧，十臘之後便爲宗匠。齊文惠帝、竟陵文宣王莫不服膺，永明八年（490 A. D.）竟陵王請於第講《維摩經》，後爲寺主二十餘年，長幼崇奉，如事父母，從爲弟子者四百餘人。」又，仝卷〈剡齊興寺德樂尼傳 51〉說：「德樂尼……東游會稽，止於剡之白山照明精舍。學眾雲集，從容教授，道盛東南矣。」又如卷四〈西青園寺妙禕尼傳 62〉也說：「雅好談說，尤善言笑。講《大涅槃經》、《法華》、《十地》，病三十餘辨，《十誦》、《毗尼》每經敷說。」仝卷〈樂安寺釋惠暉尼傳 63〉說：「從斌、濟、柔、次四法師，聽《成實論》及《涅槃》諸經，於十餘年中蔚爲義林，京邑諸尼無不諮受。於是法筵頻建，四遠雲集，講誦不休，禪行不輟。」這樣一來，就使得尼師們能夠直接與帝王妃嬪說法，如《洛陽伽藍記》卷一〈城內・胡統寺條〉就說：「其寺諸尼，帝城名德，善於開導，工談義理，常入宮與太后說法。」其影響於政情，殆是必然的了。

3. 交通王侯，名動公卿

尼師們的戒行既立，經學既成；崇重佛學的環境裏，自然能爲士林所重。因此可以游於名家閨閣，如《晉書》卷九十六・列傳第六十六〈王凝之妻謝氏傳〉就說：「初，同郡張玄妹亦有才質，適於顧氏，玄每稱之，以敵道韞。有濟尼者，游於二家。」（見本論文補遺・〈濟尼傳考 11〉）這是講王凝之妻謝道韞的事體，而王凝之是羲之的兒子，家世奉事天師道；濟尼能游其家，則

尼師的力量可以見矣。再如何充之爲明感尼立建福寺，晉章皇后何氏之爲曇備尼立永安寺（後改名何后寺）等等，都可以看得出來當時尼師被肯定的地位。甚至於有官員的遣派，也須尼師的一言而決的。如卷二〈簡靜寺支妙音尼傳 12〉就記載著說：「音爲寺主，徒眾百餘人，內外才義者因之以自達，供嚫無窮，富傾都邑，貴賤宗事，門有車馬日百餘兩。」又，《晉書》卷七十五〈王國寶傳〉載：「國寶少無士操，不修廉隅。婦父謝安惡其傾側，每抑而不用……從妹爲會稽王道子妃，由是與道子游處，遂間毀安……中書郎范甯，國寶舅也，儒雅方直，疾其阿諛，勸孝武帝黜之。國寶乃使陳郡袁悅之因尼支妙音致書與太子母陳淑媛，說國寶忠謹，宜見親信。」尼師的影響力可以概見。〈傳〉又說：「荊州刺史忱死，烈宗欲以王恭代之。時桓玄在江陵爲忱所挫，聞恭應往，素又憚恭。殷仲堪時爲恭門生，玄知殷仲堪弱才，亦易制御，意欲得之。乃遣使憑妙音尼，爲堪圖州。既而烈宗問妙音：『荊州缺，外間云誰應作者？』答曰：『貧道道士，豈容及俗中論議？如聞外內談者，並云無過殷仲堪，以其意慮深遠，荊楚所需。』帝然之，遂以代忱。」這眞是名動公卿，權傾一朝，威行內外了！正因爲她們有這樣的影響力，所以常能阻撓政令的推行。《冊府元龜》卷一九四〈崇釋老部〉說：「大明二年（458 A.D.）有曇標道人與羌人高闍謀反，帝因是下詔所在沙汰，後有違犯嚴其誅坐。於是設諸條禁，自非戒行精苦，並使還俗；而諸寺尼出入宮掖，交關后妃，此制竟不能行。」〔註 32〕可以爲證。既有這樣的能耐，自能干涉到帝王的行政立法。

更有甚者，竟至參與了謀反叛亂。如《通鑑》卷一三九〈齊紀五・明帝建武元年〉條寫鬱林王被廢前的宮闈之爭，民眾就已經參與其間：「西昌侯鸞（案，即後來的明帝）既誅徐龍駒、周奉叔，而尼媼外入者頗傳異語……帝謂蕭坦之曰：人言鎮軍與王晏、蕭諶欲共廢我，似非虛傳，卿所聞云何？坦之曰：天下寧當有此？誰樂無事廢天子邪！朝貴不容造此論，當是諸尼姥言耳，豈可信耶！」言必稱尼媼、妮姥，且以爲是下里巴人之語，是不可信、不值得信的，然則尼眾的影響力與士庶的觀感，就可以概見了。更明目張膽的，是如卷三〈剡齊興寺德樂尼傳〉說：「師二十四歲，同寺尼法淨、曇覽牽連了孔熙先謀反的事體，弄得人身窮法，毀壞寺舍，諸尼離散，師只得移居東青園。」《通鑑》卷一二四〈宋紀・元嘉二十二年〉寫此事甚詳贍：

〔註32〕案，此事又見載於《宋書》卷九十七〈夷蠻傳〉。

初，魯國孔熙先博學文史，兼通數術，有縱橫才志；爲員外散騎侍郎，不爲時所知，憤憤不得志。父默之爲廣州刺史，以贓獲罪，大將軍彭城王義康爲救解，得免。及義康遷豫章，熙先密懷報效。且以爲天文、圖讖，帝必以非道晏駕，由骨肉相殘，江州應出天子。以范曄志意不滿，欲引同謀，而熙先素不爲曄所重。太子中舍人謝綜，曄之甥也，熙先傾身事之。綜引熙先與曄相識。

熙先家饒於財，數與曄博，故爲拙行，以物輸之。曄既利其財，又愛其文藝，由是情好款洽。熙先乃從容說曄曰：「大將軍英斷聰敏，人神攸屬，失職南垂，天下憤怨。小人受先君遺命，以死報大將軍之德。頃人情騷動，天文舛錯，此所謂時運之至，不可推移者也。若順天人之心，結英豪之士，表裏相應，發於肘腋，然後誅除異我，崇奉明聖，號令天下，誰敢不從！小人請以七尺之軀，三寸之舌，立功立事而歸諸君子，大人以爲何如？」曄甚愕然。熙先曰：「昔毛玠竭節於魏武，張溫畢議於孫權，彼二人者，皆國之俊乂，豈言行玷缺，然後至於禍辱哉！皆以廉直勁正，不得久容。丈人之於本朝，不深於二主，人間雅譽，過於兩臣，讒夫側目，爲日久矣，比肩競逐，康可遂乎！近者殷鐵一言而劉班碎首，彼豈父兄之仇，百世之怨乎？所爭不過榮名勢利先後之間耳。及其末也，唯恐陷之不深，發之不早；戮及百口，猶曰未厭。是可爲寒心悼懼，豈書籍遠事也哉！今建大勳，奉賢哲，圖難地易，以安易危，享厚利，收鴻名，一旦包舉而有之，豈可棄置而不取哉！」曄猶疑未決。熙先曰：「又有過於此者，愚則未敢道耳。」曄曰：「何謂也？」熙先曰：「丈人奕葉清通，而不得連姻帝室，人以犬豕及相遇，而丈人曾不恥之，欲爲之死，不亦惑乎！」曄門無內行，故熙先以此激之。曄默然不應，反意乃決。

曄與沈演之並爲帝所知，曄先至，必待演之俱入，演之先至，嘗獨被引，曄以此爲怨。曄累經義康府佐，中間獲罪於義康。謝綜及父述，皆爲義康所厚，綜弟約聚義康女。綜爲義康記室參軍，自豫章還，申義康意於曄，求解晚隙，復敦往好。大將軍府史仲承祖，有寵於義康，聞熙先有謀，密相結納。丹陽尹徐湛之，素爲義康所愛，承祖因此結事湛之，告以密計。道人法略、尼法靜，皆感義康

恩，並與熙先往來。法靜妹夫許曜，領隊來台，許爲內應。法靜之
豫章，熙先付以箋書，陳說圖讖。於是密相署置，及素所不善者，
並入死目。熙先又使弟休先作檄文，稱：「賊臣趙伯符肆兵犯蹕，禍
流儲宰。湛之、曄等投命奮戈，即日斬伯符首及其黨與。今遣護軍
將軍臧質奉璽綬迎彭城王正位辰極。」熙先以爲舉大事宜須以義康
之指諭眾，曄又詐作義康與湛之書，令誅君側之惡，宣示同黨。

帝之燕武帳岡也，曄等謀以其日作亂。許曜侍帝，扣刀目曄，曄不
敢仰視。俄而座散，徐湛之恐事不濟，密以其謀白帝。帝使湛之具
探取本末，得其檄書，選署姓名，上之。帝乃命有司收掩窮治。其
夜，呼曄置客省，先於外收綜及熙先兄弟，皆款服。帝遣使詰問曄，
曄猶隱拒；熙先聞之，笑曰：「凡處分、符檄、書疏，皆范所造，云
何於今方作如此抵蹋邪？」帝以曄墨跡示之，乃具陳本末。

明日，使士送付廷尉。熙先望風吐款，辭氣不橈。上奇其才，遣人
慰勉之曰：「以卿之才而滯於集書省，理應有異志，此乃我負卿也。」
又責前吏部尚書何尚之曰：「使孔熙先年將三十作散騎郎，那不作
賊！」熙先於獄中上書謝恩，且陳圖讖，深戒上以骨肉之禍，曰：「願
且勿遺棄，存之中書。若囚死之後，或可追錄，庶九泉之下，少塞
讟責。」

至於捲入了家庭糾紛，特其餘事而已。〈竹園寺淨行尼傳59〉寫淨行尼少年的
作爲，便可資明證：「少經與大袜令郭洽妻臧氏相識，洽欺害其妻，言泄于
路；行請兄諫洽，洽不從之。行密語臧氏，臧氏不信；行執手慟泣，於是而
反。後一二日，洽果害之。」也許有以爲這是她出家前的行爲，原無涉於出
家後的影響；但是，她姊姊淨淵受「師友的嗟敬稱譽」，豈能完全沒有作用
呢？

4. 造像立寺，敕為僧官

因緣的具足，崇信的日多，公卿王侯爲建寺舍的，此先不論；就庶人捐
資造像立寺的，就所在都有。譬如，造像題記裏，就有很多此類的碑碣存在。
（請參閱本論文〈尼師造像題記考20〉）再如《比丘尼傳》中，也不乏其例。
譬如，卷二〈建福寺道瓊尼傳17〉說：「晉太元中，皇后美其高行，凡有所修
福，多憑斯寺，富貴婦女爭與之遊。以元嘉八年大造形象，處處安置：彭城
寺，金像二軀，帳座完具；瓦官寺，彌勒像一軀，寶蓋瓔珞；南建興寺，金

像二軀，雜事幡蓋。於建福寺造臥像并堂，又製普賢行像，供養之具，靡不精麗。又以元嘉十五年造無量壽像，以其年四月十日，像放眉間相光，明照寺內，皆如金色。道俗相傳，咸來修敬，瞻睹神輝，莫不歡悅。復以元后遺物，開拓寺南，更立禪房。」這真是漪歟盛矣了。又如，仝卷〈南安寺慧瓊尼傳 20〉載：「元嘉十八年（441 A. D.），宋江夏王世子母王氏以地施瓊，瓊修立為寺，號曰南外永安寺。至二十二年（445 A. D.），蘭陵蕭承之為起外國塔；瓊以元嘉十五年（438 A. D.）又造菩提寺，堂殿坊宇，皆悉嚴麗，因移住之。」再如卷三〈崇聖寺僧敬尼傳 39〉載：「僧敬尼……乃欲乘船泛海，尋求聖跡；道俗禁閉，留滯嶺南三十餘載。風流所漸，獷俗移心，捨園宅施之者十有三家，共為立寺於潮亭，名曰眾造。」又如卷四〈閑居寺僧述尼傳 61〉載：「僧述尼……為禪學所宗，去來投集，更成囂動，述因有隱居之志。宋臨川王母張貴嬪聞之，捨所居宅欲為立寺，時制不許輒造；到元徽二年九月一日，汝南王母吳充華啓，敕即就締構，堂殿房宇五十餘間。率其同志二十人，以禪寂為樂，名曰閑居……齊文帝、竟陵文宣王大相禮遇，修飾一寺，事事光奇，四時供養未曾休息。及大梁開泰，天下有道，白黑敬仰，四遠雲萃。而述不蓄私財……施造金像五軀，並皆壯麗；寫經及律一千餘卷，縹帙帶軸，寶飾新嚴。」這是弘傳佛法的一大助緣，於是，實至名歸，乃敕為僧官：為寺主者有之，為都維那者有之，為僧正者有之。如卷二〈普賢寺寶賢尼傳 34〉說：「寶賢……以泰始元年，敕為普賢寺主；二年，又敕為都邑僧正。甚有威風，明斷如神；善論物理，屈枉必釋，秉性剛直，無所傾撓。」又，仝卷〈普賢寺法淨尼傳 35〉說：「泰始元年，敕住普賢寺，宮內接遇，禮兼師友；二年，敕為京邑都維那。在事公正，確然殊絕。」尼僧的地位，大大地提升了，寖寖然可與僧伽相頡頏了。

5. 服務社會，回饋人群

釋氏的終極目標，不在獨善其身，那是小乘的阿羅漢道；大乘是要倒駕慈航，再來普渡眾生的，而且是在生前，不在死後。尼師入道，雖然備極艱辛，她們卻能深體佛心，而盡力於斯。譬如，卷一〈司州令宗尼傳 11〉載：「晉孝武聞之，遣書通問。後百姓遇疾，貧困者眾；宗傾資賑給，告乞人間，不避阻遠，隨宜瞻恤，蒙賴甚多。」又如，卷四〈邸山寺釋道貴尼傳 64〉也記載著說：「得人信施，廣興福業，不以纖毫自潤己身。」這是菩薩道的襟懷與修持的體現。

附論一：尼師的官制

關於這一問題，請從沙門禮敬王者的爭論談起。

沙門禮敬王者的爭論，是東晉的庾冰在成帝咸康六年（340 A. D.）首先提出的，他認爲禮教是國之綱紀，是不能須臾離的；沙門雖不與世事，卻也是一國之民，並不能自外的，如何可以不守君臣的制約？於是，何充乃提出了相反的看法，以爲佛制戒律，原本是輔佐王者之治化的；而出家人的不與世事，乃早就「跳出三界外，不在五行中」，何有於禮敬的問題？如此往復的論難，其實並沒有具體的結論和作法。直到元興元年 402 A. D.），才又由桓玄重新提起，他在致〈八座書〉〔註 33〕中，仔細申論沙門被承王恩，當然須對禮敬的看法；不過八座的意見，卻傾向不敬王者的作法，才是王恩廣被的體現。但是，權勢薰天的桓玄乃下令沙門必須禮敬王者，不但這樣，他還下沙汰沙門的命令；不過，元興二年（403 A. D.），他在篡位的同時，又收回了禮敬王者的成命，據說是與廬山慧遠法師論難的結果〔註34〕。儘管桓玄收回了成命，但是臥榻之側是不能有鼾聲的，因此連靠著佛教起家的宋王朝劉裕，也下了統制僧尼的詔書，《廣弘明集》卷二十四記載說：「佛法訛替，沙門混雜，未足扶濟鴻教而專成逋藪；加以姦心頻發，凶狀屢聞，敗道亂俗，人神交憤。可付所在與寺耆長，精加沙汰，後有違犯，嚴其誅坐。主者詳爲條格，速施行。」既有「主者詳爲條格」，則有統轄之人可知。

南朝的情況具如上述，至於北朝，也是不遑多讓。日本鐮田茂雄氏《中國佛教通史》第三卷第四章第三節〈佛教復興與曇曜活躍〉上說：「重新復興起來的佛教教團，具有何種形態的性質？一如前述，頒詔諸州郡縣，在地方的中心地各建一寺，費用方面並無限制。因此在諸州郡縣設立官立寺院，作爲地方的佛教中心……這是歸北魏朝廷統制的寺院，也是奉仕於北魏國家權力的佛教。爲了統率這樣的國家統制教團，必須還有統率沙門的官人僧，於是便設置『道人統』，這是統率道人～沙門的宗教大臣。」而根據《魏書・釋老志》的記載，出掌首任道人統的，是罽賓沙門師賢。然而，這話頗有商酌的餘地，宋釋贊寧《僧史略》卷中〈僧寺綱糾〉條就說：「姚秦之世，出家者

〔註33〕 所謂「八座」，就是：東部尚書、祠部尚書、五兵尚書、左民尚書、度支尚書、尚書左右僕射、尚書令等八人。

〔註34〕 慧遠和尚是以：在家第一、出家第二、求宗不順化第三、體極不兼應第四、形盡神不滅第五等爲論證的依據。又，以上『沙門不敬王者』的論辯，具見於《弘明集》卷五。

十室而半；羅什入關，贏糧裹足而至者三千。秦主敕選道恚法師爲僧正，慧
遠爲悅眾，法欽、慧斌掌僧錄，給車輿吏力。僧正秩同侍中，餘則差降，此
土立僧官，秦恚爲始也。」可見道人統師賢之前本來就有秦恚的存在。不過，
釋贊寧把秦恚說成道恚，卻是他不查的疏漏（此言請參閱本論文〈女眾入道
的因緣・附論：我國首位尼師的商榷〉）。考《梁傳》卷六〈晉長安大寺釋僧
恚傳〉說：「釋僧恚，姓傅氏，北地泥陽人……姚萇、姚興早挹風名，素所知
重……興既崇信三寶，盛弘大化，建會設齋，煙蓋重疊，使夫慕道捨俗者十
室其半；自童壽（案，即羅什）入關，遠僧復集。僧尼既多，或有愆漏。興
曰：『凡未學僧未階，苦忍安得無過？過而不改，過遂多矣。宜立僧主，以清
大望。』因下書曰：『大法東遷，於今爲盛，僧尼已多；應須綱領，宣授遠規，
以濟頹緒。僧恚法師學優早年，德芳暮齒，可爲僧主；僧遷法師禪慧雙修，
即爲悅眾法欽、慧斌共掌僧錄，給車輿吏力。』」據此，則應是僧恚，而不是
道恚了。接著，贊寧和尚把僧寺綱糾的職稱，條列如下：

僧正　僧伽能正己正人，宣達政令者，名之爲僧正，《僧史略》說：「蓋
以比丘無法，如馬無轡勒，牛無貫繩，漸染俗風，將乖雅則，故設有德望者
以法而繩之，令歸于正，故曰僧正。」如前所述，首任者爲僧恚；東晉不設
此職，到宋武帝才設了沙門都。尼師之中，有寶賢尼爲都邑僧正，時爲宋明
帝泰始二年（466 A. D.）師年六十六。

僧統　這是從僧正改來的，《僧史略》說：「初，秦制關中，立僧正爲宗
首；魏尊北土，改僧統領緇徒。雖發新題，亦提舊職。」尼師之中任此職稱
的，則有慈慶尼師。

沙門都統　原本都統和僧正、僧統等同，如魏文帝就以曇曜爲昭玄沙門
都統、思遠寺主僧顯法師爲沙門都統。其後到了齊朝，乃以法上爲昭玄統，
法順爲沙門都；如此一來，都乃降統一等了。

都維那　這是僧主副員的代稱，《僧史略》說：「姚秦立正也，雖無副、
正之名，而有二車之意，故用慧遠爲悅眾，欽、斌二公掌錄。斯乃階級分曹，
同成僧務而不顯言副、正二字；及魏世更名僧統以爲正員，署沙門都以分副
翼，則都維那是也。」宋明帝泰始二年（466 A. D.）敕法淨尼爲京邑都維那，
時師五十七歲。

寺主　主持一寺之務者，嚴格說來，這不是僧官；而是住持一寺，綱紀
寺務的常住。因此尼師之中，此等職司特多，譬如：景福寺便以慧果尼師綱

紀寺務、南安寺以慧瓊尼師綱紀寺舍、永安寺以僧端尼師綱紀眾務、江陵牛牧精舍以法弘爲寺主；當然，也有官方的詔敕的，如：晉太傅會稽王司馬道子就立簡靜寺而以支妙音尼爲寺主、宋明帝就曾經敕寶賢尼師爲普賢寺主、宋邵陵王請令玉尼師爲南晉陵寺主等等都是。

我們從《尼傳》的考察，知尼師的僧官，最多作到僧正、僧統而以寺主最夥；至於她們的秩俸，有明文可查的，只有寶賢尼的月給錢一萬而已。雖說是孤證，卻也彌足珍貴了。

附論二：釋道之爭

道家與道教不同，後者卻藉之以神其說、顯其術，而祭拜郊醮的仍是黃帝、老聃；但是，它形成的時期，也是遲至後漢而漸具雛型。《後漢書》卷四十二〈楚王英傳〉說：「英少時好遊俠，交通賓客；晚節更喜黃老學，爲浮屠齋戒祭祀。」這雖然說的是佛教初入我國的時候，一般人祭拜的情形；而其必與黃老連用以齋戒祭祀，則也顯見了初期道教的形態之一般，譬如上引全書卷三十下〈襄楷傳〉的說法：「又聞宮中（這是指桓帝時的事體而言）立黃老、浮屠之祠。此道清虛，貴尚無爲，好生惡殺，省慾去奢；今陛下奢慾不去，殺罰過理。既乖其道，豈獲其祚哉？」即是明證。不過，學者都認爲真正的道教之出現，應該是張角以後的事，〈襄楷傳〉說：「初，順帝時，琅邪宮崇詣闕，上其師于吉於曲陽泉水上所得神書百七十卷，皆縹白素朱介、青首朱目，號《太平清領書》（案，據傅勤家先生《中國道教史》之研究，認爲：「蓋唐代《太平經》即章懷太子之《太平清領書》，即爲現行《道藏》中之《太平經》，可無疑義。」）。其言以陰陽五行爲家，而多巫覡雜語。有司奏：『崇所上，妖妄不經！』遒收藏之，後張角頗有其書焉。」張角以黃巾作亂，居然成了道士號爲「黃冠」的由來。《後漢書》卷七十一〈皇甫嵩傳〉說：「初，鉅鹿張角自稱大賢良師，奉事黃老道。畜養弟子，跪拜首過，符水咒說以療病；病者頗愈，百姓信向之。」因爲百姓信向之，再加上政經濁穢，於是社會動盪；張角乃因之而誑惑百姓：「角因遣弟子八人使於四方，以善道教化天下，轉相誑惑。十餘年間，眾徒數十萬，連結郡國，自青、徐、幽、冀、荊、揚、兗、豫八州之人莫不畢應。遂置三十六方，方，猶將軍號也。」接著就起而爲亂了；當然，皇甫嵩弭平了黃巾之亂，而道教乃因之流衍於朝野。這就與佛教的接觸益形頻繁，衝突、摩擦甚至於傾軋，也就勢所難免了。

佛本化外之教，一旦流衍蕃盛，乃多有排斥之者。譬如道教最早的經典——《太平清領書》，便著反對之論：「崑崙之墟有眞人，上下有常。眞人主有錄籍之人，姓名相次，高得高，中得中，下得下；殊無搏頰、乞丐者。」（見卷百一十二）搏頰、乞丐是指佛教徒而言（乞丐，殆是佛教的分衛、乞食，固無足論；至於搏頰，殆流行於漢世的佛教徒禮儀之一。詳湯錫予《漢魏兩晉南北朝佛教史》第一分之五），則其不屑之情可以想見。又，湯錫予氏引〈經〉之百一十七卷，說：「有『四毀之行，共汙辱皇天之神道，不可以爲化首，不可以爲法師』，而此四種人者，乃『道之大瑕病所由起，大可憎惡』，名爲『天咎』。一爲不孝，棄其親。二曰捐妻子，不好生，無後世。三曰食糞，飲小便。四曰行乞丐。〈經〉中於此四行，斥駁之極詳。夫出家棄父母，自指浮屠之教。而《論衡》謂楚王英嘗食不清，則信佛者，固亦嘗服用糞便也。至若乞求自足，中華道術亦所未聞，故《太平經》人，極不以爲然。」這還是比較溫和的抗爭，馴至《梁傳》的記載，又加激烈了，卷一〈晉長安帛遠傳〉就有：「帛遠，字法祖，本姓萬氏，河內人……後少時有一人，姓李名通，死而更蘇，云見祖法師在閻羅王處，爲王講《首楞嚴經》，云講竟應往忉利天。又見祭酒王浮，一云道士基公次被鎖械，求祖懺悔。昔祖平素之日，與浮每爭邪正；浮屢屈，既瞋不自忍，乃作《老子化胡經》以誣謗佛法。殃有所歸，故死方思悔。」爭執到造作僞書，來相頡頏，其後演變的益愈超限，是發展的必然而已。所以湯錫予氏說：「北朝排佛，其至激烈者，見諸行事，而以筆舌爭者甚少。」這話不錯，《魏書》、《北史》便載之綦詳（其引文請參閱本論文〈第三章求戒與守戒‧二守戒〉節）。《梁傳》也頗有記載，如卷十〈竺法慧傳〉附記范材初爲沙門，後遂退道染俗而終習張陵之教；更甚者，竺法慧乃至殉道：「征西庾稚恭鎮襄陽，既素不奉法；聞慧有非常之跡，甚嫉之。慧預告弟子曰：『吾宿對將至。』誡勸眷屬令勤修福善，爾後二日，果收而刑之，春秋五十八矣。」即就本傳（《比丘尼傳》）便有這樣相爭的記載：「簡文帝先事清水道師，道師京都所謂王濮陽也，第內爲立道舍。容瓧開導，未之從也。後宮人每入道屋，輒見神人爲沙門形，滿於室內；帝疑容所爲也，而莫能決。」接著又說許多神異的事體，最後非得由道容尼師收拾殘局不可，當然，象徵的意義是佛教勝了這一場角力。關於簡文事道，《晉書》卷三十二〈孝武文李太后傳〉其記事說：「孝武文李太后諱陵容，本出微賤。始簡文帝爲會稽王，有三子，俱夭。自道生廢黜，獻王早世，其後諸姬絕孕將十年。帝令卜者扈

謙筮之曰：『後房中有一女，當育二貴男，其一終盛晉室。』時徐貴人生新安公主，以德美見寵，帝常冀之有娠，而彌年無子。會有道士許邁者，朝臣時望多稱其得道，帝從容問焉。答曰：『邁是好山水人，本無道術，斯事豈所能判？但殿下德厚慶深，宜隆奕世之緒，當從扈謙之言，以存廣接之道。』帝然之，更加採納；又數年無子，乃令善相者召諸愛妾而示之，皆云非其人。又悉以諸婢媵示焉，時后爲宮人在織坊中，形長而色黑，宮人皆謂之崑崙。既至，相者驚云：『此其人也。』帝以大計，召之侍寢。后數夢兩龍枕膝，日月入懷，意以爲吉祥，向儕類說之，帝聞而異焉，遂生孝武帝及會稽文孝王、鄱陽長公主及孝武帝。」可爲明證。簡文信道，孝武信佛；於是有支曇籥、支妙音的過從關係，本人頗以爲妙音之助桓玄而除殷仲堪，也是釋、道相爭的事例。〈簡靖寺支妙音傳 12〉記其事，說：「太傅以太元十年爲立簡靜寺，以音爲寺主，徒眾百餘人，內外才義者因之以自達，供嚫無窮，富傾都邑，貴賤宗事，門有車馬日百餘兩。荊州刺史王忱死，烈宗意欲以王恭代之；時桓玄在江陵爲忱所折挫，聞恭應往，素又憚恭。殷仲堪時爲恭門生，玄知殷仲堪弱才亦易制御，意欲得之，乃遣使憑妙音尼爲堪圖州。既而烈宗問妙音：「荊州缺，外聞云誰應作者？」答曰：「貧道道士，豈容及俗中論議？如聞外內談者，並云無過殷仲堪；以其意慮深遠，荊楚所須。」帝然之，遂以代忱。」殷仲堪是一狂熱的道教徒，《世說新語》卷二，〈文學四〉記其行事：「每云三日不讀《道德經》，便覺舌本間強。」《晉書》卷八十四〈本傳〉說他：「少奉天師道，又精心事神，不吝財賄，而怠行仁義，嗇於周急。及桓玄來攻，猶勤請禱。」《三洞珠囊》卷一〈救導品〉引《道學傳》第十六卷說得更加狂熱：「少奉天師道及正一（案，此屬道教符錄派）精心事法，不吝財賄。家有疾病，躬爲章符，往往有應。鄉人及左右或請爲之，時行周救，弘益不少也。」不但他篤信道教，即其妻族也是，劉孝標注《世說》，引〈殷氏譜〉說他娶琅邪王臨之女，也是天師道的世家。這樣的一個人，又得孝武帝的「甚相親愛」：「帝以會稽王非社稷之臣；擢所親幸以爲藩捍，乃授仲堪都督荊益、寧三州軍事、振威將軍、荊州刺史、假節、鎮江陵。將之任，詔曰：『卿去有日，使人酸然；常謂永爲廊廟之寶，而忽爲荊楚之珍，良以慨恨！』」這樣的恩狎，好不容易有一機會可以除去，則支妙音何待桓玄的請託？其實，仲堪的老師～王恭（案，《晉書》並無此說），本身也發生了一樁釋道之爭，《晉書》卷五十四〈王恭傳〉說恭「尤信佛道，調役百姓修營佛寺，務在壯麗，士庶嗟怨；

臨刑猶誦佛經，自理鬚鬢，神無懼容。」他的死，自言闇於信人，但焉知不是素日的積怨？〈本傳〉說：「淮陵內史虞珧子妻裴氏，有服食之術，常衣黃衣，狀如天師，道子甚悅之，令與賓客談論，時人皆為降節。恭抗言曰：『未聞宰相之坐，有失行婦人。坐賓莫不反側，道子甚愧之。』……及帝崩，會稽王道子執政，寵昵王國寶，委以機權。恭每正色直言，道子深憚而忿之。」這才是取死之道，而王恭不曉。

關於兩教相爭，又有「誅殺異己」的誑惑愚行，《晉書》卷八十〈王凝之傳〉說他信道之誠篤至於：「孫恩之攻會稽，寮佐請為之備；凝之不從，方入靖室請禱。出語諸將佐曰：『吾已請大道，許鬼兵相助，賊自破矣。』既不設備，遂為孫恩所害。」孫恩之亂，在東晉安帝隆安二年（398 A. D.），王凝之即死於是時；卿希泰先生的《中國道教史》說孫恩之殺害王凝之等，是道教分化過程中的激烈鬥爭，也是階級鬥爭的一種反映。是不是階級鬥爭，此且不論；但是，道教從張陵、張角而到張魯發動了黃巾之亂被勦滅，於是，組織渙散、紀律鬆弛，更談不上思想的有無了，這就不能不逼使它深自檢討，於焉而走上了分化之路。走入上層社會，讓知識份子欣然能予接受的，是由葛洪領導、改造的上清、靈寶派的天師道；走入下層社會的民間通俗形式的，是由李弘、杜子恭領導的李家道派的天師道。同是道教，同是天師道，孫恩、盧循憑什麼發動叛亂，提出「誅殺異己」的口號，而殺了高級士族「世事張天師五斗米道」的王凝之呢？史傳及道教典籍多不及言此，而濟尼之出入其家，乃提供了這一信息：「誅殺異己」的藉口，這是釋、道之爭的又一事例。不過，殘殺釋氏，蓋出自帝王、宰相之意，應該不是道徒的本心，《唐傳》卷二十五〈魏涼州沙門釋僧朗傳〉有一記載，很可貴：「釋僧朗，涼州人。魏虜攻涼，城民素少，乃逼斥道人用充軍旅，隊別兼之，及輶輲所擬，舉城同陷，收守城僧三千人……明日斬之。至期，食時，赤氣數丈，貫日直度。天師寇謙之為帝所信，奏曰：『上天降異，正為道人，實非本心，願不須殺。』」然而禍已不可救矣。

其實不但朝廷如此，民間的鬥爭也是激烈無比，譬如《梁傳》卷十〈宋僞魏長安釋曇始傳〉：「拓跋燾復剋長安，擅威關、洛。時有博陵崔皓，少習左道，猜嫉釋教；既位居僞輔，燾所仗信。乃與天師寇氏說燾，以佛教無益，有傷民利，勸令廢之。燾既惑其言，以僞太平七年（446 A. D.）遂毀滅佛法，分遣軍兵燒掠寺舍，統內僧尼悉令罷道；其有竄逸者，皆遣人追捕，得必梟

斬，一境之內無復沙門。」又，卷十一〈晉僞魏平城釋玄高傳〉也有同樣的記載，這眞是慘絕人寰的事體了，然而，後果如何呢？〈曇始傳〉皆著說：「燾始知佛化尊高，黃、老所不能及；即延（曇）始上殿，頂禮足下，悔其愆失。始爲說法，明辯因果，燾大生愧懼，遂感癘疾，崔、寇二人次發惡病。燾以過由於彼，於是誅剪二家，門族都盡。宣下國中，興復正教；俄而燾卒，孫濬襲位，方大弘佛法，盛迄於今。」關於此類事體，《比丘尼傳》也頗有記錄，如：卷一〈司州西寺智賢尼傳3〉寫到智賢尼之受盡篤信黃老的常山太守杜霸的迫害之情景：「賢幼有雅操，志槩貞立；及在緇衣，戒行修備，神情凝遠，曠然不雜。太守杜霸篤信黃老，憎嫉釋種，符下諸寺剋日簡汰；制格高峻，非凡所行。年少怖懼，皆望風奔駭；唯賢獨無懼容，興居自若。集城外射堂皆是耆德，簡試之日，尼眾盛壯，唯賢而已。霸先試賢以格，格皆有餘。賢儀觀清雅，辭吐辯麗，霸密挾邪心，逼賢獨住；賢識其意，誓不毀戒法，不苟存身命，抗言拒之。霸怒，以刀斫賢二十餘瘡，悶絕躄地；霸去乃甦，倍加精進，荣齋苦節。」又如全書全卷的〈洛陽城東寺道馨尼傳9〉記女冠楊令辯之毒害道馨尼，確實是赤裸裸的宗教鬥爭了：「泰和中，有女人楊令辯，篤信黃老，專行服氣，先時人物亦多敬事；及馨道王，其術寢亡。令辯假結同姓，數相去來；內懷妒嫉，伺行毒害，後竊以毒藥內馨食中，諸治不愈。弟子問往誰家得病，答曰：『我其知主，皆籍業緣，汝無問也。設道有益，我尚不說，況無益耶？』不言而終。」再譬如說全書全卷的〈新林寺道容尼傳10〉：「及簡文帝先事清水道師，道師京都所謂王濮陽也，第內爲立道舍。容甌開導，未之從也。後宮人每入道屋，輒見神人爲沙門形，滿於室內；帝疑容所爲也，而莫能決……後晉顯尚佛道，容之力也。」又如〈鹽官齊明寺僧猛尼傳40〉：「僧猛，本姓岑，南陽人也，遷居鹽官縣，至猛五世矣。曾祖率，晉正員郎、餘杭令，世事黃老，加信敬邪教。」而僧猛幼年信奉佛教，竟然說她：「慨然有拔俗之志」。及至母病，尼竟捨祖宅以爲寺；寶唱和尚特別在這上頭著墨，是不是象徵著釋、道之爭的又一次勝利呢？

　　然而，二教鬥爭的結果，是使佛法南移，而開闢了隋、唐的十宗盛世。我們也可以從《比丘尼傳》中尼師南渡的情景，窺其端倪。譬如卷二〈山陽東鄉竹林寺靜稱尼傳28〉說到仇文姜南渡的因緣：「稱後暫出山道，道遇一北地女人，造次問訪，欣然若舊。姓仇，名文姜，本博平人也。性好佛法，聞南國道富，關開託避，得至此土，因遂出家。」又有卷三〈崇聖寺僧敬尼傳

39〉：「（僧敬尼）留滯嶺南三十餘載，風流所漸，曠俗移心，捨園宅施之者，十有三家。共為立寺於潮亭，名曰眾造。宋明帝聞之，遠遣徵迎；番禺道俗大相悲戀。」又，全卷〈禪基寺僧蓋尼傳 43〉：「永徽元年，索虜侵州，與同學法進南遊京室，住妙相尼寺，博聽經律，深究旨歸，專修禪定，惟日不足。」索虜，是彼時南人詈罵北人之言（詳情請參閱拙著〈比丘尼傳及補遺考釋‧建福寺康明感尼傳考 5〉），而或指拓跋氏，或指禿髮氏、沮渠氏等等，彼雖崇佛，而不是真能信佛者，於是乃有殺害僧尼之舉，如《梁傳》卷二〈晉河西曇無讖傳〉記沮渠蒙遜之殺無讖：「時河西王沮渠蒙遜僭據涼土，自稱為王。聞讖名，呼與相見，接待甚厚……至遜偽承玄二年，蒙遜濟河伐乞伏暮末於枹罕，以世子興國為前驅；為末軍所敗，興國擒焉。後乞伏失守，暮末與興國俱獲於赫連勃勃，後為吐谷渾所破，興國遂為亂軍所殺。遜大怒，謂事佛無應，即欲遣斥沙門，五十以下皆令罷道……時魏虜拓跋燾聞讖有道術，遣使迎請，且告遜曰：『若不遣讖，便即加兵。』……至遜義和三年三月，讖因請西行，更尋《涅槃》後分。遜憤其欲去，乃密圖害讖……春秋四十九云。」（案，這一段事體，《魏書》卷三十六〈李順傳〉也有所記：「順延和初復使涼州……還，世祖問與蒙遜往復之辭，及蒙遜政教得失。順曰：『蒙遜專威河右三十許年，經涉艱難，粗識機變；又綏集荒阻，遠人頗亦畏服。雖不能貽厥孫謀，猶足以終其一世。前歲表許十月送曇無讖；及臣往迎，便乖本意，不忠不信，於是而信……』初，蒙遜有西域沙門曇無讖微有方術，世祖詔順令蒙遜送之京邑；順受蒙遜金，聽其殺之。世祖克涼州後，聞而嫌順。」這是李順取死之道。）所以僧尼的南渡，是實逼處此的事體。

四、法系考

梁釋慧皎寫《高僧傳》，就像太史公寫《史記》一樣地，確立了後世史書的體例。寶唱和尚的時代稍早於慧皎，而顏之曰「名僧傳」，譬如慧皎的《高僧傳序》就說：「自前代所撰，多曰『名僧』。」唐道宣律師所撰的《唐高僧傳》的〈梁揚都莊嚴寺釋寶唱傳〉（卷六）也說：「初，唱天監九年，先疾復動，便發二願：遍尋經論，使無遺失；搜括列代僧錄，創區別之，撰為部帙。號曰《名僧傳》三十一卷，至十三年，始就條列……然唱之所撰，文勝其質，後人憑據，揣而用之，故數陳賞要，為時所列。」可見「自前代所撰，多曰名僧。」云云，正是指寶唱和尚的述作而言。但是慧皎似乎頗不滿意「名僧

傳」的題目，也好像很不以他的寫法爲然，因此在其〈序〉又說：「然，名者實之賓也。若實行潛光，則高而不明；寡德適時，則名而不高。名而不高，本非所紀；高而不明，則備今錄。故省『名』音，代以『高』字。」而《唐傳》所說「文勝其質，後人憑據，揣而用之」也透露著不滿之情，可見《名僧傳》在後來僧史家心目中的如何地位了。

然而，寶唱和尚的著作果眞一無是處了嗎？卻也未必！慧皎和尚說他的《高僧傳》，從漢明帝永平十年寫到梁天監十八年，凡四百五十三載、二百五十七人（傍出附見二百餘人），分爲：譯經、義解、神異、習禪、明律、遺身、誦經、興福、經師、唱導等十科；卻多是從《名僧傳》裡承襲來的〔註35〕，再退一步，就以寶唱的《比丘尼傳》來說，其分門別類，也差不多已具雛型，只差沒有像慧皎的精細罷了。譬如「義解」的，就有道馨、支妙音、法淨、妙智、智勝、淨暉、花光、令玉、超明等等都是；「神異」的，就有馮尼、曇暉、靜稱、道容等等都是；「習禪」的，就有道儀、光靜、法相、業首、法辯、慧濬、僧蓋、法全、淨賢等等都是；「明律」的，就有淨撿、安令首、慧果、寶賢、僧敬、德樂、淨秀等等都是；「遺身」的，就有善妙、道綜、慧耀、曇簡、淨珪、曇勇、張氏尼等等都是；「誦經」的，就有僧端、僧念、慧勝、淨行、法宣等等都是；「興福」的，就有法勝、僧猛等等都是。至於經師、唱導，根據《高僧傳》的說法，前者以爲：「夫篇章之作，蓋欲伸暢懷抱，褒述情志。詠歌之作，欲使言味流靡，辭韻相屬……故奏歌於金石，則謂之以爲樂；讚法於管弦，則稱之以爲唄……原夫梵唄之起，亦肇自陳思，始著〈太子頌〉及〈睒頌〉等，因爲之製聲。吐納抑揚，並法神授，今之皇皇顧惟，蓋其風烈也。其後居士支謙，亦傳〈梵唄三契〉，皆湮沒不存；世有〈共議〉一章，恐或謙之餘則也……爰至晉世，有生法師初傳覓歷，今之行地印文，即其法也……」後者則說：「唱導者，蓋以宣唱法理，開導眾心也。昔佛法初傳，於時齊集，止宣唱佛名，依文致禮。至中宵疲極，事資啓悟，乃別請宿德，升座說法；或雜序因緣，或傍引譬喻。其後廬山釋慧遠，道業貞華，風才秀發，每至齋集，輒自升高座，躬爲導首，廣明三世因果，卻辯一齋大意。後代傳

〔註35〕《名僧傳》今雖不在，但是日本宗性和尚的《名僧傳抄》卻還存其目，抄撮了三十七篇。今就其存目，可以看到寶唱和尚的歸類如下：外國法師（幾以譯經爲主）、本國法師（包括高行、隱道、律師）、外國禪師、本國禪師、神力、兼學苦節、感通苦節、遺身苦節、索苦節、尋法出經苦節、造經像苦節、造塔寺苦節、導師、經師等，分類雖未必盡善，卻是慧皎的述作所本了。

授，遂成永則。」這樣看來，所謂經師、唱導，實際上是唱誦、轉讀的一種了，本來就可以歸在誦經、講經或義解裏的。慧皎和尚也說：「昔草創《高僧》，本以八科成《傳》；卻尋〈經〉、〈導〉二伎，雖於道為末，而悟俗可崇，故加此二條，足成十數。」可見這二科，宛然《漢書》列「九流十家」中之「小說家」，多了不覺其繁，少了不覺其省。寶唱和尚三十一卷的《名僧傳》，恰也有這二科的紀錄；而《比丘尼傳》卷帙褊小，雖沒有特意錄這二科，而誦經、講經或義解已足以括見了。今據以作一新目如下：

《比丘尼傳》新目

條目前的國字數目是本新目的編次，其後的阿拉伯數字是原本《比丘尼傳》及本論文「補遺」尼傳的目次。

守律：梁・釋慧皎《高僧傳》有「明律」科，所錄僧伽，不但律範精嚴，更且律義、律學的探究與述作，都是斐然可觀的一代師僧。至於比丘尼，不要說先天的文采風流不逮男眾，就是正值開風氣的時候，能得受戒之處，已是不易，何況要「明律」？因此，只以本科為目。

義解：佛教初來，當然重在經典的迻譯，此所以《梁傳》首列譯經高僧為首傳的道理；然而，尼師既受教育環境的限制，既不能如比丘之勇渡河沙，也不能如彼等之學通梵漢，因此「譯經」一門，只得從闕。不過，經既譯矣，男女眾之義解，便殊無高下之分；而事實上，尼眾於此之表現，也不遑多讓，因別立本節。

習禪：《梁傳》將「神異」緊接於「義解」之後，那是要強調佛法初傳，神通顯佛的功德效驗；但是，有禪定才有大智慧，才能啓四等六通之力，它是一切宗門所共通的功德，所以列在第三。

誦經：一般唱誦經咒的〈迴向文〉都說：「願以此功德，莊嚴佛淨土，上報四重恩，下濟三途苦；若有見聞者，悉發菩提心，盡此一報身，同生極樂國。」要能見唱誦者之形，要能聞唱誦者之聲，才有如斯功德，這就彰顯了誦經的重要。但是，慧皎和尚說：「諷誦之利大矣，而其成功者稀焉。良由總持難得，惛忘易生，如經所說，止復一句一偈，亦是聖所稱美。」可見誦經原須禪定之力，才可以竟功，所以次在習禪之後。

雜科：這是根據《唐傳》、《宋傳》而立的，後者說到本目的內容，是：「統攝諸科，同歸高尚，唱導之匠，光顯佛乘。」本節是連詩文、教化一并統攝在內的。

興福：凡只以創建寺院、造立佛像者，則歸屬本科目。但是，從來佞佛

之徒，只求功德之有無，而不顧家國之興亡，這就贏來了外道偶像崇拜的譏誚和禁絕。所以慧皎和尚說：「夫法身無像，因感故形；見有參差，故形應有殊別。若乃心路蒼茫則眞儀隔化，情志懇切則木石開心……是以祭神如神在，則神道交矣；敬佛像如佛身，則法身應矣。故入道必以智慧爲本，智慧必以福德爲基。譬猶鳥備二翼，倏舉千尋；車足兩輪，一馳千里。豈不勤哉？豈不劬哉？」

　　神異：戰國時代的荀卿，在其《荀子·天論篇》上說：「雩而雨，何也？無何也，猶不雩而雨也。日月食而救之，天旱而雩，卜筮然後決大事，非以爲得求也，以文之也。故君子以爲文，小人以爲神；以爲文則吉，以爲神則凶也。」這是最明白、直接反對「神異」說的，而從來的學者也不能必其是非；但是，神異事跡的存在，頗有助於對佛教傳衍之變異情況的理解。今考《梁傳》立「神異」一目，到了《唐傳》、《宋傳》則去「神異」，而改爲「感通」（《明傳》八卷，僅立譯經、義解、習禪三篇而已；明成祖撰《神僧傳》是撮取僧傳、燈錄而成者，因姑不論）。案，《梁傳》立「神異」的說法，是：「通感適化，則彊暴以綏靖。」可見得述神異，是著眼在能綏靖時君世主的彊暴，如佛圖澄之化石虎（見《梁傳》卷九〈竺佛圖澄傳〉）、檀樾尼之警桓溫（見本論文〈桓溫尼傳遺考 38〉）、釋曇始之使赫連勃勃普赦沙門而悉皆不殺（見《梁傳》卷十〈釋曇始傳〉案，即白足阿練）等都是。《唐傳》立「感通」的說法，是：「夫吟嘯之鼓風雲，律調之通寒暑，物理相會，有若自天；況乃神道玄謀，義乖恆應而可思也。」這是直接認爲神異非神，只是自然的一種現象而已，是可以理解而無足怪者，「故聖人之爲利也，權巧眾，示威雄以攝生；爲敦初信，現光明而授物。」所以示現的理由，爲的也是威雄以攝生。《宋傳》立「感通」的說法，是：「原夫室靜生虛白，心靜則神通；儒玄所能，我道奚若？引發靜慮，自在現前；法不喧囂，萬緣都泯。智門開處，六通由是生焉。」又說：「感通之說近怪乎？對曰：怪則怪矣，在人倫之外也，

苟近人情之怪，乃反常背道之徒歟？此之怪也，非心所測……佛法中之怪則
異於是，何則？動經生劫，依正法而修，致自然顯無漏果位中之運用也。知
此怪，正怪也。在人情則謂之怪，在諸聖則謂之通。」這是從威雄以攝生、
彊暴以綏靖的理念，直接把感而遂通，通則有神的果報現象記錄下來。前者
殆因佛法初傳，爲要取信君主貴戚、利導群庶而示現；後者則自以爲是修持
佛法的果報，雖也是爲弘法而有，卻無炫異以爲能的心態。《唐‧慧偘傳》說：
「（偘）往楊都偲法師所，偲素知道行，異禮接之，將還山寺，請現神力……
語偲云：世人無遠識，見多驚異，故吾所不爲耳。」《陰符經》說：「人知其
神之神，不知不神之所以神；人以奇期聖，我以不奇期聖。」是神異感通現
象的最好詮釋。夷考僧傳對於神異、感通的紀錄，略得如后：《梁傳‧神異篇》
所錄正傳 20、附見 9，凡 29 僧，佔總數 6.3%，而其所記，多在神異；《唐傳‧
感通篇》所錄正傳 78、附見 5，凡 83 僧，佔總數 17%而其所記，多在感應道
交，其中多爲念觀世音菩薩之感應，也有法師化導而感於異物者，如釋植相、
僧林，也有在山巔竹林得遭仙佛，如釋圓通、慧寶，也有不遵佛制而感得護
法神之懲處者，如釋僧雲、僧遠（案，《唐傳》自〈釋慧偘傳〉之後都是唐僧
的記事，本論文暫置不論）；《宋傳‧感通篇》所錄正傳 89、附見 23，凡 112
僧，佔總數 17%；但是，除了檀特師、河禿師、玄光、法喜、欽師等四人之
外，也都是唐僧，而四人之示現，除欽師或變異物之形外，餘都屬宿命通之
神異。至於《比丘尼傳》所錄正傳 3、遺考 5，凡 8 尼師，佔總數 6%。從以
上的統計、分析，可以瞭解一個事體，即神異、感通雖爲僧傳所不廢（其實
除神異、感通篇所載之外，一般僧尼傳記之中，也往往多有記載），事實上所
記人數不多，所佔篇幅不大（最長才三卷而已），所得比率也低；這可以看出
一項事實，就是正法的傳承本不是以神通感應爲依仗的。

　　然則法師們的彰顯神異、感通的原因，從僧尼傳之紀錄，歸納來說，大
概是：一、時君世主的矇昧，不得不以神異取證，如〈竺佛圖澄傳〉說：「石
勒問曰：『佛道有何靈驗？』澄知勒不達深理，正可以道術爲徵，因而言曰：
『至道雖遠，亦可以近事爲證。』即取應器盛水燒香咒之，須臾生青蓮花，
光色曜目，勒由此信服。」二、時君世主只是以之求福而已，只知在事上求
驗，並不願在理上求解，如〈竺佛圖澄傳〉說，晉軍逼圍石虎，虎乃瞋曰：「吾
之奉佛供僧，而更致外寇，佛無神矣！」又如苻堅之信敬涉公，也是這樣的
心態。再如道容尼之與晉簡文帝，也是明證（請參考本論文〈新林寺道容尼

傳考 10〉）。三、佛法初傳，爲化導群生，以神異感通爲手段，則其收效速而宏大，如〈竺佛圖澄傳〉說：「時又久旱，自正月至六月，虎遣太子詣臨漳西釜口祈雨，久而不降；虎令澄自行，即有白龍二頭降於祠所，其日大雨，方數千里，其年大收。戎貊之徒先不識法，聞澄神驗，皆遙向禮拜，不言而化。」又如《梁傳》卷十〈釋曇霍傳〉也說因他的神異，化導很多：「並奇其神異，終莫能測，然因之事佛者甚眾。」即河西鮮卑偷髮利褥檀也因懾於他的神奇而改信焉。再如保誌和尚，也是：「誌知名顯奇四十餘載，士女恭事者數不可稱。」（見全書全卷）《唐傳·感通篇》載釋植相化導外道、漁人、獠民也同此類，又全書全卷〈隋蔣州大歸善寺釋慧侶傳〉說釋慧侶師事和闍梨，而闍梨靈通幽顯，世莫識其淺深，因此信眾極夥，乃：「大眾集處輒爲說法，皆隨事讚引，即物成務，眾無不悟而歸於道。末往鄴下大弘正法，歸向之徒至今流詠。」《比丘尼傳》中也有這樣的事例，卷三〈東官曾成法緣尼傳 37〉：「法緣等還家，即毀神座，繕立精廬，晝夜講誦。夕中每有五色光明，流泛峰嶺，有若燈燭。自此以後，容正華雅，音制詮正；上京諷誦，不能過也。刺史韋朗、孔默並屈供養，聞其談說，甚敬異焉因是士人皆事正法。」

但是，由此產生的弊端，也不能免，如：一、信眾眞僞混雜，多生愆過，〈竺佛圖澄傳〉說：「澄道化既行，民多奉佛，皆營造寺廟，相競出家，眞僞混雜，多生愆過。」自然就引起了廢佛的主張，如石虎、石波的論議是。馴至乃有教爭，如庾稚恭之殺竺法慧是，見《梁傳》卷十；不過，也因神異而化解了毀滅佛法的狹咎，如白足阿練的故事（其他請參考本論文〈釋道之爭〉節）。二、倚仗著帝室、貴戚之勢，難免欺壓百姓，如：《唐傳》卷二十五〈釋圓通傳〉說到：「去年官寺放馬噉我生苗，我兒遮護被打幾死；今復將此面目來耶？」可見齊武帝之世僧尼的一斑。三、捲入了家庭糾紛，如〈竹園寺淨行尼傳 59〉寫淨行尼少年的作爲，便可資明證：「少經與大袾令郭洽妻臧氏相識，洽欲害其妻，言泄于路；行請兄諫洽，洽不從之。行密語臧氏，臧氏不信；行執手慟泣，於是而反。後一二日，洽果害之。」四、勢力坐大，乃起而干預朝政，甚至於參與叛亂的，如：《通鑑》卷一三九〈齊紀五·明帝建武元年〉條寫鬱林王被廢前的宮闈之爭，尼眾就已經參與其間：「西昌侯鸞（案，即後來的明帝）既誅徐龍駒、周奉叔，而尼媼外入者頗傳異語……帝謂蕭坦之曰：人言鎮軍與王晏、蕭諶欲共廢我，似非虛傳，卿所聞云何？坦之曰：天下寧當有此？誰樂無事廢天子邪！朝貴不容造此論，當是諸尼姥言耳，豈

可信耶！」言必稱尼媼、尼姥，且以爲是下里巴人之語，是不可信、不值得
信的，然則尼眾的影響力與士庶的觀感，就可以概見了。更明目張膽的，是
如卷三〈剡齊興寺德樂尼傳〉說：「師二十四歲，同寺尼法淨、曇覽牽連了孔
熙先謀反的事體，弄得人身窮法，毀壞寺舍，諸尼離散，師只得移居東青園。」
《通鑑》卷一二四〈宋紀‧元嘉二十二年〉寫此事甚詳贍：「初，魯國孔熙先
博學文史，兼通數術，有縱橫才志；爲員外散騎侍郎，不爲時所知，憤憤不
得志。父默之爲廣州刺史，以贓獲罪，大將軍彭城王義康爲救解，得免。及
義康遷豫章，熙先密懷報效。且以爲天文、圖讖，帝必以非道晏駕，由骨肉
相殘，江州應出天子。以范曄志意不滿，欲引與同謀，而熙先素不爲曄所重。
太子中舍人謝綜，曄之甥也，熙先傾身事之。綜引熙先與曄相識。熙先家饒
於財，數與曄博，故爲拙行，以物輸之。曄既利其財，又愛其文藝，由是情
好款洽。熙先乃從容說曄曰：「大將軍英斷聰敏，人神攸屬，失職南垂，天下
憤怨。小人受先君遺命，以死報大將軍之德。頃人情騷動，天文舛錯，此所
謂時運之至，不可推移者也。若順天人之心，結英豪之士，表里相應，發於
肘腋，然後誅除異我，崇奉明聖，號令天下，誰敢不從！小人請以七尺之軀，
三寸之舌，立功立事而歸諸君子，太人以爲何如？」曄甚愕然。熙先曰：「昔
毛玠竭節於魏武，張溫畢議於孫權，彼二人者，皆國之俊乂，豈言行玷缺，
然後至於禍辱哉！皆以廉直勁正，不得久容。丈人之於本朝，不深於二主，
人間雅譽，過於兩臣，讒夫側目，爲日久矣，比肩競逐，庸可遂乎！近者殷
鐵一言而劉班碎首，彼豈父兄之仇，百世之怨乎？所爭不過榮名勢利先後之
間耳。及其末也，唯恐陷之不深，發之不早；戮及百口，猶曰未厭。是可爲
寒心悼懼，豈書籍遠事也哉！今建大勳，奉賢哲，圖難地易，以安易危，享
厚利，收鴻名，一旦包舉而有之，豈可棄置而不取哉！」曄猶疑未決。熙先
曰：「又有過於此者，愚則未敢道耳。」曄曰：「何謂也？」熙先曰：「丈人弈
葉清通，而不得連姻帝室，人以犬豕及相遇，而丈人曾不恥之，欲爲之死，
不亦惑乎！」曄門無內行，故熙先以此激之。曄默然不應，反意乃決。曄與
沈演之並爲帝所知，曄先至，必待演之俱入，演之先至，嘗獨被引，曄以此
爲怨。曄累經義康府佐，中間獲罪於義康。謝綜及父述，皆爲義康所厚，綜
弟約聚義康女。綜爲義康記室參軍，自豫章還，申義康意於曄，求解晚隙，
復敦往好。大將軍府史仲承祖，有寵於義康，聞熙先有謀，密相結納。丹陽
尹徐湛之，素爲義康所愛，承祖因此結事湛之，告以密計。道人法略、尼法

靜，皆感義康舊恩，並與熙先往來。法靜妹夫許曜，領隊在台，許爲內應。法靜之豫章，熙先付以箋書，陳說圖讖。於是密相署置，及素所不善者，並入死目。熙先又使弟休先作檄文，稱：「賊臣趙伯符肆兵犯蹕，禍流儲宰。湛之、曄等投命奮戈，即日斬伯符首及其黨與。今遣護軍將軍臧質奉璽綬迎彭城王正位辰極。」熙先以爲舉大事宜須以義康之旨諭眾，曄又詐作義康與湛之書，令誅君側之惡，宣示同黨。帝之燕武帳岡也，曄等謀以其日作亂。許曜侍帝，扣刀目曄，曄不敢仰視。俄而座散，徐湛之恐事不濟，密以其謀白帝。帝使湛之具探取本末，得其檄書，選署姓名，上之。帝乃命有司收掩窮治。其夜，呼曄置客省，先於外收綜及熙先兄弟，皆款服。帝遣使詰問曄，曄猶隱拒；熙先聞之，笑曰：『凡處分、符檄、書疏，皆范所造，云何於今方作如此抵蹋邪？』帝以曄墨跡示之，乃具陳本末。明日，仗士送付廷尉。熙先望風吐款，辭氣不橈。上奇其才，遣人慰勉之曰：『以卿之才而滯於集書省，理應有異志，此乃我負卿也。』又責前吏部尚書何尚之曰：『使孔熙先年將三十作散騎郎，那不作賊！』熙先於獄中上書謝恩，且陳圖讖，深戒上以骨肉之禍，曰：『願且勿遺棄，存之中書。若囚死之後，或可追錄，庶九泉之下，少塞釁責。』」五、更有乾脆直接起來造反的，如《資治通鑑》卷一百七〈晉紀二十九〉：「（孝武帝太元十五年，390 A. D.）九月，北平人吳柱聚眾千餘人，立沙門法長爲天子，破北平郡，轉寇廣都，入白狼城。燕幽州牧高陽王隆方葬其夫人，郡縣守宰皆會之，眾聞柱反，請隆還城，遣大兵討之。隆曰：『今閭閻安業，民不思亂，柱等以詐謀惑愚夫，誘脅相聚，無能爲也。』遂留葬訖，遣廣平太守、廣都令先歸，續遣安昌侯進將百餘騎趨白狼城；柱眾聞之，皆潰，窮捕，斬之。」

夷考諸〈傳〉所載神異、感通，略可分爲以下幾類：一、能役使鬼神（如《梁傳》之醫治痼疾、祈雨，如佛圖澄、耆域、訶羅竭、如《唐傳》之法愛道人），二、天眼通（如佛圖澄之以麻油雜燕脂塗掌，千里外事徹見掌中，亦能令潔齋者見），三、宿命通（包括聽鈴音以言事，無不效驗，如《梁傳》之佛圖澄、耆域、《比丘尼傳》之道容、法緣、馮尼、僧法），四、神足通（如《梁傳》之單道開之日行七百里、竺佛調、犍陀勒），五、分身術（如《梁傳》之單道開、耆域、杯度），六、刀砍不死（如《梁傳》之白足阿練《比丘尼傳》之桓溫尼），七、感通（念觀世音菩薩而得免禍者，如《唐傳》之釋超達；念觀世音菩薩而得癒疾者，如《唐傳》之釋道泰；念觀世音菩薩而得避鬼者，

如《唐傳》之釋慧簡；因講說經法而感得天神鬼祇者，如《唐傳》之釋僧意、《比丘尼傳》之華手、惠香、僧欽）。」

遺身：這是焚身供養的法門，雖然《經》說：「能然手足一指，迺勝國城布施。」但是，慧皎和尚緊接著說：「若是出家凡僧，本以威儀攝物；而今殘毀形骸，壞福田相，考而爲談，有得有失。得在忘身，失在違戒……夫三毒四倒，乃生死之根栽；七覺八道，實涅槃之要路。豈必燔炙形骸，然後離苦？若其位鄰得忍，俯跡同凡，或時爲物捨身，此非言論所及。至如凡夫之徒，鑒察無廣，不知盡壽行道，何如棄捨身命？或欲邀譽一時，或欲流名萬代；及臨火就薪，悔怖交切。彰言既廣，恥奪其操；於是僶俛從事，空嬰萬苦。若然，非所謂也。」這是很值得我們深思的課題，因此，我想到現今的社會風氣，鼓勵死者捐獻器官，以爲一死百了，又可以遺愛世人。遺愛世人或許是實，但是果眞一死百了嗎？死者眞有那麼大禪定力、智慧力以身嬰萬苦嗎？我不能無疑。「遺身」《梁傳》作「亡身」，「遺」字有自主的意識在，所以從《唐傳》作「遺身」。

其他：這是蒐錄尼師，而沒有特殊表現、甚至於是不正當者。

當年孔子分門下弟子為：德行、政事、言語、文學四科，後來的學者便多以之為儒學傳法的四系。莊子寫〈天下篇〉，分先秦諸子為六派；荀子〈非十二子〉，分為十二派；司馬談再分為六派；班固列為九流十家，遂成定稱。那麼，釋氏的法系也可以用這九系來涵括了〔註36〕！這是本「法系考」的第一義。不過，以之和慧皎和尚的《高僧》之分類相較，本「新目」少了：譯經、經師、唱導等三目，而多了雜科和其他二目，並且改「明律」為「守律」。夫守律原是僧尼的本等，沒有不持戒修律而能成就定、慧的道理，所以〈經〉說：「戒為平地，眾善由生；三世佛道，藉戒方住。」慧皎和尚也說：「夫慧資於定，定資於戒，故戒、定、慧品義次第，故當知入道即以戒律為本，居俗則以禮義為先。」尼師們的兢兢以守律為務，是深有所見的。再從以上的分目之中，於「守律」與「習禪」兩目考察，其所佔的人數都為十九人，是諸目中之最夥的。這乃透露著尼師初始修習的，厥在戒、定而求發慧的正見上，可見這路子是不錯的；正因為路子不錯，才確立了我國尼師們迄至於今，屹立不可動搖的局面。但是，尼師們儘管能守律不毀，卻只能依教奉行而已，不像僧伽們的甚深鑽研，原因無他，端在尼師本具的教育程度之侷限罷了。其實僧伽們的鑽研，也不是一蹴而幾的，慧皎和尚在「明律」篇的論述中說：「昔卑摩羅叉律師，本西土元匠，來入關中及往荊陝，皆宣通《十誦》，盛見

───────────────

〔註36〕本人在《尼師成道典型之研究──讀漢譯巴利文原典〈長老尼偈〉》的拙文中，曾將我國尼師成道之形態作一比較，請參閱《朝陽學報》第六期，民國九十年六月。

宋錄。曇猷親承音旨，僧業繼踵弘化其間，璩儼、隱、榮等，並祖述猷業，列奇宋代。而皆依文作解，未甚鑽研；其後智稱律師竭有深思，凡所披釋，並開拓門戶，更立科目，齊梁之間號稱命世，學徒傳記于今尚存。」因此，本「新目」只列「守律」，而不以「明律」稱。

至於「譯經」，更是尼師們之非所及的，慧皎和尚的「譯經論」說：「傳譯之功尚矣，固無得而稱焉……傍峻壁而臨深，躡飛縆而渡險，遺身為物，處難能夷……」這不僅僅是體適能的限制，也是當時社會對女子的制約所不許的。若「夷夏不同，音韻殊隔，自非精括詁訓，領會良難……並妙善梵漢之音，故能盡翻譯之致，一言三復，詞旨分明……」則是女眾受教程度之所不能，可見「新目」之缺「譯經」，殆是尼師當日之實況。

再者，慧皎所分的「唱導」，本論文已歸入「雜科」；至若「經師」一目，恐怕也是當時女眾所不能的，慧皎和尚的「經師論」說：「自大教東流，乃譯文者眾，而傳聲蓋寡。良由梵音重複，漢語單奇；若用梵音以詠漢語則聲繁而偈迫，若用漢曲以詠梵文則韻短而辭長，是以金言有譯，梵響無授。」能夠達到這樣難度的，僧伽之中，也不過三數人而已，尼師更無知聞的了。

以上是就本「新目」的所得所見，略作分析，姑為「法系考」的第一層意義。

第二層意義，是在上述九系之中，有求生兜率的，有求生安養〔註37〕的。求生兜率，這是彌勒淨土的信仰，考此宗自東晉釋道安之後，談論者尟〔註38〕，《唐傳》卷十〈隋丹陽仁孝道場釋智琳傳〉：「初有清信士劉正勤，請講《彌勒》；琳諭以無常，初未之許。至是果終，信哉知命。」有唐一代，更不見有提及者。然而，前此則幾乎蔚為風潮〔註39〕，如道安、曇戒、僧輔、法遇、道願等是；男眾且不講，即以女眾而言，便所在多是。譬如卷二〈吳

〔註37〕「安養」兩字，最早當見於《廣弘明集》卷十五支遁的話：「佛經記西方有國，國名安養。迴邈迴邈，路踰恒沙。非無待者，不能遊其疆；非不疾者，焉能致其遠？其佛號阿彌陀，晉言無量壽。」又，「國無王制、班爵之序，以佛為君，三乘為教。男女各化育於蓮花之中，無有胎孕之穢也。」此地有一有趣的理念，是極樂淨土有女眾的現象，頗值吾人思維者。

〔註38〕湯用彤氏《漢魏兩晉南北朝佛教史·第二分·第十九章北方之禪法淨土與戒律》。

〔註39〕夷考彌勒淨土諸經，多是漢魏兩晉間人之譯作，由是可知彼時此宗信仰的一般。

太玄臺寺釋玄藻尼傳 19〉就說：「玄藻尼⋯⋯住太玄臺寺，精勤匪懈，誦《法華經》，茶食長齋三十七載。常翹心注想，願生兜率。」又如全卷〈廣陵中寺光靜尼傳 25〉也是：「元嘉十八年（441 A. D.）五月患疾，曰：『我厭苦此身，其來久矣』於是牽病懺悔，不離心口，情理恬明，神氣怡悅。至十九年（442 A. D.）歲且，飲粒皆絕，屬念兜率，心心相續，如是不斷。」再如卷四〈禪林寺淨秀尼傳 52〉也有這樣的記載：「時有馬先生，世呼神人也，見秀記言：此尼當生兜率⋯⋯彭城寺慧令法師六月十九日，夢見一柱殿，嚴麗非常，謂是兜率天宮。令即囑之：『得生好處，勿忘將接。』秀曰：『法師是大丈夫，弘通經教，自應居勝地。』令聞秀病，往看之，述夢中事。至七月十三日小間，自夢見幡蓋樂器，在佛殿西。二十二日請相識僧會別，二十七日告諸弟子：『我升兜率天。』言絕而卒。」民間碑碣也有寫明注想求生斯土的，如：〈尼法興題記〉就說：「永平四年（511 A. D.）歲次在卯（案，卯上掉一辛字）、九月一日、甲午朔，比丘尼法興敬造彌勒像一軀。上爲皇家、師僧、父母、有識含生，普乘微善，龍華三會，俱得齊上。又願皇祚永隆，三寶暈延，法輪長唱。所生父母託生紫袖，蓮昇兜率，面奉慈氏，足步虛空，悟發大解。所願如是。」（全上）與此相同的，還有：孝昌元年（525 A. D.）的〈尼僧達題記〉（案，此是爲她死去的兒子而造的。）等等都是。

而求生安養，則是要往生西方極樂淨土，屬彌陀信仰，這是盧山慧遠法師弘揚於前而曇鸞和尚推波於後〔註 40〕，其影響直至於今的一大宗派，卻也是當時尼師信仰、求生的所在。譬如：卷一〈司州令宗尼傳 11〉載：「令宗⋯⋯年七十五。忽早召弟子，說其夜夢：『見一大山，云是須彌。高峰秀絕，上與天連，寶飾莊嚴，暉耀爛日，法鼓鏗鏘，香煙芳靡。語吾令前，愕然驚覺，即體中忽忽，有異於常。』同學道津曰：『正當是極樂耳。』交言未竟，奄忽遷神。」又如卷二〈建福寺法盛尼傳 15〉：「法盛⋯⋯神情朗瞻，雖在暮齒，有逾壯年。常願往生安養，謂同業曇敬、曇愛曰：『吾立身行道，志在西方。』（元嘉）十六年（439 A. D.）九月二十七日，塔下禮佛，晚因遇疾，稍就綿篤。其月晦夕，初宵假寐，如來垂虛而下，與二大士論二乘；俄與大眾騰芳蹈藹，臨省盛疾，光明顯燭，一室咸見。」再者如淨嚴尼師也是，《梁傳》卷五〈晉山陰嘉祥寺釋慧虔傳〉說到山陰北寺淨嚴尼夜夢見觀世音從西郭門入，欲往嘉祥寺接引慧虔和尚往生，淨嚴尼之所以有夢，必是所習者同，心嚮往之的

〔註 40〕全註 10。

緣故。而民間信此宗派的，尤有甚者，如：〈尼惠智題記〉就說：「永平三年（510 A. D.）十一月二十九日，比丘尼惠智爲七世父母、所生父母，造釋迦像一軀，願使託生西方妙樂國土；下生人間爲公王長者，永離三途。又願己身平安，遇□彌勒，俱生蓮華樹下，三會說法。一切眾生普同斯願。」（全上）與此相同的，還有：全卷的〈尼法慶題記〉、〈企和寺尼題記〉（案，本題記又見《金石萃編》卷二十七，而《平津讀碑記》云：「《洛陽伽藍記》無此寺，當在一千三百六十七所之列。」）、正光四年（523 A. D.）的〈尼法照題記〉、孝昌元年（525 A. D.）的〈比丘尼僧□題記〉、天平二年（案，這是東魏孝靜帝的年號，相當 535 A. D.）的〈朱舍興等造四面象碑〉其中有比丘尼慧潤（卷十七）、〈比丘尼紹戔題記〉（全上）、北齊天保三年（552 A. D.）的〈宋顯伯等造像龕記并陰側〉其中有上座比丘尼惠藏、上座比丘尼僧津、比丘尼惠姜、比丘尼僧讚、比丘尼僧敬、比丘尼僧勝、比丘尼僧好、比丘尼僧要、比丘尼僧暉、比丘尼僧相、比丘尼僧援、比丘尼薩花、比丘尼阿勝洛妃等。北齊天保七年（556 A. D.）的〈尼如靜造像記〉（案，此爲亡師尼始靚的，見卷二十）、北齊武平元年（570 A. D.）的〈董洪達造像銘〉其中有比丘尼曇仙、曇信、曇那、惠膜、靜輝、曇羨、曇容、曇財等。凡此等等不但是爲己身、七世父母求往生極樂淨土；甚至於若今生不得，則求下生爲公王長者離苦得樂，這信仰的堅確，眞是無庸致疑的了。

以上二者雖說都是「淨土法門」的信仰，卻頗有其相異者在。今略分述之於下：（西方淨土法門有所謂「三經一論」，彌勒法門則有「六部經」之說；今僅據：《佛說阿彌陀經》、《佛說觀無量壽經》、《佛說彌勒上生經》、《佛說彌勒下生經》等，而稍作一比較。）

（一）問法者不同

《阿彌陀經》是無問而佛自說者，蓋開經即云：「佛告舍利弗」；《彌勒上生經》是優波離問、《下生經》是阿難問。

（二）成佛時間不同

阿彌陀佛是過去佛，「成佛以來，於今十劫」；彌勒佛是當來佛，現在（佛住世之時）猶是凡夫身，《上生經》說：「爾時優波離亦從座起，頭面作禮而白佛言：世尊，世尊往昔於毗尼中及諸經藏說阿逸多次當作佛；此阿逸多具凡夫身，未斷諸漏，此人命終當生何處？其人今者雖復出家，不修禪定、不斷煩惱；佛記此人成佛無疑，此人命終生何國土？……此人從今十二年後命

終，必得往生兜率陀天上。」《下生經》阿難問：「將來久遠彌勒出現於世，至眞等正覺，欲聞其變：弟子翼從、佛境豐樂，爲經幾時？」

（三）淨土之處不同

阿彌陀佛的淨土是在這娑婆世界的西邊，《佛說阿彌陀經》云：「從是西方過十萬億佛土，有世界，名曰極樂。」而彌勒佛的淨土卻就在我們這裡，《下生經》佛告阿難：「將來久遠，於此國界當有城郭，名曰雞頭。東西十二由旬、南北七由旬，土地豐熟，人民熾盛，街巷成行……阿難，當爾之時，閻浮提地東西南北十萬由旬，諸山河石壁皆自消滅，四大海水各據一方。時閻浮提地極爲平整，如鏡清明……。」

（四）成就淨土之願力不同

西方淨土是阿彌陀佛的願力變化，《阿彌陀經》云：「舍利弗，其佛國土……皆是阿彌陀佛欲令法音宣流，變化所作。」彌勒佛的淨土：在兜率陀天的，是由天子、牢度跋提善神造作而成的《上生經》說：「爾時兜率陀天上有五百萬億天子，一一天子皆修甚深檀波羅蜜，爲供養一生補處菩薩故，以天福力造作宮殿。各各脫身旃檀摩尼寶冠，長跪合掌發是願言：我今持此無價寶珠及以天冠，爲供養大心眾生故。此人來世不久當成阿耨多羅三藐三菩提，我於彼佛莊嚴國土得受記者，令我寶冠化成供具……時諸天子作是願已，是諸寶冠化作五百萬億寶宮……」、「爾時此宮有一大神，名牢度跋提，即從坐起，遍禮十方佛，發弘誓願：『若我福德應爲彌勒菩薩造善法堂，令我額上自然出珠。』既發願已，額上自然出五百億寶珠……此摩尼光迴旋空中，化爲四十九重微妙寶宮……」在閻浮提的，則因善業眾生所感，土地自然平整、七寶具足。

（五）往生彼國之條件不同

往生西方淨土的條件是要有大福德、大善根，是要執持阿彌陀佛聖號至於一心不亂，《阿彌陀經》說：「舍利弗，不可以少善根福德因緣得生彼國。舍利弗，若有善男子、善女人，聞說阿彌陀佛，執持名號，若一日、若二日、若三日、若四日、若五日、若六日、若七日一心不亂，其人臨命終時，阿彌陀佛與諸聖眾現在其前，是人終時心不顛倒，即得往生阿彌陀佛極樂國土。」往生彌勒淨土的，雖則要有樂生天界、不厭生死的念頭，卻得持戒不犯《上生經》說：「若有比丘及一切大眾，不厭生死、樂生天者、愛敬無上菩提心者、

欲為彌勒作弟子者，當作是觀（案，指對於兜率陀天之莊嚴淨土作觀想）。作是觀者，應持五戒、八齋、具足戒，身心清淨不求斷結，修十善法，一一思維兜率陀天上上妙快樂。」其要於閻浮提聖地得見彌勒佛的，便要多種善根、多積福德《下生經》說：「其有善男子、善女人欲得見彌勒佛及三會聲聞眾、及雞頭城、及見儴佉王并四大藏珍寶者，欲食自然粳米者、并著自然衣裳身壞命終生天上者，彼善男子、善女人當勤加精進，無得懈怠。亦當供養承事諸法師，名華擣香種種供養，無令有失。」

（六）往生之後將來的成就境域不同

西方淨土是但得往生，就直至成佛為止，其間不再下生，《阿彌陀經》說：「舍利弗，極樂國土眾生者，皆是阿鞞跋致；其中多有一生補處，其數甚多，非是算數所能知之，但可以無量無邊阿僧祇說。」而往生彌勒淨土，卻要再來閻浮提而後受菩提記《上生經》說：「如是等眾生（案，指廣修福業之眾生）若淨諸業，行六事法；必定無疑，當得生於兜率天上，值遇彌勒。亦隨彌勒下閻浮提，第一聞法於未來世，值遇賢劫一切諸佛；於星宿劫，亦得值遇諸佛世尊，於諸佛前受菩提記。」

（七）阿彌陀佛與彌勒佛的誓願不同

前者發四十八大願以接引眾生，後者乃由眾生自身發願，所以《上生經》的「彌勒佛偈言」便說：「增益戒聞德，禪及思維業，善修於梵行，而來至我所；勸施發歡心，修行心原本，意無若干想，皆來至我所……。」

（八）觀想的法門不同

求佛接引的捷徑與不二法門，就是觀想；然而，觀想的法門卻不盡相同。往生西方淨土的法門，是白骨觀法，而此觀法頗有純根、利根的差異。前者：「先當教令心眼觀察額上一寸，除卻皮肉但見赤骨，繫念在緣，不令他念；心若餘緣，攝之令還。得如是見者，當復教令變此赤骨辟方一寸，令白如珂。得如是見者，當復教令自變其身皆作白骨，無有皮肉，色如珂雪……既能如是，當從身中放此白光，乃於光中觀無量壽佛……」至於後者，乃便捷得多：「但當先作明想，晃然空淨，乃於明中觀佛。」不論前者、後者：「行者若欲生於無量壽佛國者，當作如是觀無量壽佛也。」至於往生彌勒淨土，就得修法華三昧觀：「三七日一心精進，如說修行，正憶念《法華經》者。當念釋迦牟尼佛於耆闍窟山與多寶佛在七寶塔共坐，十方分身化佛遍滿所移眾生國土

之中，一切諸佛各有一生補處菩薩一人爲侍，如釋迦牟尼佛以彌勒爲侍⋯⋯十方三世一切眾生，若大若小，乃至一稱南無佛者，皆當作佛⋯⋯習如是觀者，五欲自斷，五蓋自除，五根增長，即得禪定。住此定中，深愛於佛⋯⋯」（以上所引，具見〈經集部二・六一七〉）

　　然而，阿彌陀佛淨土與彌勒淨土哪一個殊勝呢？應該佛佛都同，淨土不異；只是根器與修法之不同罷了，近世似乎以西方修習者多，也是眾生因緣的關係。不過，據湯用彤先生的說法，彌勒的信仰比較偏在禪定與決疑〔註41〕；這在僧傳中可以概見，《比丘尼傳》就不易察考了，然信仰的風氣卻是一樣的。

　　淨土的修法，除上述種種以外，還有造像、立幢、蓋寺、建塔等等，這在比丘尼的行持之中，眞是屢見不鮮的，湯用彤先生說這是「淨土崇拜」。譬如〈佛說大乘造像功德經〉說：「有如是等無量諸阿羅漢，皆悉曾於佛像之所，薄申供養。乃至極下如那伽波羅，於像座前以少許黃丹畫一象身而爲供養，由此福故，皆永離苦而得解脫。天主，若復有人能於我法未滅盡，來造佛像者，於彌勒初會皆得解脫。」（卷上）又「若發信心念佛功德而造佛像，一切業障皆得消除，於生死中速出無礙⋯⋯若但爲成佛，不求餘報，雖有重障而得速滅，雖在生死而無苦難，乃至當證無上菩提，獲清淨土，具諸相好，所得壽命常無有盡。」都是此等思想的根據。

　　另外，有焚身以爲供養的修法；但是，慧皎和尚頗著微辭。他在《梁傳》卷十三〈遺身論〉上說：「夫有形之所貴者，身也；情識之所貴者，命也。是故餐脂飲血，乘肥衣輕，欲其怡懌也；餌朮含丹，防生養性，欲其壽考也⋯⋯自有宏知達見，遺己贍人。體三界爲長夜之宅，悟四生爲夢幻之境，精神逸乎蜾羽，形骸滯於瓶穀。是故摩頂至足，曾不介心；國城妻子，捨若遺芥⋯⋯然聖教不同，開遮亦異。若是大權爲物，適時而動，利現萬端，非教所制。故《經》云：『能然手足一指，迺勝國城布施。』若是出家凡僧，本以威儀攝物，而今殘毀形體，壞福田相。考而爲談，有得有失；得在忘身，失在違戒⋯⋯夫三毒四倒，乃生死之根栽；七覺八道，實涅槃之要路。豈必燔炙形體，然後離苦？」話雖如此，但修習這一路子的，頗不乏人，譬如前舉的善妙、道綜、慧耀、曇簡、淨珪、曇勇等等都是。不過，此地有一現象，是寶唱和尚所不及提到的，那就是諸遺身尼眾，應該多是誦習《藥王菩薩品》的

_____

〔註41〕仝註10。

〔註42〕。譬如《梁傳》卷十五〈宋僞秦蒲阪釋法羽傳〉載：「羽操心勇猛，深達其道，常欲仰軌藥王，燒身供養。」又，全卷〈宋臨川招提寺釋慧紹傳〉也載：「至初夜行道，道自行香，行香既竟，執燭然薪，入中而坐，誦《藥王本事品》。」再如全卷〈宋廬山招隱寺釋僧瑜傳〉也載：「瑜常以爲結累三塗，情形故也；情將盡矣，形亦宜捐。藥王之轍，獨何云遠？於是屢發言誓，始契燒身……至初夜竟，便入薪龕中，合掌平坐，誦《藥王品》。」都可以爲證，而〈善妙尼傳〉之末，有一段話，說：「命猶未絕，語諸尼云：『各勤精進，生死可畏，當求出離，愼勿流轉。我捨此身供養已二十七反，止此一身，當得初果。』」夷考《妙法蓮華經・第二十二藥王菩薩本事品》就記載了藥王菩薩燒臂、焚身供養的事跡，這是難行能行的苦行：「過去有佛，號日月淨明德如來，彼佛爲一切眾喜見菩薩及大眾說《法華經》。一切眾喜見菩薩樂修苦行……自念不如以我身供養。服諸妙香，身塗香油，於日月燈明佛前以願力燒身，其火燃千二百歲，其身乃盡。菩薩命終後，復化生於日月淨明德佛國土淨德王家……菩薩復自念我作是供養，心猶不足。即於大眾前燃百福莊嚴之臂，七萬二千歲中，供養八萬四千之塔……」可見尼師們的遺身之行，是有所根源的了。

　　另一值得注意的事體，是「禪淨雙修」事例的顯現。〈閑居寺僧述尼傳〉記載述尼造金像，寫經律，這是淨土信仰的思想表徵；而她又「諮受祕觀，遍三昧門」，則是禪觀的修持，便是明證。而對本師釋迦牟尼佛的信仰，則又多偏在法喜之有無了，如：〈尼法璨題記〉就說：「孝昌二年（526 A.D.）五月二十三日，比丘尼法璨爲師僧、父母、同學、緣眷、十方眾生，敬造釋迦像，願普津法澤。」（仝上）與此相同的，還有：天平三年（536 A.D.）的〈尼曇會題記〉（卷十七）、北齊乾明元年（560 A.D.）的〈尼慧承等造象記〉中所載的：比丘尼慧承、靜遊、□究、僧炎等。（卷二十一）等等便是。

　　以上是第二層意義，第三層意義是「明律」之中，有誦持〈十誦〉的，有誦持〈四分〉的，有誦持〈僧祇〉的，也有修持菩薩戒的，而師承自是各不相同。我在〈比丘尼受具足戒的爭執〉一節裡略有提及，這裡再稍事補充：

　　一是誦持《僧祇律》的律派，這一律派應該從淨撿尼開始說起，因爲「晉

〔註42〕不過，此法最早見於《大般涅槃經》卷十四〈聖行品〉所言，佛捨身求偈的故事。

土有比丘尼，亦撿爲始也。」其實也就是我國比丘尼的第一人。根據梁釋僧祐的《出三藏記集》卷三〈新集律分爲五部記錄第五〉說佛示滅後一百一十餘年，阿育王出世，先是毀佛；其後卻大興佛法，而經律燒燼，僧伽的律法互異，阿育王乃集五部僧，共行籌當。「爾時眾取婆麤富羅部籌多，遂改此一部爲摩訶僧祇；摩訶僧祇者，大眾名也。」意思是說，僧尼大眾所奉行的戒律，乃叫「摩訶僧祇律」；而當時的摩訶僧祇律，誦持的卻是「婆麤富羅部」。那麼，什麼是婆麤富羅部呢？全書全卷〈婆麤富羅律四十卷〉條說：「婆麤富羅者，受持經典，皆說有我，不說空相，猶如小兒，故名爲婆麤富羅，此一名僧祇律。」案，「皆說有我，不說空相」分明是小乘戒法，此一戒法，在佛滅後的中印度，頗盛行於一時。「律後記云：中天竺昔時暫有惡王御世，三藏比丘及諸沙門皆遠避四奔；惡王既死，善王更立，還請沙門歸國供養。時巴連弗邑有五百僧，欲斷事，既無律師又闕律文，莫知承案；即遣使到祇洹精舍，寫此律文，眾共奉行。」但是，這一部律法的全本傳入，是在法顯和尚西遊時，從摩竭提巴連弗邑的阿育王塔天王精舍傳抄進來的，而在晉義熙十二年和佛陀跋陀在道場寺譯到十四年的二月底，才譯竟的。這樣看來，不是和淨撿尼的受戒相差了一百二十七年了嗎？那麼淨撿尼從何誦持此戒？那是因爲：「晉咸康中，沙門僧建於月支國得《僧祇尼羯磨》及戒本。升平二年二月八日，洛陽請外國沙門曇摩羯多爲立戒壇；撿等四人同壇，上從大僧以受具戒，晉土有比丘尼亦撿爲始也……」這是說淨撿尼她們所受的是尼羯磨戒本，而不是原來的《摩訶僧祇律》，這才讓我們了解了道場和尚說「其法不成」的緣由。

　　與淨撿尼同受此律的，還有：安令首尼（〈本傳〉說：「首便剪落，從澄乃淨撿尼受戒。」）

　　二是誦持《十誦律》的律派，關於《十誦律》的流行，湯用彤氏說得極好，他說：「《十誦律》羅什等譯之關中，卑摩羅叉傳之壽春，僧業、慧觀等弘之於建業。」（《漢魏兩晉南北朝佛教史‧第二分‧第十九章‧〈北方之禪法淨土與戒律〉》）那是說《十誦律》，在當時的僧界，是一顯學了。其實這話也不錯，《梁傳》卷二〈晉壽春石澗寺卑摩羅叉傳〉就說：「頃之，（羅叉）南適江陵，於新寺夏坐，開講《十誦》。既通漢言，善相領納，無作妙本，大闡當時……道場慧觀深括宗旨，記其所制內禁輕重，撰爲二卷，送還京師，僧尼披習，競相傳寫。」到了景平元年（423 A. D.），僧伽跋摩爲道場慧觀法師請住平陸寺，因爲僧伽「善解律藏，尤精《雜心》。」所以儘管慧觀精《十誦律》，

但是對於僧伽還是倍加崇重的。那麼，慧果、淨音等請僧伽爲她們重授具戒時，我想僧伽一定是用《十誦律》，爲誦持的，這才引起了慧義和尙的不滿（因爲慧義是持《僧祇律》的，這可從《弘明集》所載他給范泰信，稱祇洹寺用《僧祇律》一語得知。），於是「親與（僧伽）跋摩拒論翻覆」；雖然「跋摩標宗顯法，理證明允，旣德有所歸，義遂迴剛，靡然推服。」還令他的弟子慧基服膺供事，而這恰好證明了慧果、淨音等所受的是《十誦律》。那麼，什麼是《十誦律》？梁‧釋僧祐的《出三藏記集》卷三〈新集律來漢地四部序錄第七‧薩婆多部十誦律〉條說「薩婆多部者，梁言一切有也。所說諸法，一切有相，學內外典，好破異道。所集經書，說無我、我所，受難能答，以此爲號。」這是最早傳承的律派，因爲是從大迦葉而阿難，而五傳到第五師優波掘，認爲後世根鈍，不能盡持八十律誦，便把它刪成了現在的《十誦》。而這《十誦》傳來中土，也是備極艱辛的《出三藏記集》說：「至秦弘始之中，有罽賓沙門弗若多羅誦此《十誦》胡本，來遊關右。羅什法師於長安逍遙園三千僧中共譯出之，始得二分，餘未及竟而多羅亡。」這是第一次的挫折；還好，不久之後，曇摩流支繼至，流支是偏以律藏馳名的法師的，所以當他弘始七年（405 A. D.）來到關中的時候，盧山慧遠和尙就致書請他和鳩摩羅什法師續譯《十誦》，再加上姚興的勸請，他就在長安譯了出來，總共是五十八卷。但是，羅什以爲文煩未善，正想刪治，卻化緣已盡而不果，這是第二次的挫折。最後總算由罽賓律師卑摩羅叉統其成，《梁傳》卷二〈晉壽春石澗寺卑摩羅叉傳〉說：「羅什所譯《十誦》本五十八卷，最後一誦謂明受戒法及諸成善法事，逐其義要，改名〈善誦〉。又後齎往石澗，開爲六十一卷，最後一誦改爲〈毗尼誦〉。故猶存二名焉。」至於尼師之誦持《十誦律》的，有：僧述、法宣、僧敬尼、德樂尼以及淨秀尼等。譬如卷四〈閑居寺僧述尼傳 61〉說：「僧述……及年十九，以宋元嘉二十四年，從禪林寺淨秀尼出家。節行清苦，法檢不虧，遊心經律，莫不遍覽；後偏功《十誦》，文義優洽。」全卷〈山陰招明寺釋法宣尼傳 65〉說：「法宣……及齊永明中，又從惠熙法師諮受《十誦》，所餐日優，所見月賾。」皆可以想見當日的盛況，當然，這是受著彼等授戒師之影響的；不過，從僧述、法宣、僧敬、德樂以及淨秀諸尼師所處的時代，也可以證知湯用彤氏說：「南方在宋代除《十誦》之外，已幾無律學，齊梁更然。」的話，是有他的道理的。

　　三是誦持《菩薩戒》，的律派，這一律派江南傳得極少。湯用彤氏《漢魏

兩晉南北朝佛教史・第二分・第十九章・〈北方之禪法淨土與戒律〉就說：「南方在宋代除《十誦》以外，已幾無律學（自注：四分、五分、僧祇，均學者極少，《弘明集》載慧義致范泰書，稱祇洹寺用《僧祇律》。）齊梁更然。」在這樣的氛圍之中，居然有法盛尼、智勝尼誦持此戒，便彌足珍貴了。卷二〈建福寺法盛尼傳 15〉說：「自以桑榆之齒流寓皇域，雖復帝道隆寧，而猶懷舊土；唯有探賾玄宗，乃可以忘老耳。遂從道場寺偶法師受《菩薩戒》。」又，〈建福寺智勝尼傳 42〉「從定林寺僧遠法師受菩薩戒，座側常置香鑪，勝乃捻香。」菩薩戒，是怎樣的戒律呢？湯用彤氏說：「菩薩戒為大乘戒……以《地持經》、《菩薩瓔珞本業經》及《梵王經》為主。而《涅槃經》、《大智度論》等，亦均有大乘戒之說明。《地持經》曇無讖譯，與求那跋多羅譯之《菩薩善戒經》同本，屬瑜伽宗。北朝僧範、慧順、靈裕、法上均曾為之作疏，慧光、曇遷亦弘此經，靈裕之弟子曇榮專精此部；至若南方，殊少研者。」而此處猶有一事可資注意的，就是兩位受持菩薩戒的尼師，都是出於建福寺；其實，建福寺尼師本以持戒精嚴而得以立寺的，譬如康明感尼就是「備加苦楚，誓不受辱」而達到「戒品無瑕」的。再如道瓊尼也是「成戒以後，明達《三藏》，精勤苦行」、僧猛尼師更是精進「示不滅性，辭母出家。行己清潔，奉師恭肅，蔬糲之食，止存支命；行道禮懺，未嘗疲怠。說悔先罪，精懇流淚，能行人所不能行。」如此看來，建福寺殆是執持菩薩戒的重地了。

以上是本節所論「法系考」的三個層次，至於某人為某人的師承、弟子，則因《比丘尼傳》甚簡略，常語焉不詳，而且容易檢索，故此不具論。

然而，還有二件事體，應該敘明的：一是顯、密二宗的齟齬，《比丘尼傳》卷三〈集善寺慧緒尼傳 48〉記其事，說：「慧緒，本姓周，閭丘高平人也……齊太尉大司馬蕭嶷，以宋昇明末出鎮荊陝……蕭王要共還都，為起精舍，在第東田之東，名曰福田寺，常入第行道。永明九年（491 A. D.）……武皇帝以東田郊迥，更起集善寺，悉移諸尼還集善；而以福田寺別安外國道人阿梨，第中還復供養，善讀誦咒。」因為這樣，慧緒尼從此再不入第；〈尼傳〉寫其倔強、憤懣，說：「緒自移集善以後，足不復入第者數年。時內外既敬重此尼，每勸其暫至後第內。竺夫人欲建禪齋，遣信先諮請；尼云：『甚善。貧道年惡，此段實願一入第與諸夫娘別。』既入齋，齋竟，自索紙筆作詩曰：『世人或不知，呼我作老周；忽請作七日，禪齋不得休。』作詩竟，言笑接人，了不異常日高傲也。」前述的詩句，我想必定有對阿梨、甚至武皇帝不滿的表示；

可惜寶唱和尚說他：「後復有十字道別，今忘之。」

　　還有一事，就是邪教的出現。原因是曇摩耶舍初到廣州傳法，收了交州刺史張牧的女兒普明爲弟子；等到他返國之後，普明就和丹陽尹顏峻女法弘從耶舍的大弟子竺法度出家爲尼。師父不在，法度便興風作浪了起來；於是，自立制度，自訂規矩。而要求僧尼專學小乘，禁讀《方等》，以爲除本師釋迦文佛之外，十方無佛。「食用銅鉢，無別應器。又令諸尼相捉而行，悔罪之日，但伏地相向。」（〈本傳〉之言）這樣的教理、言行，居然也造成了一股風潮，〈本傳〉說：「今都下宣業、弘光等諸尼習其遺風；東土尼眾，亦時傳其法。」則其時該教的流衍情形，可以概見了；儘管當時的識者（如慧皎和尚）頗加拒斥，然而，它畢竟是當時社會的一種現象，乃附記於此。

　　今就《尼傳》所言師承，作一系統表於下：（→或－直線符號表示向下傳承之意）

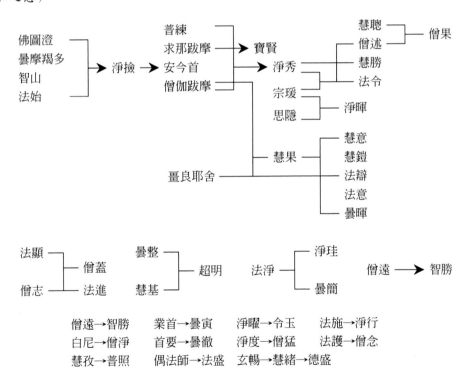

附論：尼師們的禪學之考察——東青園寺是比丘尼的禪學窟

　　禪，是禪那 Dhyana 的略稱，從前翻作「思惟修」，其後譯作「靜慮」。原本是色界的心地定的一種現象，所以色界天眾的 Dhyana 是「生得」的，是與

生俱來的；今欲界眾生因修而得，是「修得」的，是思惟而修得的，是靠寂靜的心體成就的境界，所以名之為靜慮。《大乘義章》十三：「禪定者別名不同，略有七種：一名為禪，二名為定，三名三昧，四名正受，五名三摩提，六名奢摩他，七名解脫、亦名背捨。禪者是中國之言，此翻名為思惟修習，亦云功德叢林。」但是，它和禪宗的「禪」不盡相同；禪宗固然是以禪那得定發慧，不過，它是以涅槃妙心為其本體的。我國初期修習禪學，而頗有禪宗氣局的，殆是受了道教隱士張忠影響的僧朗法師。《梁傳》卷五〈晉泰山崑崙巖竺僧朗傳〉說：「竺僧朗，京兆人也……以偽秦苻健皇始元年（351 A. D.）移卜泰山，與隱士張忠為林下之契，每共遊處。忠後為苻堅所徵，行至華陰山而卒；朗乃於金輿谷崑崙山中，別立精舍，猶是泰山西北之一巖也。」鐮田茂雄氏《中國佛教通史》第一卷第四章第三節〈泰山僧朗〉說僧朗入泰山之時，「僧朗本人尚未達到成熟，猶隨隱士張忠學道。」然則，張忠的傳見於《晉書》卷九十四〈隱逸傳〉，略謂：「張忠，字巨和，中山人也。永嘉之亂隱於泰山，恬靜寡欲，清虛服氣，餐芝餌石，修導養之法。冬則蘊袍，夏則帶索，端拱若尸，無琴書之適。不修經典，勸教但以至道虛無為宗。」又說：「其教以形不以言，弟子受業，觀形則退。」鐮田茂雄氏認為這一種「不修經典，以至道虛無為宗」的「以形不以言」之法，僧朗傳承了下來，正「與後世禪宗的教外別傳，不立文字，頗有關聯。」可見達摩禪法即使不入我國，我國僧尼的修持，未必就不能發展出來。不過，初期僧尼的禪學，當然還不能一蹴而到此境。

　　夷考禪學之道，殆非釋氏的首創與專利；遠的不說，即如我國儒家的學者，便多有著意於此者。《論語》卷十二〈顏淵篇〉：「顏淵問仁。子曰：『克己復禮為仁，一日克己復禮，天下歸仁焉。為仁由己，而由人乎哉？』顏淵曰：『請問其目。』子曰：『非禮勿視，非禮勿聽，非禮勿言，非禮勿動。』顏淵曰：『回雖不敏，請事斯語矣。』」不必要的視、聽、言、動不作，這就是禪定的功夫；「一日克己復禮，天下歸仁」是禪定的十種利益之一〔註43〕。至於《大學》的定、靜、安、慮、得，那更是盡人皆知的事了。至若道家，如《莊子》卷四〈人間世〉說：「回曰：『敢問心齋？』仲尼曰：『若一志，無

〔註43〕禪定的十種利益，是：一、安住儀式，二、行慈境界，三、無煩惱，四、守護諸根，五、無食喜樂，六、遠離愛欲，七、修禪不空，八、解脫魔羂，九、安住佛境，十、解脫成熟。

聽之以耳，而聽之以心；無聽之以心，而聽之以氣。聽止於耳，心止於符。氣也者，虛而待物者也；唯道集虛，虛者心齊也。』」不但要心齊，更要求達到「虛室生白，吉祥止止」的坐忘的境地。而老子教人搏氣致柔，又何嘗不是講究禪境？但是，話說回來，禪的修持卻是佛教各宗各派所共通的。李世傑先生在其《印度哲學史講義》第七章第三節裡，談到「初期大乘經典的成立及其思想」的禪的系統時，說：「禪定的思想，可溯源於佛陀；佛陀成道，亦由禪定方法而遂行，而佛陀說法，亦須先入三昧，然後為之。部派佛教時代的各種修法，當然也不離定；就是智慧本身，亦須立在甚深的三昧，始有其深刻的發揮。至於般若經時代，乃顯示『教即觀』的根本立場，一切教說，均須以禪定為根本基礎。因此，禪是整個佛教的開始，同時是整個佛教的終局。」當然，彼時的禪經，率為小乘性，如《般舟三昧經》、《菩薩念佛三昧經》、《觀佛三昧經》、《文殊般若經》等等都是，而迻譯到我國的早期的經典恰也是以上諸書。譬如僧祐法師的《出三藏記集》卷二〈新集經錄論第一〉錄有安世高的：〈安般守意經〉、〈陰持入經〉、〈大小十二門經〉、〈小十二門經〉、〈大道地經〉、〈五十校計經〉、〈大安般經〉、〈禪行法想經〉，也有支讖、支謙等譯的：〈般若道行品經〉、〈首楞嚴經〉、〈般舟般三昧經〉，都是禪經之亞，而安世高更是「諷持禪經，略盡其妙」（《出三藏記集》第十三〈安世高傳〉語）的行者，不過它是在漢朝末年，流行於河北、中州、江南一帶的。到了西晉之世，關中乃盛行禪數，《梁傳》卷一〈晉長安僧伽跋澄傳〉說：「僧伽跋澄，此云眾現，罽賓人……符堅建元十七年來入關中。先是大乘經典未廣，禪數之學甚盛；既至長安，咸稱法匠焉。」彼時著錄在《梁傳・習禪篇》中的人物，都三十二人，且大部分行化江東。湯錫予氏《漢魏兩晉南北朝佛教史》第二分第十一章〈釋慧遠〉說到江東流行禪法：「道安法師提倡禪法，而其弟子慧遠亦因江東闕禪法，使弟子往西域求之。晉末西行求法者群起，頗得禪法以歸。且因佛陀跋多羅之南來，佛大先之禪法乃流行江左焉。」使得佛大先的禪法流行於江左的，是鳩摩羅什法師和佛陀跋多羅（即覺賢和尚）等譯出的禪經：

　　坐禪三昧經（又稱菩薩禪法經、禪要）　二卷

　　禪法要解　二卷

　　禪祕要法經　三卷

　　　　以上什公譯

　　達磨多羅禪經　二卷

　　　以上覺賢譯

　　五門禪經要用法　一卷

　　　以上劉宋初曇磨蜜多譯

　　治禪病祕要法　二卷

　　　以上沮渠京聲譯

　　今從上述經法，尋其修習的法門，大別之略有以下諸端（湯錫予氏說之甚詳）：

　　甲、念安般，也就是念：數息、相隨、止、觀、還、淨等的「六妙法門」。

　　乙、不淨觀，這是觀身不淨的對治多淫多慾的法門。

　　丙、念佛，這是淨土信仰之所依，不過，重點是在對法身的觀想：「是時便得見一佛、二佛乃至十方無量世界諸佛色身。以心想故，皆得見之；既得見佛，又聞說法言。或自請問佛，爲說法，解諸疑網。既得佛念，當復念佛功德法身，無量大慧、無崖底智，不可計德。」（見《坐禪三昧經》）

　　丁、首楞嚴三昧，是住在十地菩薩才有的定境，因此鑽研者眾，同經而異譯的也多。

　　降至劉宋的時候，弘法的師資大概有：覺賢（在建業）、曇摩耶舍（在江陵）、曇摩蜜多（從涼州而蜀而至江陵，於長沙立禪閣，晚在建業）、求那跋摩、佛馱什、沮渠京聲、畺良耶舍、僧伽達多、僧伽羅多哆等（都在建業），而其流行的地區，多在四川、荊州、建業等地。這之中特別要提到的，是覺賢的徒弟：慧觀、寶雲二師，造就了「鬥場（案，即指道場寺而言）禪師窟」的聲響。但是，覺賢、曇摩蜜多、沮渠京聲、曇無讖等都曾駐錫過涼州，顯見一時涼州禪法之盛；卻也由此可以看出北方佛法南來的現象了，爲什麼盛法要南來？這是魏太武帝毀法所造成的。太武毀法，是聽信了崔浩、寇謙之的道教方術之說，而殺玄高、慧崇禪師（事在太平眞君五年），遂於翌年悉誅天下沙門，焚經像，壞寺塔。於是大師南渡，乃產生了無與倫比的影響〔註44〕；

─────────────

〔註44〕湯錫予氏《漢魏兩晉南北朝佛教史》第二分第十九章，説其影響有四：一者糾正北土信教以爲謀利之薄俗，二者改變江東佛法重義學之弊，遂至南宗頓教之興；三者隋唐禪師乃知「定慧雙修」之法門；四者大啓陳、隋之後的宗派門户也。

只是這一影響，初非眼前，殆在陳、隋之後。凡此現象，我們在《比丘尼傳》裏，也可以考察得見，譬如：禪基尼院的僧蓋尼就是，〈禪基寺僧蓋尼傳 43〉說她是從僧隱、僧審二禪師修習禪觀的：「禪師皆歎其易悟。」又說她：「南遊京室，住妙相尼寺，博聽經律，深究旨歸，專修禪定，惟日不足。寒暑不變衣裳，四時無新飲食，但資一菜中飯而已。」這一種精勤，實在令人動容。再如，法延尼師，也是修習禪學而聞名的，上引〈僧蓋尼傳〉傳後說：「又有法延者，本姓許，高陽人也。精進有行業，亦以禪定顯聞。」又如，法全尼師，也是同一法系的，〈青園東寺法全尼傳考 44〉：「法全，本姓戴，丹陽人也。端莊好靜，雅勤定慧。初隨宗瑗博採眾經，後師審、隱遍遊禪觀。」即其明證。她們從審、隱二禪師學禪觀，而二禪師的禪學正是傳之於曇摩蜜多、玄高等承傳了鳩摩羅什法師的禪觀之學的。關於禪觀的法門，今僅舉羅什法師譯的《禪祕要法》的前分，以為明證：「爾時佛告迦絺羅難陀：諦聽、諦聽，善思念之。汝於今日快問如來，滅亂心賊甘露正法，三世諸佛治煩惱藥，關閉一切諸放逸門，普為人天開八正道。汝好諦觀，莫令心亂。」這一種諦觀，就是所謂的繫心住，於是，從第一「白骨觀」直到第三十「火大觀」，都是「斷生死種，度煩惱河，竭生死海，滅愛種子」的微妙法門，「此觀功德，如須彌山流出眾光，照四天下。行此觀者，具沙門果，亦復如是。」（見《禪祕要法》的後分）與法全尼同修而顯的，根據尼傳的記載，還有：淨練、僧律、慧形、慧緒（是玄暢之弟子而傳玄高之法者）、曇暉（傳曇良耶舍之法）、花光、慧勝、僧述，〈閑居寺僧述尼傳 61〉說：「八歲蔬食，及年十九，以宋元嘉二十四年，從禪林寺淨秀尼出家，節行清苦，法檢不虧，遊行經律，靡不遍覽；後偏功《十誦》，文義優洽。」雖說文義優洽，律學精審，畢竟師傳的禪機不昧，於是「復從隱、審二師諮受祕觀，遍三昧門。移住禪林寺，為禪學所宗，去來投集，更成囂動。」又，竹園寺的淨行尼師本來是專偏義解，但是「晚節好禪觀，菜食精苦。」、〈邸山寺釋道貴尼傳 64〉說道貴尼「觀境入定」則似乎也可跨在此類了。

禪觀之外，禪誦似乎是另一法門，為曇簡尼所欽遲而至捨寺的慧明法師，就是修習此法的，《梁傳》卷十二〈齊始豐赤城山釋慧明傳〉說：「釋慧明，姓康，康居人，祖世避地於東吳。明少出家，止章安東寺；齊建元中，與沙門共登赤城山石室……於是棲心禪誦……齊竟陵文宣王聞風祇挹。」而曇簡尼正是「禪思靜默，通達三昧」的行者。其實，禪並不是靠思想的；更澈底

的講，禪是排除一切理論、概念的。所以，禪思殆即數息、相隨、止、觀、還、淨等的一種持誦，也就是念安般的一念而已。修持此法的，此外還有：業首尼，〈東青園寺業首尼傳30〉說：「業首，本姓張，彭城人也。風儀峻整，戒行清白。深解大乘，善搆妙理，彌好禪誦，造次無怠。」與之同時、同處的尼師，如淨哀、寶英、法林、曇寅等，都是修持此一法門的。〈業首尼傳〉說到淨哀、曇寅，還特別說明：「哀久習禪誦」、「寅兼通禪律」。不只如此，即後來的淨賢、慧高、寶顯、惠暉等，也是這一路子的，〈東青園寺淨賢尼傳57〉說到她們的修法，是：「好修禪定、博窮經律……慧高坐禪誦經，勤營眾務；寶顯講《法華經》，明於觀行。」而法全尼雖是修習禪觀（見上文），儘管與禪誦不盡相同；總是習禪的一路，再者，淨秀尼固然創建了禪林寺，而她修行的功夫卻是傳自業首尼的。〈禪林寺淨秀尼傳52〉：「年十二便求出家，父母禁之……如此推遷，至十九方得聽許，為青園寺首尼弟子。事師竭誠，猶懼弗及」即為明證。禪林寺受學於東青園寺，而奠立了禪風，所以從太后寺法護尼出家的僧念尼，當她移居禪林寺以後，竟然也以禪學著，〈禪林寺僧念尼傳考53〉：「齊永明中移住禪林寺，禪範大隆，諮學者眾。」不過，淨秀的兩位高足：慧勝與僧述，走的卻是禪觀的路子；但有何妨？正如前文所言，也是習禪的一路。因此本人頗以為東青園寺殆如道場寺之為「比丘禪學窟」似地，也成了比丘尼的禪學窟了。

從上推論，可知其時禪學是以東青園寺為主，而推擴於禪林寺，因之漪與於天下的。

至於直月接引法惠和尚的手法，簡直就是唐以後禪師直指人心的妙道了。〈偽高昌都郎中寺馮尼傳55〉：「直月歡喜，以葡萄酒一升與之令飲，法惠驚愕：我來覓勝法，翻然飲我？非法之物不肯飲，直月推背，急令出去。法惠退思：我既遠來，未達此意，恐不宜違。即頓飲之，醉吐迷悶，無所復識，直月便自他行。法惠酒醒，自知犯戒，追大慚愧，自搥其身，悔責所行，欲自害命；因此思惟，得第三果。直月還問曰：已得耶？答曰：然。因還高昌。」此外，如慧勝尼的對答語，也頗含禪機〈梁閑居寺慧勝尼傳56〉：「隨集善寺緒尼學五行禪，後從草堂寺思隱、靈根寺法穎，備修觀行，奇相妙證，獨得懷抱。人見而問之，皆答云：『罪無輕重，一時發露。』」所謂「罪無輕重，一時發露」真是大氣象、大格局。

古德云：「修禪又修淨，猶如帶角獸」是說禪淨雙修的利益，這一修法，

已見於僧述、惠暉諸尼師了。

五、寺院考

本節是以《比丘尼傳》作底本，再參酌其他僧傳、史志，以及如楊衒之的《洛陽伽藍記》、劉世珩的《南朝寺考》等，而將之分成五類來加以考索：（下表以「●」表示在建康之尼寺，以「*」表示在洛陽之尼寺，空白者表示兩地之外之尼寺。）

（一）尼自立寺

這是尼師出家後，或以自宅、或以講經說法的功德而得信徒之嘅遺、或數位尼師共力而創建之寺院者。如：

1.*竹林寺

《比丘尼傳》卷一〈晉竹林寺淨撿尼傳 1〉說：「撿即剃落，從和上受十戒。同其志者二十四人，於宮城西門共立竹林寺。」這是僧傳中首見的尼自立寺。晉都金陵，淨撿尼在宮城西門立竹林寺，則寺址應該就在於此，《明一統志》卷六說：「南京，古金陵之地。自周末時已有王氣，秦始皇謂東南有天子氣，諸葛亮謂龍蟠虎踞眞帝王都，即此地也。吳、晉、宋、齊、梁、陳及南唐雖嘗於此建都，然無功德以當之，僅保一隅，不能混一天下。」說到竹林寺，則在牛首山上。而《南史》卷一〈宋本紀第一〉說宋高祖劉裕原本彭城人，因爲「晉氏東遷，劉氏移居晉陵丹徒之京口里……嘗游京口竹林寺，獨臥講堂前，上有五色龍章，眾僧見之驚，以白帝，帝獨喜曰：『上人無妄言。』皇考墓在丹徒之候山，其地秦史所謂曲阿。」這裡的竹林寺，則是在晉陵丹徒的京口里，也就是現在江蘇省的武進縣界。《太平寰宇記》卷八十九〈江南東道一・潤州〉條：「潤州丹陽郡，今理丹徒縣，《禹貢》揚州之域……黃鶴山，在縣西南三里。宋高祖丹徒人，潛龍時常遊竹林寺，每息於此山，常有黃鶴飛舞，因名黃鶴山，改竹林寺爲鶴林寺。」《大清一統志》卷六十三：「竹林寺，在丹徒縣城南六里，創自晉時；久廢，明崇禎間重建，本朝聖祖御製竹林禪院詩及竹賦。」

2.建賢寺

全書全卷〈僞趙建賢寺安令首尼傳 2〉說：「首便剪落從澄，乃淨撿尼受戒，立建賢寺；澄以石勒所遺剪花衲七條衣及象鼻澡灌與之……因其出家者

二百餘人。又造五六精舍，匪憚勤苦，皆得修立。」這不但立了建賢寺，還多立了「五六精舍」，可惜史不載精舍名。石勒原來建都襄國（今河北邢台市），後遷於鄴（今河北磁縣東南三台村）；佛圖澄與石勒遊，安令首尼又就學於澄，那麼，寺應在鄴無疑。

3. ●菩提寺

全書卷二〈南安寺慧瓊尼傳 20〉說：「（慧瓊尼）本經住廣陵南安寺，元嘉十八年，宋江夏王世子母王氏以地施瓊，瓊修立為寺，號曰南外永安寺，至二十二年蘭陵蕭承之為起外國塔。瓊以元嘉十五年，又造菩提寺，因移住之，以南安施沙門慧智。」可見得寺址當在廣陵左近，廣陵就是現在的江蘇省江都縣。但是，諸志或說建於東吳之世，如：《江南通志》卷四十六〈興地志・寺觀・淮安府〉條：「菩提寺，在嘉定縣西南二十五里安亭鎮，孫吳赤烏二年建，梁天監二年改建，後唐清泰間名唐興寺，宋開寶間改賜今額。」、《震川集》卷十一〈贈菩提寺坤上人序〉：「安亭居崑山之東境，有菩提寺……菩提寺建自孫吳，於今數千年；佛土莊嚴，廟宇如故，長老之能守其法可知矣。」則慧瓊尼的所謂「又造」，也許是重加修繕吧？

4. 竹園寺

在建康東尉蔣陵里的檀橋，《南朝寺考》說是宋元嘉十一年（434 A. D.）臨川公主所造，而《比丘尼傳》卷二〈竹園寺慧濬尼傳 33〉乃說：「不蓄私財，悉營寺舍，竹園成立，濬之功也。」則慧濬尼與有大力，殆為事實，而寺志不書，正可以補缺。又，全書卷三〈剡齊興寺德樂尼傳 51〉：「有僧茂尼者……節食箪蔬，勤苦為業，用其嚥遺紀竹園精舍焉。」所謂「紀」，應該是整修，不是創建了。不但這樣，竹園寺甚且是後來諸高尼的住持地，譬如：淨淵、淨行等等都是。

5. ●齊明寺

殆有兩處，一在浙江杭州，屬錢塘道，蕭齊時僧猛尼捨其祖屋所造，全書卷三〈鹽官齊明寺僧猛尼傳 40〉說：「齊建元四年（482 A. D.），母病，乃捨東宅為寺，名曰齊明。締構殿宇，列植竹樹，內外清靖，狀若仙居。」〈錢塘齊明寺超明尼傳 49〉：「尋還錢塘，移憩齊明寺。」一在浙江錢塘，德樂尼為之住持者，〈山陰招明寺釋法宣尼傳 65〉：「至年二十四，父母攜就剡齊明寺德樂尼，改服從禁。」剡縣，就是現在的浙江省紹興府的嵊縣，屬會稽道。

6. ●法音寺

在建康縣境,全書全卷〈法音寺淨珪尼傳 47〉:「淨珪,本姓周,晉陵人也,寓居建康縣三世矣……性不狎俗,早願出家,父母怜之,不違其志。爲法淨尼弟子,住法音寺」因爲是早願出家,所以寺院應在其居所左近;又且是法淨尼弟子,而與曇簡是同學。然寺是曇簡尼所立,〈法音寺曇簡尼傳45〉說:「以建元四年(482 A. D.),立法音精舍,禪思靜默,通達三昧。」《南朝寺考》說未詳寺之所在,「齊僧慧廓嘗居於是,梁時有甘露降寺松葉上,敕賜百官,沈約以啓謝焉。」然則曇簡尼、淨珪尼兩傳,可補寺志之缺。

7. 長樂寺

卷四〈成都長樂寺曇暉尼傳 54〉說:「歲月稍淹,思母轉至,固請還鄉。德行既高,門徒日眾,於市橋西北自營塔廟,殿堂廂廊倏忽而成。復營三寺,皆悉神速,莫不歡服,稱有神力焉。」案,《太平寰宇記》八十二〈劍南東道一梓州〉「牛頭山,在縣西南二里,高一里,形似牛頭,四面孤絕,俯臨州郭。下有長樂寺,樓閣煙花,爲一方之勝概。」因〈曇暉尼傳〉說是在成都,所以知道是在四川;《四川通志》卷二十八下〈直隸潼川州·蓬溪縣〉條說:「寺在縣西三十里。」

8. ●長干寺旁之尼精舍

這長干寺,就是阿育王寺,《南史》卷七十八、〈列傳〉卷六十八的〈夷貊傳上〉說:「至孝武太元九年,上金相輪及承露。其後有西河離石縣胡人劉薩何,遇疾暴亡而心猶暖,其家未敢便殯。經七日更蘇,說云:『所兩吏見錄,向西北行,不測遠近,至十八地獄,隨報重輕,受諸楚毒。觀世音語云:汝緣未盡,若得活,可作沙門。洛下、齊城、丹陽、會稽並有阿育王塔,可往禮拜,若壽終則不墮地獄。語竟,如墜高巖,忽然醒寤。』因此出家,名慧達,遊行禮塔次,至丹陽,未知塔處。及登越城四望,見長干里有異氣,因就禮拜,果是先阿育王塔所。」長干里,正是長干寺的所在地,《景定建康志》卷四十六〈祠祀志三·寺院·天禧寺〉條說:「天禧寺,即古長干寺,在城南門外。」並引《丹陽記》說:「大長干寺道西有張子布宅,在淮水南,對瓦官寺。長干是秣陵縣(案,《三國志》卷四十七〈吳主傳第二〉說:『(建安)十六年(211 A. D.),權徙治秣陵。明年(212 A. D.),城石頭,改秣陵爲建業。』可見秣陵就是建業;而康僧會在赤烏十年(247 A. D.)來到建業,吳大帝孫權

嘗爲他立建初寺於佛陀里，卻未見有長干寺的記載。但這無妨，因《三國志》也沒有建初寺的記載呀，詳請參閱拙作《細說比丘尼史》。）東里巷名，江東謂山壟之間曰干；建康南五里有山岡，其間平地，庶民雜居。有大長干、小長干、東長干，並是地名。小長干在瓦官寺南巷西，頭出大江，梁初起長干寺。按，塔記在秣陵縣東，今天禧寺乃大長干也。」又，上引《南史》全卷全傳又說：「（梁大同）三年，武帝改造阿育王佛塔，出舊塔下舍利及佛爪髮……阿育王即鐵輪王，王閻浮提一天下；佛滅度後，一日一夜，役鬼神造八萬四千塔，此即其一。」而孫吳時有尼就在塔後，立一小精舍。《景定建康志》卷四十六〈天禧寺〉條引李之儀〈天禧寺新建法堂記〉，說：「天禧寺者，乃長干道場……吳時有尼居其地，爲小精舍；孫綝尋毀除之，塔亦同泯。吳平後，諸道人復於舊處建立焉。」這應該是我國史志上所見的首座尼寺吧？可惜被孫綝給毀除了。案，孫綝毀寺，事在吳廢帝孫亮太平三年，《三國志》卷四十八〈三嗣主孫亮傳〉載：「（太平）三年（257 A.D.）……自八月沉陰不雨四十餘日。亮以綝專恣，與太常全尚、將軍劉丞謀誅綝。九月戊午，綝以兵取尚，遣弟恩攻殺丞於蒼龍門外，召大臣會宮門，黜亮爲會稽王，時年十六。」這事，〈孫綝傳〉說得很詳細，可參閱全書卷六十四〈綝本傳〉；此地只引廢亮之後的事體：「綝遣將軍孫耽送亮之國，徙尚於零陵，遷（魯班）公主於豫章。綝意彌溢，侮慢民神，遂殺大橋頭伍子胥廟，又壞浮屠祠，斬道人。」「壞浮屠祠，斬道人」的話，正可以印證李之儀〈天禧寺新建法堂記〉的說法。而這樣的倒行逆施，結果是：「永安元年（257 A.D.）十二月丁卯……遂斬之，以綝首令其眾……。」

9.＊胡統寺

這是靈太后胡氏的姑姑所立的，關於這事，請參看本論文〈北魏帝室入道諸尼考 13〉。另外，《洛陽伽藍記》卷一〈城內‧胡統寺條〉說得更爲清楚：「胡統寺，太后從姑所立也，入道爲尼，遂居此寺。在永寧南一里許。寶塔五重，金刹高聳；洞房周匝對戶交窗，朱柱素壁甚爲佳麗。其寺諸尼，帝城名德，善於開導，工談義理，常入宮與太后說法。其資養緇流，從無比也。」

10.●福靜寺

《南朝寺考》：「福靜寺，在鍾山之後，梁普通三年（522 A.D.）修儀尼所造也。」案，《建康實錄》說鍾山之後，就是在建康西北六里處。

（二）他施地，而尼師自立為寺的

1. ●南永安寺

全書卷二〈南安寺慧瓊尼傳 20〉說：「本經住廣陵南安寺，元嘉十八年（441 A.D.），宋江夏王世子母王氏以地施瓊，瓊修立為寺，號曰南永安寺。至二十二年（445 A.D.），蘭陵蕭承之為起外國塔。」（請參閱永安寺條）

2. ●東青園寺

《南朝寺考》引《建康實錄》說：「宋元嘉二年（425 A.D.）置青園寺，東北去縣二里。」又引《塔寺記》說：「駙馬王景琛為母范氏，以王坦之祠堂地與比丘尼業首為精舍；十五年（438 A.D.），潘淑儀施西營地以足之起殿。又有七佛殿二間，泥塑精絕，後代希有及者。」可以補〈本傳〉的不足。全書卷二〈東青園寺業首尼傳 30〉說：「元嘉二年（425 A.D.），王景深母范氏以王坦之故祠堂地施首，起立寺舍，名曰青園。」但是，為什麼又稱「東青園」呢？那是潘貴妃的擴建和拓置，以及後來法全尼的分割的關係。

（三）整建裝修原有寺院者

這雖不是自我創建，卻是以檀越的信施來對舊制增飾的，如：

1. ●全書卷一北永安寺曇備尼的弟子曇羅「續師任，更立四層塔、講堂、房宇，又造臥像及七佛龕堂云。」這是就北永安寺加以增飾的。（見〈北永安寺曇備尼傳 6〉）

2. 又如全書卷三〈剡齊興寺德樂尼傳 51〉：「有僧茂尼者……節食簞蔬，勤苦為業，用其嚫遺紀竹園精舍焉。」竹園精舍，顯然就是慧濬尼的竹園寺，僧茂尼則是用她的嚫遺，來「紀」它而已。

3. 再如全書卷四〈山陰招明寺法宣尼傳 65〉便說得更明白：「不立私財，以嚫施之物修飾寺宇，構造精華，狀若神工；寫經鑄像，靡不畢備。」案，招明寺在浙江省紹興縣西。

（四）他立寺

這完全是信眾因感於尼師的德行，且為自身祈福，而施財以修建的。如：

1. ●建福寺

《比丘尼傳》卷一〈建福寺康明感尼傳 5〉說：「晉永和四年（348 A.D.）春，與慧湛等十人濟江，詣司空公何充。充一見，甚敬重。于時京師未有尼

寺，充以別宅爲之立寺。問感曰：『當何名之？』答曰：『大晉四部，今日始備，檀越所建皆造福業，可名曰建福寺。』公從之。」這是建康（今江蘇省南京市）的第一座尼寺；不過，根據許嵩的《建康實錄》卷八所引的〈京師塔寺記〉說：「按〈寺記〉，帝時置兩寺：褚皇后立延興寺，在今縣東南二里、運溝西；中書令何充立建福寺，今廢也。」那是說許嵩在寫《建康實錄》的時候，建福寺事實上已經圮廢了。不過，要辨明的，是這一座寺，不是立於永和四年；因爲何充之卒，在永和二年（346 A. D.），則明感尼何從詣造？《南朝寺考》說：「晉中書令何充素信佛，好造塔院。此寺亦康帝時所創，隋初廢。」康帝，即司馬岳，在位才二年（建元元年～建元二年，343～344 A. D.），而明感尼「與慧湛等十人濟江，詣司空公何充」的時間，根據全書全卷〈建福寺慧湛尼傳 7〉所記，是在「建元二年渡江，司空何充大加崇敬，請居建福寺住云。」因此可以證明本寺早在建元二年即已存在，應該不是何充所立。

2. ●北永安寺

全書全卷〈北永安寺曇備尼傳 6〉說：「到永和十年（354 A. D.），后爲立寺於定陰里，名永安（今之何后寺是）。」案，《南朝寺考・永安寺》條謂：「永安寺，宋泰始二年建。南唐起塔於此，遂號歸寂塔院云。」〈考證〉：「《至正金陵新志》：歸寂塔院，宋泰始二年（466 A. D.）建。初號永安寺，南唐保大二年起塔，號歸寂，因名院。」這是後建的，而僧端尼所住持的永安寺，從立寺的時間來看，固然不是本寺，卻也不是南永安寺；應該是今之何后寺的北永安寺，所以〈永安寺僧端尼傳〉才說：「元嘉十年（433 A. D.），南遊上國，住永安寺。」

3. ●延興寺

案，這是褚皇后所立，在京城建業都亭里通恭巷內，《南朝寺考》說寺址是在運瀆西岸，北乾道橋一帶，也就是縣城東南二里，運河的西岸，而隋時已廢。《比丘尼傳》卷一〈延興寺僧基尼傳 8〉說：「建元二年（344 A. D.），皇后褚氏爲立寺於都亭里通恭巷內，名曰延興。」但是，《唐傳》卷八〈隋京師延興寺釋曇延傳〉卻記載著：「移都龍首，有敕於廣恩坊給地，立延法師眾。開皇四年下敕，改延眾可爲延興寺；面對通衢，京城之東西二門，亦可取『延』名以爲延興、延平也。」這一座延興寺則是在長安，爲隋文帝開皇四年（584 A. D.）所立，法席甚盛。

4. ●新林寺

全書全卷〈新林寺道容尼傳 10〉說：「（晉簡文）帝深信重，即為立寺，資給所須。因林為名，名曰新林。即以師禮事之，遂奉正法；後晉顯尚佛，容之力也。」夷考《江南通志》卷四十七〈安慶府〉條，有茂林、谷林、東林、西林，就是沒有新林寺；而東晉建都建康，屬江寧府，亦僅有古林寺，建於明萬曆年間之古心律師。若就上引〈本傳〉文意考之，或以建康附近為近似。此可以補寺志之缺。

5. ●簡靜寺

全書全卷〈簡靜寺支妙音尼傳 12〉說：「太傅（案，即晉孝武帝時會稽王道子也）以太元十年（385 A. D.），為立簡靜寺，以音為寺主。」其他詳見上引〈傳考〉。

6. ●景福尼寺

據《南朝寺考》說，原稱開福寺：「在冶城東南，晉時之所建也。」又引《至正金陵新志》說：「永福尼寺在廣濟倉東，舊在冶城東南，本晉開福寺，後徙此，改景福寺；南唐避諱，改今名。」但是，《比丘尼傳》卷二〈景福寺慧果尼傳 14〉說：「宋青州刺史、北地傳弘仁雅相歡賞，厚加賑給。以永初三年（422 A. D.），割宅東面為立精舍，名曰景福。」與《寺考》不侔，今從〈傳〉說。

7. 眾造寺

在廣州潮亭，《比丘尼傳》卷三〈崇聖寺僧敬尼傳 39〉說：「逮元嘉中，魯郡孔默出鎮廣州，攜（僧敬尼）與同行……留滯嶺南三十餘載，風流所漸，獷俗移心，捨園宅施之者十有三家，共為立寺於潮亭，名曰眾造。」案，此可補《南朝寺考》之闕。

8. ●福田寺

全書卷三〈集善寺慧緒尼傳 48〉說：「蕭王要（慧緒尼）共還都，為起精舍，在第東田之東，名曰福田寺。」寺志未載，此可以補其缺。

9. ●集善寺

全上，案，這也是為慧緒尼而創建的，卻牽出了顯、密宗派之爭。〈傳〉說：「武皇帝以東田郊迴，更起集善寺（案，真正的原因，應該是為豫章王蕭嶷而創建的。《南史》卷四十二〈蕭嶷傳〉說：「嶷薨後，第庫無見錢；武帝

敕貨雜物、服飾數百萬，起集善寺，月給第見錢百萬，至上崩乃省。」），悉移諸尼還集善；而以福田寺別安外國道人呵梨，第中還復供養，善讀誦咒。」案，〈淨珪尼傳〉據文殊文化有限公司的本子，「三乘禪祕」的「祕」字，作「密」，而淨珪尼與曇簡尼因把法音寺讓給了慧明禪師，乃於白山自焚捨身，是不是顯、密宗派之爭的現象呢？

10. 齊興寺

或作「齊明寺」，在河南開封府尉氏縣。全書卷三〈剡齊興寺德樂尼傳 51〉：說「齊永明五年（487 A.D.），陳留阮儉，篤信士也，捨所居宅，立齊興精舍。」但是根據《梁傳》卷八之〈齊蜀齊后山釋玄暢〉所說，以為是玄暢法師在齊建元元年（492 A.D.），於岷山郡北部廣陽縣界的齊后山立齊興寺。那麼，若作齊興寺者，應有二處：一在河南，一在四川了。

11. ●禪林寺

在南京，《建康實錄》說是在縣東三里，又南昌公主做新蔡公主、黃修儀做王修儀。《比丘尼傳》卷四〈禪林寺淨秀尼傳 52〉：說「宋南昌公主及黃修儀，以大明七年（463 A.D.）八月，共施宜知地以立精舍……泰始三年（467 A.D.），明帝敕以寺從其所集，宜名禪林。」

12. ●閑居寺

全書卷四〈閑居寺僧述尼傳 61〉：說「宋臨川王母張貴嬪聞之，捨所居宅欲為立寺；時制不許輒造，到元徽二年（474 A.D.）九月一日，汝南王母吳充華啟，敕即就締構，堂殿房宇五十餘間。率其同志二十餘人，以禪寂為樂，名為閑居。」

13. ●邸山寺

或做頂山寺，全書卷四〈邸山寺道貴尼傳 64〉：說「齊竟陵王蕭子良善相推敬，為造邸山寺以聚禪眾，請貴為知事；固執不從，請為禪範，然後許之。」

14. ●謝鎮西寺

東晉穆帝永和四年（348 A.D.）鎮西將軍謝尚所立，原來叫做莊嚴寺；卻因為宋大明年間（457～464 A.D.）路太后在宣陽門外蓋了一座莊嚴寺，只得把謝的莊嚴寺，改做鎮西寺，人因稱做謝鎮西寺。這一座謝鎮西寺，根據《景定建康志》所載，說它的舊址原在竹格渡之北；卻運途多舛，陳宣帝太建元年（569 A.D.）被天火燒了，直到太建五年（573 A.D.），才由豫州刺史程文

秀把它修復，改稱興嚴寺。到了宋朝紹興年間，又把它遷到當時的真武廟之
北，而且它本來也叫塔寺的。

15. ●鐵索羅寺

宋文帝元嘉十年（433 A. D.）舶主難提將師子國鐵薩羅等十一尼至，為立
鐵薩羅尼寺，時僧伽跋摩亦預於其間。《南朝寺考》說：「本東晉尼寺也。尚
書仲杲女見釋書有比丘尼，問講師，師曰：『女子削髮出家為比丘尼。』後因
鐵薩羅尼至，遂就此建寺，以鐵薩羅為名。」又引《至正金陵新志》說：「瑞
相院亦名鐵索寺，在南門外。宋、齊以來，或為翠靈寺，或為妙果寺。」仲
杲，史志無傳；至於師子國鐵薩羅的事蹟，請詳本論文〈傳考〉章。

16. ●崇聖寺

《南朝寺考》說：「崇聖，尼寺也，未詳所在。齊有慧首尼居之。」案，
《南史》卷十五〈劉穆之傳〉說穆之的子孫多不肖，如邕嗜食瘡痂，以為有
鰒魚的滋味；邕死，他的兒子肜因為刀斫妻子，不仁不義殊甚，奪爵。爵位
只好拱手讓了邕的弟弟、穆之的孫子彪，彪也不肖，《南史》說：「齊建元初
（479 A. D.）降封南康縣侯、虎賁中郎將，坐廟墓不脩，削爵為羽林監。又坐
與亡弟母楊別居，楊死，不殯葬；崇聖寺尼慧首剃頭為尼，以五百錢為買棺，
以泥洹轝送葬。為有司奏，事寢不出。」這是慧首尼居崇聖寺的史證；但是，
除此之外猶有僧敬尼住持其間，〈崇聖寺僧敬尼傳39〉：「還都，敕住崇聖寺，
道俗服其進止。」是也。

17. *青園寺

案，這和前舉的東青園寺不同，因不在同一處所故。《景定建康志》卷四
十六〈祠祀志三・寺院・龍光寺〉條說：「龍光寺，在城北覆舟山下，宋元嘉
二年號青園寺。」注云：「《高僧傳》云：『竺道生後還上都青園寺住。』寺是
惠恭皇后褚氏所立，本種青處，因以為名。其年雷震青園寺佛殿，龍升于天，
光影四壁，因改龍光。」又注云：「〈本（宋）朝嘉祐三年佛殿記〉云：宋元
嘉五年，有黑龍見覆舟山之陽，帝捨果園，東建青園寺，西置龍王殿。今沼
沚見存；至會昌年廢，咸通二年重興，敕賜龍光院額。舊志以為在龍光門外，
非也。」

18. *長秋寺

《洛陽伽藍記》卷一，說是劉騰所立：「騰初為長秋卿，因以為名。」案，

《伽藍記》並沒有說本寺是尼寺；但因爲劉騰是閹宦，閹宦所立，多爲尼寺，卷四〈城西‧宣忠寺東王典御寺條〉就說：「閹官王桃湯所立也；時閹官伽藍皆爲尼寺，唯桃湯所建僧寺世人稱之。」可以爲證。其它詳情，請參後文。至於劉騰，《魏書》卷九十四〈閹官列傳〉有他的傳，這是一個狹邪小人：「騰幼充宮役，手不解書，裁知署名而已；姦謀有餘，善射人意。靈太后臨朝，特蒙進寵，多所干託，內外碎密，栖栖不倦。」但是，後來反太后、幽囚太后的就是他！仝上引《魏書‧本傳》說：「吏部嘗望騰意，奏其弟爲郡帶戍；人資乖越，清河王懌抑而不與。騰以爲恨，遂與領軍元义害懌，廢太后於宣光殿……太后服膳俱廢，不免饑寒。」這一幽囚，就是六年（正光元年～正光五年，520～525 A.D.），難怪《伽藍記》說：「太后哭曰：養虎自齧，長虺成蛇。」（見卷一〈建中寺條〉）當然，六年之後「太后反政，遂誅义等，沒騰田宅。义誅日，騰已物故，太后追思騰罪，發墓殘尸，使其神靈無所歸趣。以宅賜高陽王雍。」（仝上引）這一座宅第，就是後來的建中寺。而長秋寺卻在「西陽門內御道北一里，亦在延年里，即在晉中朝時金市處。」所謂「晉中朝」，據《世說新語》、《晉書》說是指的西晉的首都洛陽；而「金市」則在洛陽城西，案，《太平御覽》卷一九一引《洛陽記》說：「金市在大城西。」又說：「按金市在臨商觀西，兌爲金，故曰金市。」至於此寺的富麗，《伽藍記》說得很詳盡，此不贅引。

19. *瑤光寺

是帝室的專屬尼寺，《伽藍記》卷一〈城內〉條說：「瑤光寺，世宗宣武皇帝所立，在閶闔城門御道北，東去千秋門二里。」又說：「千秋門內……有五層浮圖一所，去地五十丈。僝掌凌虛，鐸雲垂表，作工之妙，埒美永寧講殿。尼房五百餘間……椒房嬪御，學道之所，掖庭美人，並在其中。亦有名族處女，性愛道場，落髮辭親，來儀此寺。屏珍麗之飾，服修道之衣，投心八正，歸心一乘。永安三年（530 A.D.）中，尒朱兆入洛陽，縱兵大掠；時有秀容胡騎數十，入瑤光寺婬穢，自此後頗獲譏訕。」所謂「椒房嬪御，學道之所，掖庭美人，並在其中」確是實情，譬如孝文廢后、孝明皇后，以至於宣武靈皇后胡氏的姑姑，宣武靈皇后胡氏本身等都曾經在此入道。《魏書‧皇后列傳‧宣武皇后胡氏傳》說：「后姑爲尼，頗能講道。世宗初入講禁中，積數歲，諷左右，稱后姿行；世宗聞之，乃招入掖庭，爲承華世婦……及武泰元年，尒朱榮稱兵渡河，太后盡召肅宗六宮，皆令入道，太后亦自落髮。」

又，〈孝明皇后胡氏傳〉也說：「孝明皇后胡氏，靈太后從兄、冀州刺史盛之女；靈太后欲榮重門族，故立爲皇后……武泰初，后既入道，遂居於瑤光寺。」等都可爲證。

20. *景樂寺

這是太傅清河文獻王懌所立，《伽藍記》說寺中有佛殿一所，是尼師所住的地方：「義井里北門外有桑樹數株，枝條繁茂；下有甘泉一所，石槽鐵罐，供給行人飲水庇陰，多有憩者。佛殿一所，像輦在焉，雕刻巧妙，冠絕一時……至於大齋，常設女樂。歌聲繞樑，舞袖徐轉，絲管寥亮，諧妙入神。以是尼寺，丈夫不得入；得往觀者，以爲至天堂……後汝南王悅，復脩之。」元悅，是元懌的弟弟，《魏書》卷二十二各有傳；但是，元懌的〈傳〉居然不載他「文獻王」的諡號，賴有本書──《伽藍記》和〈元寶建墓誌〉：「祖相國清河文獻王」才能補史書的闕漏。再者，景樂寺在閶闔南御道東，西望永寧寺正相當。寺西有司徒府，東有大將軍高肇宅，北連義井里。」（見《伽藍記》）

21. *昭儀尼寺

這純然就是閹官等所立的了，《伽藍記》說：「太后（案，即指靈太后胡氏）臨朝，閹寺專寵，宦者之家積金滿堂。」因爲專寵，所以爲非作歹，《伽藍記》引當時蕭忻的話，說：「高軒斗升者，盡是閹官之孳婦；胡馬鳴珂者，莫非黃門之養息。」眞是一針見血的話，所以特別官拜治書侍御史；又因爲積金滿堂，所以普建佛寺以祈福，這一現象佛寺誌之中，隨處可見，請詳本論文。那麼，寺在那裡呢？《伽藍記》說：「在東陽門內一里御道南……寺有一佛二菩薩，塑工精絕，京師所無也……昭儀寺有池……池西南有願會寺，中書侍郎王翊捨宅所立也。」這願會寺大概是僧寺，王翊《魏書》卷六十三有傳。又，願會寺之南，又有苞信縣令段暉捨漢荀勗舊宅所立的光明寺，也應該是僧寺。

22. *明懸尼寺

這是彭城武宣王元勰所立的，勰是一虔誠的佛教護法，《北史》卷十九〈彭城王勰傳〉說：「景明、報德寺僧鳴鐘欲飯，忽聞勰薨，二寺一千餘人皆嗟痛，爲之不食，但飲水而齋。」可見得他確實是能得僧眾感念的護法大德。而這一座尼寺據《伽藍記》所載，是在「建春門外石橋南。」這石橋是「穀水周圍，遶至建春門外，東入陽渠石橋。橋有四柱，在道南。」根據齊劉澄之《山川古今記》（案，此又稱《永初山川古今記》，也就是《永初郡國志》）和晉末

戴祚（字延之）《西征記》的記載，說橋是「晉太康元年（280 A. D.）造。」；但是，《伽藍記》當即辨說柱銘上刻記得清清楚楚：「『漢陽嘉四年（135 A. D.）將作大匠馬憲造』逮我孝昌三年（514 A. D.），大雨頹橋，柱始埋沒；道北二柱，至今猶存。」那麼是楊衒之的說法，較可信靠的了。餘請詳下（23）條。《伽藍記》又說：「寺有三層塔一所，未加莊嚴。」

23.*魏昌尼寺

這是「閹官瀛州刺史李次壽所立」的，次壽，《魏書》卷九十四〈閹官列傳〉有他的傳，大意是說：「李堅，字次壽，高陽易人也。高宗初，因事爲閹人⋯⋯世宗初，出爲安東將軍瀛州刺史。本州之榮，同於王質；所在受納，家產巨萬。」其寺所是「里東南角，即中朝（案，中朝殆指漢朝）牛馬市處也，刑嵇康之所。東臨石橋，橋南北行，晉太康元年（280 A. D.）中朝時市南橋也。澄之等蓋見北橋銘，因而以橋爲太康初造也。」

24.*景興尼寺

這是接上（23）條，說：「石橋南道有景興尼寺，亦閹官等所共立也。」這一尼寺，就不像明懸尼寺的「未加莊嚴」；而是「有金像輦，去地三尺，施寶蓋，四面垂金鈴七寶珠，飛天伎樂望之雲表。作工甚精，難可揚搉。」

25.*凝圓寺

案，《吳琯本》、《漢魏本》、《眞意堂本》、《說郛本》或作「疑玄寺」。這是「閹官濟州刺史賈璨所立」的，《伽藍記》又說：「遷京之初，創居此里；值母亡，捨以爲寺。」《魏書》卷九十四〈閹官列傳〉有他的傳，說：「靈太后反政，欲誅璨；以元乂、劉騰黨與不一，恐驚動內外，乃止。出璨爲濟州刺史。」寺的所在，是「在廣莫門外一里御道東，所謂永平里也。地形高顯，下臨城闕，房廡精麗，竹柏成林，實是淨行息心之所也。」

26.*建中寺

也有叫做「高陽王寺」的，其實這講法是錯的；因爲這寺的寺基，本來就是閹官劉騰的宅第，及劉騰敗後，靈太后把它賜給高陽王雍。《伽藍記》說：「雍薨，太原王尒朱榮停憩其上；榮被誅，建明元年（530 A. D.）尚書令樂平王尒朱世隆爲榮追福，題以爲寺。」（卷一〈城內・建中寺條〉）可見它是不該叫「高陽王寺」的。《伽藍記》又說：「（寺）在西陽門內御道北，所謂延年里劉騰宅也。」《伽藍記》爲什麼要特別這樣的標誌呢？原來，這宅第的規制

是：「屋宇奢侈，樑棟踰制，一里之間，廊廡充溢。堂比宣光殿，門匹乾明門，博敞宏麗，諸王莫及也。」又且《魏書‧騰本傳》記載了當時劉騰在蓋建本宅時的一段軼事，說：「騰之初筮宅也，奉車都尉周特爲之筮，不吉，深諫止之；騰怒而不用。特告人曰：『必困於三、四月之交。』至是果死，廳事甫成，陳屍其下。」因此，楊衒之才有這一番的標誌。但是，怎麼說它是尼寺呢？因爲或說：「有妓女五百，高陽王薨後諸妓悉令入道，或有嫁者。」這寺，「朱門黃閣，所謂僭居也。以前廳爲佛殿，後堂爲講室，金花寶蓋遍滿其中。有一涼風堂，本騰避暑之處，淒涼常冷，經夏無蠅，有萬年千歲之樹也。」

27. ●禪靈寺

《南朝寺考》說：「齊永明七年（489 A. D.）武皇帝之所造，施捨傾貲，竟陵文宣王嘗稱其信心明照。宮人出家者許其入寺梵修，蓋尼寺也。」其間有越州白珠佛像、謝瀹碑文、徐秀希法書，而〈景定建康志〉說寺址在：「運瀆六橋，次南禪靈橋，次南運瀆臨淮有一新橋對禪靈渚。」

28. ●果願尼寺

全上「在建康縣東北五十里，尼所居也。梁普通元年（520 A. D.）造。」

29. ●極信尼寺

全上「在秣陵東南五十里，鍾山西北；梁普通三年（522 A. D.）後閣主高僧猛所造也，紹泰二年（556 A. D.）廢。」

30. ●園居尼寺

全上「在秣陵南四十五里，比丘尼所居也。梁大通元年（527 A. D.）袁顗造。」

31. ●萬福尼寺

全上「梁大同元年（535 A. D.）吳僧暢造。」案，《建康實錄》說寺北去縣十八里。

32. ●本願尼寺

全上「梁大同元年（535 A. D.）湘州刺史蕭環造。」

33. ●善業尼寺

全上「在秣陵西南五十里，梁大同二年（536 A. D.）蘭恪造。」

34. ●儀香尼寺

全上「在秣陵東南五十里，梁太清元年（547 A. D.）宮獲造。」

35. ●勝善寺

在鍾山之右，《至正金陵新志》說是去城十二里，並引《舊圖經》說：「（上雲居寺）本齊勝善寺，建武二年（495 A. D.）南海王蕭子罕所造。」到了梁朝的時後，曾經是尼所居；後來又爲僧院，從這一點，我們也可以了解到僧院、尼寺原不混雜的。

36. ●新安寺

《南朝寺考》說：「宋大明六年（462 A. D.），孝武帝寵姬殷貴妃薨，爲之立寺於青溪雞鳴橋北（《建康實錄》說：「青溪七橋，次南雞鳴橋。原注：即輿地志所謂今新安寺南，出開善寺路，度此橋。」）因貴妃子子鸞封新安王，故以新安爲寺名。」《梁傳》卷八〈齊上定林寺釋僧遠傳〉也說：「宋新安孝敬王子鸞，爲王所生母殷貴妃造新安寺，敕選三州，招延英哲，遠與小山法瑤、南澗顯亮俱被徵召。」

37. ●善覺寺

《南朝寺考》說：「善覺寺，在建康縣東太清里，比丘尼所居也。梁普通五年（524 A. D.），昭明太子爲母丁貴嬪造；未成而薨，晉安王綱爲太子卒構成之。」案，太清里就在縣東七里。

38. *永寧寺

在洛陽城內，皇宮前、閶闔門南一里，是靈太后胡氏在熙平元年所立。〈靈太后胡氏傳〉說她幸永寧寺：「觀建刹於九層之基，僧尼士女赴者數萬人」《伽藍記》卷一〈永寧寺〉條寫其巍峩，說：「有九層浮屠一所，架木爲之，舉高九十丈，有金刹復高十丈，合去地一千尺，去京師百里已遙見之。」其他的莊嚴寶相，真是說之不盡，難怪菩提達摩要讚嘆說：「此寺精麗，遍閻浮所無也，極佛境界亦未有此。」而口唱南無，合掌連日了。

（五）其 他

這是就不知是自立或他立等，異於上述四者的，則歸在本項之中，如：

1. *東 寺

在洛陽城東，《比丘尼傳》卷一〈洛陽城東寺道馨尼傳〉說：「（道馨尼）住洛陽東寺，雅能清談，尤善《小品》；貴在理通，不事辭辯，一州道學所共師宗。比丘尼講經，馨其始也。」既說「一州道學所共師宗」，又說「比丘尼講經，馨其始也」，那麼，洛陽東寺或者就是專屬的尼寺了。考楊衒之《洛陽

伽藍記》卷三，〈大統寺〉條說：「東有秦太上公二寺，在景明（寺）南一里。西寺，太后所立；東寺，皇姨所建。並爲父追福，因以名之，時人號爲『雙女寺』。並鄰洛水，林木扶疏，布葉垂蔭。各有五層浮圖一所，高五十丈，素綵畫工，比於景明。至於六齋，常有中黃門一人，監護僧舍，嚫施供具，諸寺莫及。」這眞是一所大寺了。

至於「秦太上公」的話，根據吳若準氏的《洛陽伽藍記集證》：引《通鑑綱目》說：「神龜元年（518 A. D.），司徒胡國珍卒，追號太上秦公，葬以殊禮。迎太后母皇甫氏之柩合葬，謂之太上秦孝穆君。」

2. 南皮張國寺

全上卷二〈南皮張國寺普照尼傳〉說：「普照……少秉節概，十七出家，住南皮張國寺……及師慧孜亡；杜於慶弔，而苦行絕倫。」如果張國寺不是慧孜、普照尼的專屬尼寺，恐怕沒有什麼慶弔讓她忙著杜絕的吧？

3. 廣陵中寺

廣陵即今江蘇省江都縣，而古人立寺，往往就其方位而命名。譬如《南朝寺考·中寺》條說其寺名的由來，就說：「中寺，在旗亭璧水之間。」又《北寺》條說：「北寺，同泰寺之前院也；以其在宮城北，故曰北寺。」再者，廣陵中寺當是一尼寺，〈廣陵中寺光靜尼傳〉說：「幼出家，隨師住廣陵中寺。靜少而勵行，長而習禪……具足之後，積十五年。」如果中寺不是她們師徒的專屬尼寺，怎麼能夠積十五年之久呢？由之可證。

4. 山陽東鄉竹林寺

這應該是一座小小的尼庵，因爲「寺傍山林，無諸囂雜，遊心禪默，永絕塵勞。」這也是一所純然的尼庵，因爲「寺內諸尼若犯罪失，不時懺悔，虎即大怒，悔罪便悅。」（以上所引，見全上全卷〈山陽東鄉竹林寺靜稱尼傳〉）

5. 普賢寺

在陳郡，即今河南省淮陽縣。全上全卷〈普賢寺寶賢尼傳〉說：「（宋）明帝即位（案，事在泰始元年（465 A. D.）十二月），賞接彌崇，以泰始元年敕爲普賢寺主；二年（466 A. D.），又敕爲都邑僧正。」既以尼師爲寺主，當應是尼寺才對。尤其後來的法淨尼師，也是敕住普賢寺，而「宮內接遇，禮兼師友……荊楚諸尼及通家婦女，莫不遠修書嚫。」

6. 西　寺

有二，一在司州，也就是洛陽，《比丘尼傳》卷一〈司州西寺智賢尼傳〉說：「（智賢尼）後住司州西寺，弘顯正法，開長信行。」另一則在秣陵，全書卷三〈崇聖寺僧敬尼傳〉說：「僧敬在孕，家人設會，請瓦官寺僧超、西寺曇芝尼。使二人指腹，呼胎中兒爲弟子。」文中特別標明瓦官寺僧超，那麼，西寺蓋爲尼寺，應無所疑。

7. ●建安寺

有四處：一在陳郡，《比丘尼傳》卷一〈普賢寺寶賢尼傳 34〉：「寶賢，本姓陳，陳郡人也。十六丁母憂，三年不食穀，以葛芋自資，不衣繒纊，不坐床席。十九出家，住建安寺。」一在秣陵，全書卷三〈崇聖寺僧敬尼傳 39〉說：「（僧敬）將產之日，母夢神人語之曰：『可建八關。』即命經始僧像，未集，敬便生焉。聞空中語曰：『可與建安寺白尼作弟子。』母即從之。」一在常州（即今江蘇省武進縣），《唐傳》卷十二〈智琚傳〉：「武德二年，歿於常州之建安寺。」一在臨淄（即今山東省青州府臨淄縣）全書卷六〈慧超傳〉：「出家從臨淄縣沙門慧通。」又卷七〈寶瓊傳〉：「便辭還鄉，之建安寺……云建安伽藍白龍出現。」從上引傳文來看，前二者殆爲尼寺云。

8. ●妙相尼寺

在建康，即今江蘇省南京市，全上卷三〈禪基寺僧蓋尼傳〉說：「元徽元年（473 A. D.）索虜侵州，與同學法進南遊京室，住妙相尼寺，博聽經律，深究旨歸。」

9. ●禪基尼院

此與禪基寺不同，禪基寺或者本是一僧寺；因爲僧蓋尼（見前條）原本住在妙相尼寺，除了「博聽經律，深究旨歸」之外，又「專修禪定，惟日不足」，於是道業大進，參訪的人多；就在「齊永明中，移止禪基寺」，但是「道俗諮訪，更成紛動」，乃不得已，「別立禪房於寺之左，晏默其中，出則善誘，諄諄不倦。」所以本人才另立一院，來區隔之。而其寺院地址，都在建康城內，請參閱 8、9 二條。

10. 照明精舍

在剡之白山，全上卷三〈剡齊興寺德樂尼傳〉說：「德樂移憩東青園寺，諮請深禪，窮究妙境。及（宋）文帝崩（案，事在元嘉三十年（453 A. D.）爲

其子劉劭所弒），東遊會稽，止於剡之白山照明精舍。學眾雲集，從容教授，道盛東南矣。」既說「學眾雲集，從容教授」，則精舍爲一純然尼寺，殆無可疑。

11. ●南晉陵寺

應該是在晉陵之南，晉陵就是今日的江蘇省武進縣。寺則當是尼寺，《比丘尼傳》卷四〈南晉陵寺令玉尼傳 61〉說：「（令玉）及受具足，禁行清白有若冰霜，博尋五部，妙究幽宗，雅能傳述。宋邵陵王大相欽敬，請爲南晉陵寺主。」既爲寺主，寺應爲尼寺無疑；何況全傳還載有同寺的令惠、戒忍、慧力等並皆顯名的諸尼師呢？

12. ●宣明寺

在陳郡陽夏，今江蘇省武進縣，《南朝寺考》說：「比丘尼所居也。梁太清之亂，謝貞母出家於是焉。」案，謝貞《陳書》有傳，略謂太清之亂，貞陷沒於江陵；他的族兄嵩逃難番禺，貞母出家於宣明寺。到了陳霸先即皇帝位，嵩還鄉里，供養貞母二十年。

13. 慧福尼寺

仝上「比丘尼所居也。陳文帝天嘉元年（560 A. D.），有尼慧仙卒於寺，陳景哲爲書碑銘焉。」案，寺在湖北省江陵縣境。

14. ●王國寺

或做「王園寺」，在枳園寺路北，而枳園則在建康東郊，《南朝寺考》說：「蓋比丘尼所居也。」

15. 烏江寺

案，安徽省和縣東北四十里處有一烏江縣，蓋寺以縣名，《比丘尼傳》卷一〈新林寺道容尼傳 10〉：「道容，本歷陽人，住烏江寺。」歷陽，正在安徽和縣，由是可證。此可以補寺志之缺。

16. ●道林寺

在今南京的鍾山。《梁傳》卷三〈宋京師道林寺畺良耶舍傳〉：「畺良耶舍……初止鍾山道林寺。」又《唐傳》卷五〈梁都宣武寺沙門法寵傳〉：「正勝寺法願道人善通樊許之術……飛舟東逝，直至海鹽，居在光興……又鼓棹西歸，住道林寺。」又，全書卷六〈梁楊都彭城寺釋慧開傳〉：「初出家爲宣武寺寵公弟子……建武中，遊學上京，住道林寺。」等皆可以爲證。《南朝寺

考》說：「道林寺在鍾埠之陽，亦號蔣山寺。宋元嘉初，有西域僧薑良耶舍來建業，築精舍以棲禪，即是寺也。」案，《讀史方輿紀要》引〈金陵記〉說寺在山南。這寺是經過齊文惠太子、竟陵王蕭子良增修過的，《比丘尼傳》卷三〈法音寺曇簡尼傳〉說：「時有慧明法師，深愛寂靜，本住道林寺，永明時為文惠帝、竟陵文宣王之所修飾。僧多義學，累講經論，去來喧動。」然則道林寺之盛於經法，也由是可知了。

17. 上定林寺

殆曇摩蜜多所創建，《梁傳》卷三〈宋上定林寺曇摩蜜多傳〉說：「元嘉十年（433 A. D.）還都止鍾山定林下寺。蜜多天性凝靖，雅愛山水，以為鍾山鎮岳，埒美嵩、華。常嘆下寺基構臨澗低側，於是乘高相地，揆卜山勢，以元嘉十二年（435 A. D.）斬石刊木，營建上寺。」這裡所說的下寺，殆即原稱的定林寺，在鍾山下的蔣陵里，是慧覽所建。《梁傳》卷十一〈宋京師中興寺釋慧覽傳〉說：「宋文請下都，止鍾山定林寺。」因為地勢低側，所以俗稱定林下寺。《南朝寺考》說：「定林寺，在鍾山下，其地名蔣陵里，宋元嘉元年為僧慧覽造。越十二年，曇摩蜜多別建上定林寺於山西。」是也。

18. 三層寺

在江陵，即今湖北省江陵縣，屬湖廣荊州府；但是，其詳細地處則不能知。案，〈江陵三層寺道綜尼傳 32〉云：「道綜，未詳何許人也，住江陵三層寺。」又，〈集善寺慧緒尼傳考 48〉也有：「慧緒，本姓周，閭丘高平人也……十八出家，住荊州三層寺，戒業具足，道俗所美。」又，《梁傳》卷十一〈齊壽春釋慧通傳〉也提到了本寺，說到了慧緒尼曾經住在本寺，可知這是一名寺了。

19. 南林尼寺

不詳所在，但是，根據《梁傳》卷三〈京師祇洹寺求那跋摩傳〉：「文帝重敕觀等復更敦請，乃汎舟下都，以元嘉八年正月達於建鄴……時影福寺尼慧果、淨音等，共請跋摩……。」全書全卷〈京師奉誠寺僧伽跋摩傳〉：「……以宋元嘉十年，出自流沙至於京邑……初，三藏法師（案，指寺求那跋摩言）明於戒品，將為影福寺尼慧果等重受具戒……俄而師子國比丘尼鐵薩羅等至都，眾乃共請為師，繼軌三藏。祇洹慧義擅步京邑，謂為矯異，執志不同，親與跋摩拒論翻覆。」祇洹寺、影福寺、奉誠寺、鐵薩羅寺等都在建鄴，然則南林尼寺也應當是在京師京邑之中。

20. 晉興寺

不詳所在，但是，根據《比丘尼傳》卷二〈普賢寺寶賢尼傳〉說元徽二年法穎律師開講《十誦律》時，有十餘尼欲重受戒，寶賢時為僧正，乃由僧局齎命到講座，宣令不得重受戒。若然，則晉興寺當在僧局的左近；而寶賢尼正為普賢寺主，在陳郡之中，所以晉興寺也應在其間。

21. 永福寺

即景福寺，請參閱本節該條。

22. 永康寺

在四川，〈蜀郡永康寺慧耀尼傳 36〉：「劉亮遣信語諸尼曰：若耀尼果燒身者，永康一寺並與重罪。」劉亮是益州刺史，慧耀尼是在蜀郡的永康寺，故知寺址殆在四川。

23. 瓦官寺

這是名寺、是重要的寺院，從晉哀帝興寧中慧力和尚創建以來，住此寺院的高僧大德，代不乏人。《景定建康志》說：「越城在三井岡東南一里，今瓦官寺在岡東偏。」也就是在小長干左近。餘請參閱《南朝寺考·瓦官寺》條。

24. 攝山寺

在金陵，攝山寺，就是栖霞寺，江總〈攝山栖霞寺碑〉：「南徐州琅邪郡江乘縣有攝山，其狀似繖，亦名繖山。尹先生記云：『山多草藥可以攝生，故以攝為名』」可以為證。寺蓋齊永明七年，處士明僧紹捨宅立，而以釋法度為寺主者。《唐》卷七〈陳攝山栖霞寺釋慧布傳〉說：「陳至德中，邀引恭禪師，建立攝山栖霞寺……卒於栖霞。」又，全書卷二十五〈蘇州常樂寺釋法聰傳〉說：「住蘇州常學寺……後往金陵攝山栖霞寺。」又，全書卷二十六〈隋京師大興善寺釋明璨傳〉說：「召送舍利于蔣州之栖霞寺，今之攝山寺也。」皆可為證。

25. 華林寺

在彭城，僧蓋尼幼時即在此出家，其師僧志尼殆本寺住持，史說她忘利養，惝毀譽。而僧蓋尼本姓田，趙國均仁人，父宏梁天水太守。

26. 崇隱寺

在錢塘，《讀史方輿紀要》卷九十〈錢塘縣〉條：「錢塘縣，附郭在府治西，秦縣，屬會稽郡。漢屬會稽西部都尉治；後漢縣省，光和二年封朱儁為

侯邑。三國復置縣，屬吳郡，晉以後因之。」〈錢塘齊明寺超明尼傳49〉：「超明，本姓范，錢塘人也……因遂出家，住崇隱寺。」

27. 北張寺

在吳縣，〈錢塘齊明寺超明尼傳49〉：「聞吳縣北張寺有曇整法師，道行精苦，從受具足。」

28. ●太后寺

在石頭城外，冶城寺的左近，桓玄嘗廢寺爲苑。〈禪林寺僧念尼傳53〉云：「十歲出家，爲法護尼弟子，從師住太后寺。」是也。

29. ●草堂寺

一在南京鍾山，寶唱和尚《名僧傳》有「宋鍾山草堂寺僧拔傳」，其間思隱禪師與法穎和尚齊名，都是慧勝尼之師。又，《梁書》卷四十七〈孝行·江紑傳〉有：「（紑）年十三，父患眼，紑侍疾將朞月，衣不解帶；夜夢一僧云：『患眼者，飲慧眼水必差。』及覺，說之；莫能解者，紑第三叔祿與草堂寺智者法師善，徃訪之。智者曰：『《無量壽經》云：慧眼見眞，能渡彼岸。』蕭乃因智者啟，捨同夏縣界牛屯里舍爲寺，乞賜嘉名。敕答云：『純臣孝子徃徃感應，晉世顏含遂見冥中送藥，近見智者，知卿第二息感夢云飲慧眼水。慧眼則是五眼之一號，若欲造寺，可以慧眼爲名。』及就創造，泄故井，井水清冽異扵常泉，依夢取水洗眼及煮藥，稍覺有瘳因此遂差。」一在長安，《晉書》卷九十五〈鳩摩羅什傳〉云：「（什）惟爲姚興著《實相論》二卷，興奉之若神。嘗講經于草堂寺，興及朝臣大德沙門千有餘人肅容觀聽；羅什忽下高坐謂興曰：『有二小兒登吾肩，慾鄣，須婦人。』興乃召宮女進之，一交而生二子焉。」時羅什正在西明閣逍遙園，而其講《實相論》蓋在草堂寺，並由姚興賜宮女而生二子，則寺址可知。《魏書》卷一一四〈釋老志〉云：「是時鳩摩羅什爲姚興所敬，於長安草堂寺集義學八百人重譯經本。」可證。一在四川成都，《杜工部詩年譜》云：「上元元年庚子公年四十九」注云：「裴冀公爲公卜居成都西郭浣花溪。《成都記》：草堂寺，府西七里；浣花寺，三里。寺極宏麗。」是也。其他猶有多處，不擬備考，而本論文所考者，厥以南京鍾山爲主。

30. 靈根寺

在會稽、諸暨縣境，《會稽志》卷八〈諸暨縣〉條：「（案，此『城』字上

原有闕文）城寺，在縣東北八十五里。晉天福七年建，周顯德二年吳越給靈
根寺額，大中祥符元年改賜今額。」寺自來多爲名僧所駐錫，如法穎、僧遷、
慧令等皆是。

31. 樂安寺

在金陵，案《釋文紀》卷二十八〈略成實論記〉說：「《成實論》十六卷，
羅什法師於長安出之，曇晷筆受、曇影正寫。影欲使文玄，後自轉爲五翻，
餘悉依舊本。齊永明七年十月，文宣王招集京師碩學名僧五百餘人，請定林
僧柔法師、謝寺慧次法師於普弘寺迭講，欲使研覈幽微，學通疑執，即座仍
請祐及安樂智稱法師，更集尼眾、二部名德七百餘人，續講《十誦律志》，令
四眾淨業還白。公每以大乘經淵深，漏道之津涯，正法之樞組；而近世陵廢，
莫或敦修，棄本逐末，喪功繁論。故即於律座，令柔、次等諸論師，抄比《成
實》，簡繁存要，畧爲九卷。使辭約理舉，易以研尋；八年正月二十三日解座。」
僧柔、慧次等法師於普弘寺迭講，普弘寺當在京師；而慧暉尼其時正住在樂
安寺，亦往聽講，則樂安寺址在金陵左近可知。

32. 山陰北寺

山陰，是今浙江省紹興縣城內之西偏，屬會稽道。據《梁傳》卷五〈晉
山陰嘉祥寺釋慧虔傳〉說山陰北寺淨嚴尼夜夢見觀世音從西郭門入，爲的是
要接引嘉祥寺的慧虔和尙。那麼，北寺應該就在嘉祥寺的左近，而且是一尼
寺，因淨嚴尼所居故。

33. 宣業寺

這是一尼寺，因爲《梁傳》卷一〈晉江陵辛寺曇摩耶舍附竺法度傳〉說：
「今都下宣業、弘光等諸尼習其遺風。」習其遺風，是說受到法度和尙的影
響；都下，殆指建康，今南京而言。

34. 弘光寺

全上。

35. 洛陽大市寺

考《伽藍記》沒有本寺的記載；但是，卷四〈法雲寺〉條有云：「出西陽
門外四里，御道南有洛陽大市，周迴八里。市東南有皇女臺，漢大將軍梁冀
所造，猶高五丈餘。景明中（案，這是北魏宣武帝的年號，相當齊東昏侯永
元二年到梁武帝天監二年，500～503 A. D.）比丘道恆立靈仙寺於其上。」是

不是就這兒呢？又，《水經・穀水注》、《元河南志》卷三，也有相同的記載；但不說皇女臺是梁冀所造，而只說「又有漢梁冀宅」。

36. 新渚寺

就是天安寺，在洛陽。詳《冥祥記》。

37. 雙靈寺

〈宣武靈皇后胡氏尼傳遺〈尼傳〉考 17〉說：「及尒朱榮稱兵渡河，太后盡召明帝六宮，皆令入道，太后亦自落髮。榮遣騎拘送太后及幼主於河陰。太后對榮多所陳說，榮拂衣而起；太后及幼主並沉於河。太后妹馮翊君收瘞於雙靈寺。」案，北魏在登國元年（386 A. D.）建都盛樂（今綏遠・和林格爾縣北），卻在道武帝天興元年 398 A. D. 遷都平城（今山西大同市東），又於孝文帝太和十八年（494 A. D.）再移都洛陽；而依〈尼傳〉所示，寺當爲皇室家寺，那麼寺址應該就在其地。

38. 天靜寺

在江蘇省武進縣，《南史》卷十二〈沈皇后傳〉：「隋煬帝每巡幸，恒令從駕；及煬帝被殺，后自廣陵過，於毗陵天靜寺爲尼，名觀音。貞觀初卒。」毗陵即今江蘇省武進縣，屬常州府。

39. 香嚴寺

案，《通志》「嚴」作「巖」。據《陳書》卷二十〈韓子高傳〉載：「文帝之討張彪也，沈泰等先降；文帝據有州城，周文育鎮北郭香嚴寺。」北郭，是錯誤的，因爲郭縣屬河南；而文帝之討張彪，是在會稽，《冊府元龜》卷三九〇作：「陳周文育爲智武將軍，文帝濟江襲會稽，太守張彪得其郡城；及帝爲彪所襲，文育時頓城北香嚴寺，帝夜徃趨之，因共立柵。頃之，彪又來攻之，文育悉力苦戰，彪不能尅。」則寺當在會稽城北。《寶刻叢編》卷十三〈唐香嚴寺碑〉條說：「香嚴寺者，本梁賈恩舊宅，其妻捨充梵宇。舊名同惠，神龍中請而著焉。」

40. 福遠寺

在吳興，〈僧欽尼傳遺考 40〉云：「宋費崇先，吳興人。少信佛法，精勤；泰始三年受菩薩戒，寄齋於謝慧遠家……崇先又嘗聞人說福遠寺有欽尼者……」可以爲證。

從以上的考索，屬於尼自立寺的，凡有十所；其中位在建康的有八所，

位在洛陽、成都各一所；若以朝廷分，則北朝五所、南朝五所。他施地，而尼師自立爲寺的，凡有二所；這二所都在建康，也都是南朝（宋）所立的。整建裝修原有寺院的，凡有三所；這三所，二在洛陽，一在山陰，也都是南朝（齊）所立的。他立寺的，凡有三十七所；除了一在青州，一在廣州，一在陳留之外，大多分佈在洛陽九所、建康二十六兩地，而北朝凡十所，此外皆南朝所立。其他，凡有十五所；除了剡、山陽、南皮、廣陵、安徽各一所外，餘皆在建康七所、洛陽一所，也都是南朝所立。

　　我們從以上的統計、分析，可以確知南朝立寺確實比北朝多了許多，佛教之得以發展、興盛，南朝厥功甚偉；但是，有學者就逕直認爲北朝尼師都不能自立寺院，則又不然，因爲從「尼自立寺」的十所之中，北朝就佔了半數，怎能說她們不能自立寺院呢？

　　至如彼時寺院的經濟來源，可以考見的，略有：（一）貸款民間，以收取利息。《南史》卷六十云：「法崇孫彬，彬有行業，鄉黨稱善。嘗以一束苧，就州長沙寺庫質錢；後贖苧還，於苧束中得五兩金，以手巾裹之。彬得，送還寺庫，道人驚云：『近有人以此金質錢時，有事不得舉而失，檀越乃能見還。』輒以金半仰酬，往復十餘，彬堅然不受。」（詳見〈成都長樂寺曇暉尼傳考54〉）這一種告貸的形式，香港、澳門、台灣等地，至今都還有其遺行。譬如香港、澳門乃在每年的農曆正月二十六日～傳說的「觀音開庫日」，各地的善男信女都可以在晚上十時過後，向所在地的觀音堂「借富」；並自製或購買風車（紙製的），來轉好運（詳見〈中央日報〉民國九十一年三月十日第七版的報導）。至於台灣，則因爲近日（民國九十一年元月）開始的「樂透彩券」風靡了台灣的中下層人士，於是出現了向寺廟借錢玩「樂透」的新聞。〈中央日報〉民國九十一年二月十八日第五版報導說：「以『借金制』聞名全省的竹山鎮紫南宮，今年依舊吸引大批善男信女前來借金。該廟廟祝表示，紫南宮借金制主要用在救急；若信眾拿去賭博或簽樂透、六合彩的話，鐵定槓龜……紫南宮創設借金制是土地公旨意，其目的當然是爲了救急。他指出，前來借金的信眾，多半會將錢花在集資創業，或是買藥、看醫上，希望來年更能平安順利……」向寺廟借錢玩「樂透」當然是歪風一椿，殊不足取；但是，從媒體的報導，可以知悉寺廟「借金制」的原始善意，本來有其根源的。茲再舉清朝道光元年（1821 A. D.）台灣省嘉義縣〈禁僧民毋得私典借廟產碑〉的碑文所載爲例：「三月初五日，舖民賑幽春祭。街耆陳子元、約正許瑞華與住僧盛

華敘談,方知齋糧之不給者,由於前僧之外借民財也。」這是說借出去的錢,收不回來的呆帳,使得廟裏的僧人齋糧不給,可見得這一制度之傳承的綿延所在,初不以竹山鎮紫南宮為始。然則寺廟何以要借金與民呢?當然,行善濟急是一原因;利錢的收入,也是一重要的考量。前舉《南史》所載質金還錢,以及〈禁僧民毋得私典借廟產碑〉下文所說:「(楊大)茂即碻訪廟前後之園,年計共醮銀二十七元,被前故僧○○先後典借張親、朱俱等番銀三十二元,別出園稅銀十元作為利息,已經捐金代贖。」可以為證。(二)帝王、貴戚的賞賜,〈簡靖寺支妙音尼傳 12〉記其事,說:「太傅(案,此指會稽王司馬道子)以太元十年為立簡靜寺,以音為寺主,徒眾百餘人,內外才義者因之以自達,供嚫無窮,富傾都邑,貴賤宗事,門有車馬日百餘兩。」又如〈竹園寺慧濬尼傳 33〉:「宋太宰江夏王義恭雅相推敬,常給衣藥,四時無爽。」普賢寺的寶賢尼,也是由孝武帝月給錢一萬,再如《洛陽伽藍記》卷一〈城內·胡統寺條〉說得更為清楚:「胡統寺,太后從姑所立也,入道為尼,遂居此寺。在永寧南一里許。寶塔五重,金剎高聳;洞房周匝對戶交窗,朱柱素壁甚為佳麗。其寺諸尼,帝城名德,善於開導,工談義理,常入宮與太后說法。其資養緇流,從無比也。」(三)信眾的布施,如:〈普賢寺法淨尼傳 35〉說:「荊楚諸尼及通家婦女,莫不遠修書嚫。」又,〈崇聖寺僧敬尼傳 39〉說:「逮元嘉中,魯郡孔默出鎮廣州,攜(僧敬尼)與同行……留滯嶺南三十餘載,風流所漸,獷俗移心,捨園宅施之者十有三家,共為立寺於潮亭,名曰眾造。」這是大眾發心捐資而立的寺院;也有純為捐貲的,譬如梁閑居寺慧勝尼,就因為備修觀行,奇相妙證,獨得懷抱,而「貴賤崇敬,供施不斷。」(四)尼師為白衣作法事而得嚫遺的,如東青園寺業首尼就是「寺業興立,眾二百人,法事不絕。」又如東青園寺淨賢尼,因為湘東王在齠齔之年,常多夢魘,乃為作三歸之儀,悸寐即愈,而得到了「厚崇供施,內外親賞。」當然,有所受,便有所施,所謂「十方來,十方去」這也是經濟流轉的重要環節,所以像吳太玄臺寺法相尼的「常割衣食好者施慧宿尼」更是「三輪體空」不著相布施的實踐;〈鹽官齊明寺僧猛尼 40〉亦復如是:「饑者撤饍以施之,寒者解衣而與之。」至如置良耶舍為了度青陽白玉(即後來的曇暉尼)出家,甚至於連隨身蒼頭都願意布施:「此人根利,慎勿違失;若婿家須相分解,費用不足者,貧道有一蒼頭,即為隨喜。」〈閑居寺僧述尼傳 61〉說她的風調,是:「不蓄私財,隨得隨散,或賑濟四眾,或放生乞施。」因此贏得了

洛陽尼寺分布圖

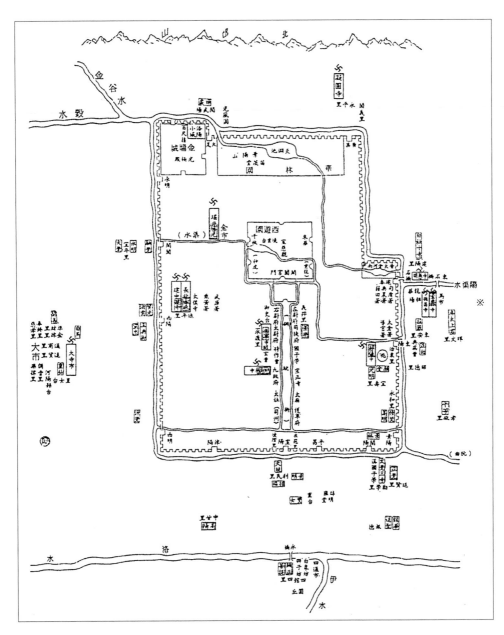

註：凡作卍號者，代表尼寺。
　　錄自《洛陽伽藍記》，然尼寺之卍字號，則為本人增修。

建康尼寺分布圖

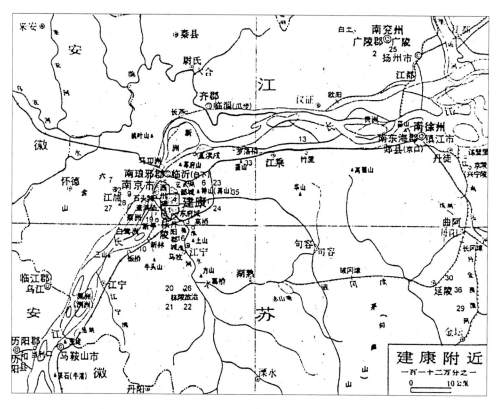

註：錄自譚其驤〈中國歷史地圖集〉，然圖中尼寺則是本人所增修者。

1.卍竹林寺	10.卍新林寺	19.卍園居寺	28.卍禪基寺
2.卍菩提寺	11.卍集善寺	20.卍萬福寺	29.卍南晉陵寺
3.卍竹園寺	12.卍禪林寺	21.卍善業寺	30.卍宣明寺
4.卍法音寺	13.卍謝鎮西寺	22.卍儀香寺	31.卍王國寺
5.卍長干寺	14.卍鐵索羅寺	23.卍勝善寺	32.卍互官寺（栖霞寺）
6.卍福靜寺	15.卍青園寺	24.卍善覺寺	33.卍攝山寺
7.卍建福寺	16.卍禪靈寺	25.卍中寺	34.卍太后寺
8.卍北永安寺	17.卍果願寺	26.卍建安寺	35.卍草堂寺
9.卍延興寺	18.卍極信寺	27.卍妙相寺	36.卍天靜寺

會稽尼寺分布圖

註：錄自譚其驤〈中國歷史地圖集〉。

1.卍齊明寺	2.卍照明精寺	3.卍崇隱寺
4.卍靈根寺	5.卍山陰北寺	6.卍香嚴寺

「白黑敬仰,四遠雲翠」等等的例子都是。(五)官寺的例行發放。《唐傳》卷二十五〈齊鄴下大莊嚴寺釋圓通傳〉所記雖是僧寺的事體,但既稱官寺,則不論僧尼,應該多同,譬如〈釋圓通傳〉說:「至明年初,以石窟山寺僧往者希,遂減莊嚴、定國、興聖、總持等官寺,百餘僧爲一番。」這事頗同於齊武帝之遣慧緒尼於集善寺,而以福田寺別安外國道人阿梨的事例(見《比丘尼傳》卷二〈集善寺慧緒尼傳〉)。而〈釋圓通傳〉說:「今授衣將逼,官寺例得衣賜,可待三五日間,當贈一襲寒衣。」則官寺僧之衣服來至官家可知,這當然是經濟來源的一端。又本傳說到:「去年官寺放馬噉我生苗,我兒遮護被打幾死;今復將此面目來耶?」然則官寺有馬、有田,寺僧也應放馬犁田,當也是經濟來源的一端。

六、地域考

這一章,擬分:地域與宗教的關係、尼師的分佈等兩節來闡釋。

(一)地域與宗教的關係——以彭城、攝山為例

1. 彭　城

《廣弘明集》卷十八載有姚興〈與安成侯嵩書〉,說:「吾曾以己所懷,疏條摩訶衍諸義,圖與什公平詳厥衷;遂有哀故,不復能斷理。未久,什公尋復致變;自爾喪戒相尋,無復意事,遂忘棄之。」案,所謂「遂有哀故」,殆是指姚萇的敗亡;而所謂「什公尋復致變」,殆是指什公的亡故。什公,當然說的是鳩摩羅什,考〈鳩摩羅什傳〉(其〈傳〉具見於釋僧祐的《出三藏記集》卷十四、《梁傳》卷九以及《晉書・藝術傳》。)什公之遷化,是在姚秦弘始十五年(413 A.D.,即東晉安帝義熙九年)的四月。又,所謂「自爾喪戒相尋」,殆是指四年後的劉裕入關、又明年赫連勃勃破長安,而接著更有西秦、後魏的爭戰。戰爭總是逼人轉徙,僧尼的行跡也不能不如此。湯用彤先生在其《漢魏兩晉南北朝佛教史》中說:「關內兵禍頻繁,名僧四散。往彭城者,有道融、僧嵩;止壽春者,爲卑摩羅叉、僧導。曇影、道恆遁跡山林,慧叡、慧觀、慧嚴、僧業南住建業;道生早已渡江,僧叡又先夭折。長安法會本已凋零,而最後又經魏太武帝之毀法;善談名理者,挾其所學,南遊江淮。《高僧傳》所記,名已不少;而其餘淹沒不彰者,當更多。漢魏之間、兩晉之際,俱有學士名僧之南渡;學術之轉徙,至此爲第三次矣。」(見〈第二分・第十

章·鳩摩羅什及其門下〉）而這第三次的轉徙，正是以彭城爲樞紐的。湯氏接著說：「北方佛教義學，以羅什在長安時爲最盛；其後疊經變亂，學僧星散。涼州沙門，徙於平城。北朝之初佛教與道安、羅什時代，大異其趣；禪師玄高、曇曜，實執僧界之牛耳，由是盛行淨土念佛，又偏重戒律，並雜以方術陰陽之神教。凡漢代佛法之殘餘，似多深行於北；至若義學，在北朝初葉，蓋蔑如也。北朝義學之興，約在孝文帝之世，其先都來自彭城，其後洛中乃頗講佛義，而終則在東魏、北齊、鄴城稱爲學海焉。」（見全書全分第二十章北朝之佛學）可見彭城的重要了。

　　北魏孝文帝，是顯祖獻文帝拓跋弘的兒子，拓跋弘和平六年（465 A. D.）五月被立，延興元年（471 A. D.）八月傳位給他的兒子元宏，就是孝文帝；延興六年（476 A. D.）六月被毒死，才二十三歲。孝文帝從延興元年（471 A. D.）八月即位，作到太和二十三年（499 A. D.），凡二十八年，死的時候是三十三歲。可見他登基的時候，才是虛歲五歲的稚子，能行什麼政權？這大權當然是掌握在文明太后馮氏的手裏。《魏書》卷十三〈皇后列傳第一〉載其傳，說：「文成文明皇后馮氏，長樂信都（就是現在的河北冀縣）人也。父朗，秦、雍二州刺史、西城郡公；母，樂浪王氏。」她的哥哥，就是後來的太師馮熙，文明太后爲了鞏固娘家的勢力，特別娶哥哥的兩個女兒入宮，先後做了孝文帝的皇后。詳情請參閱本論文〈練行尼傳考 12〉。〈傳〉又說：「朗坐事誅，后遂入宮。世祖左昭儀，后之姑也，雅有母德，撫養教訓。」於是，十四歲就做了高宗的皇后；高宗崩，她輔佐十三歲的顯祖誅殺叛逆的丞相乙渾；她私通李弈，顯祖誅李弈，她就毒死顯祖，而扶立躬親撫養的高祖孝文帝。〈傳〉又說：「承明元年（476 A. D.）尊曰太皇太后，復臨朝聽政。」因爲太后性聰達，雖是粗學書計；但是，省決起機務來，總是嚴明無縱。所以給予孝文帝的影響很大，「自太后臨朝專政，高祖雅性仁孝，不欲參決，事無鉅細，一稟於太后。」恰巧太后是虔誠的佛教護法，孝文帝之崇重佛教，是有它的因緣的。所以，〈傳〉又說：「高祖詔曰：『朕以虛寡，幼纂寶曆；仰恃慈明，緝寧四海。欲報之德，正覺是憑，諸鷙鳥傷生之類，宜放之山林，其以此地爲太皇太后經始靈塔。』於是罷鷹師曹，以其地爲報德佛寺。」這樣的立寺、度僧，不只〈本傳〉、〈釋老志〉隨處能見，就是僧傳、尼傳，也多所記錄。因爲孝文帝世是這樣的崇重佛法，所以彭城的義學僧乃紛紛來此了。

然則彭城的義學，有怎樣的盛況呢？這裡隨舉三人，以見一斑。一是道融和尚，《梁傳》卷六，〈本傳〉說：「釋道融，汲郡林慮人（案，林慮這地方頗可注意，因爲當北周武帝廢佛時，撰述《大乘止觀法門》的曇遷和尚，就曾經逃到這兒的黃花谷淨國寺修道，詳後述。林慮，又叫隆慮，今河南省林縣西。）十二出家……聞羅什在關，故往諮稟。什見而奇之，謂姚興曰：『昨見融公，復是大奇聰明釋子。』興引見歎重，敕入逍遙園參正詳譯。」於是，請什師譯出《菩薩戒本》、《中論》，羅什又命他宣講新譯的《新法華》，什還躬自聽講，歎說：「佛法之興，融其人也。」〈傳〉在他和師子國婆羅門辯論之後，接著說：「融後還彭城，常講說相續，聞道至者千有餘人，依隨門徒數盈三百……所著《法華大品》、《金光明》、《十地》、《維摩》等義疏，並行於世矣。」另一僧弼和尚也是什師的弟子，全書卷七，〈本傳〉說：「釋僧弼，本吳人……少與龍光、曇幹同遊長安，從（鳩摩羅）什受學。愛日惜力，竭有深思，羅加賞特深，使頒預參譯……後南居楚郢十有餘年，訓誘經誡，大化江表。河西王沮渠蒙遜遠挹風名，遣使通敬，嚫遺相續。後下都止彭城寺，文皇器重，每延講說。」第三位是《唐傳》裏的曇遷和尚，卷十八〈本傳〉說他在北周武帝廢佛時，「遂竄形林慮山黃花谷中淨國寺，蔬素覃想，委身以道。有來請問，乍爲弘宣，研精《華嚴》、《十地》、《維摩》、《楞伽》、《地持》、《起信》等，咸究其深賾。」又說：「進達彭城，新舊交集，遠近奔赴，蔚爲大眾。有一檀越，捨宅棲之，遂目所住爲慕聖寺。始弘《攝論》，又講《楞伽》、《起信》、《如實》等論，相繼不絕；《攝論》北土創開，自此爲始也。徐州總管、穀城公萬緒率諸僚佐，擁篲諮承，盡弟子之禮。」從以上的舉例，彭城義學之盛，明師的輩出，眞是除了靈山一會之外，實在是莫可與京了。

在這樣的環境下，彭城的士庶是不可能不受其陶冶的！今考《比丘尼傳》中所見，出生在彭城的比丘尼，略有：淨撿、業首、茂尼、慧勝、僧述等人，這是《傳》中的多數，也是各領一方風騷的尼師（關於她們的言行、成就，請參閱本論文相關的章節，此不贅述）。

2. 攝　山

湯用彤氏的《漢魏兩晉南北朝佛教史》說：「南朝末造，禪法之稍盛，亦由於攝山三論諸師。而其與天台宗人之關係，尤可注意。」（第二分第十九章〈北方之禪法淨土與戒律〉）今考《梁傳》卷九〈齊琅琊攝山釋法度傳〉說：

「釋法度，黃龍人。少出家，遊學北土，備綜眾經，而專以苦節成務。宋末遊於京師，高士齊郡明僧紹抗跡人外，隱居琅琊之攝山；挹度清真，待以師友之敬。及亡，捨所居山爲棲霞精舍，請度居之……度常願生安養，故偏講《無量壽經》，積有遍數。齊永元二年（500 A. D.）卒於山中，春秋六十有四。」並沒有說到度師坐禪修定的事體，反而說是「常願生安養」因爲願生安養，乃有造像之舉措，陳李霈書、宋賜金紫沙門懷則重書的〈金陵攝山棲霞寺碑文并銘〉：「居士嘗夢此巖有如來光彩，又因閒居依稀目見。昔寶海梵志睡覩花臺，智猛比丘行逢影窟，故知神應非遠，靈相斯在。居士（即明僧紹）有懷創造，俄而物故，其第二子仲璋，爲臨沂令，克荷先業，莊嚴龕像，首於西峰石壁與度禪師鐫造無量壽佛坐身三丈一尺五寸，通座四丈；并二菩薩，倚高三丈三寸。若乃圖寫瓌奇，刻削宏壯，蓮花瑩目，石鏡沈暉，藕絲縈髮，雲崖失彩。頂日流影，東方韜其大明；面月馳光，西照匿其成魄。大同二年，龕頂復放光，光色身相，晃若炎山，林間樹下，赩如火殿。」這證之於智勝尼的造像，頗有脈絡可尋，〈建福寺智勝尼傳〉說：「勝捨衣缽，爲宋、齊七帝造攝山寺石像。」案，造像原是信眾求生淨土的助緣，如清王昶《金石萃編・北朝造像諸碑總論》說：「按造像立碑始於北魏，迄於唐之中葉。大抵所造者釋迦、彌陀、彌勒及觀音、勢至爲多，或刻山崖，或刻碑石，或造石窟，或造佛堪（案，應該是『龕』字之誤），或造浮圖。其初不過刻石，其後或施以金塗彩繪；其形模之大小廣狹，製作之精粗不等……嘗推其故：蓋自典午之初，中原板蕩，繼分十六國，沿及南北朝、魏、齊、周、隋……干戈擾攘，民生其間。蕩析離居，迄無寧宇，幾有『尙寐無訛』、『不如無生』之嘆。而釋氏以往生西方極樂淨土、上昇兜率天宮之說誘之，故愚夫愚婦相率造像，以冀佛祐……」可見造像的本意，就在求生安養，而此地造像之風，由來已舊，《南朝寺考》記其事，說：「僧紹之子臨沂令仲璋，於西峰石壁與（法）度鐫造無量壽佛並二菩薩，皆高三丈餘。而文惠太子、豫章文獻王、竟陵文宣王等，雕琢營飾，遂成億萬化身，是爲千佛巖。」其時的智勝尼爲宋、齊七帝造像，也還是在爲他們求其冥祐。往後歷代，都有造像的事體。《景定建康志》卷四十六〈嚴因崇報禪寺〉條說：「嚴因崇報禪寺，即景德棲霞寺，在今城東北之攝山，去城四十五里。」又引《雞蹠集》說：「又有石像，在千佛嶺。〈棲霞詩注〉云：明隱君與度禪師講《無量壽經》，西峰石壁中夜發光，光中現無量壽佛。自爾捨家財，鑿巖造大像，坐高五丈，觀音、勢至立像，

高三丈五寸。宋、齊七帝早石佛千尊，所謂千佛嶺。」是也。因之攝山便成了佛巖石窟的勝跡之所了。那麼，攝山在哪裡呢？〈金陵攝山棲霞寺碑文并銘〉說：「南徐州瑯琊郡江乘縣界有攝山者，其狀如繖，亦名繖山。尹先生記曰：『山多藥草可以攝養，故以攝爲名焉。』」也就是現在的江蘇省江寧縣東北四十五里的地方。

但是，我們再細讀〈尼傳〉：「勝居寺三十年，未嘗赴齋會，遊踐貴。勝每重閑靜處，係念思維，故流芳不遠。」這和度法師的「專以苦節成務」似乎都指著禪、淨雙修的事體。爲什麼這樣說呢？請看〈度法師傳〉接著說：「度弟子僧朗，繼踵先師，復綱山寺……凡厥經律，皆能講說，《華嚴》、《三論》，最所命家。」《華嚴》、《三論》，正是天台宗的要典，天台宗實際上是倡導定境爲功夫的。《唐傳·法朗傳》說：「初，攝山僧詮受業朗公，玄旨所明，惟存中觀。自非心會析理，何能契此清言？而遯跡幽林，禪味相得。」所謂「遯跡幽林」，就是度師的「苦節成務」，就是勝尼的「居寺三十年，未嘗赴齋會，遊踐貴」；而「玄旨所明，惟存中觀」，豈不是「勝每重閑靜處，係念思維」的修持嗎？難怪湯用彤氏要說：「攝山一脈，與天台尤有關係。夫天台觀行，本尊《大品》；攝山一系，亦主定慧兼運。宜其理味相契，多有關涉。而且山門宗義，梁、陳大盛於江南，成一時風氣……則天台一宗盛於江南，實有《三論》諸師爲之先容。吾人若論南齊至隋，江東佛學之變遷，則首爲攝山奪成實之席，次爲天台繼《三論》之蹤。前者爲義學之爭執，後者因定學而契合者也。」（引全上）然則，〈智勝尼傳〉一句「勝捨衣缽，爲宋、齊七帝造攝山寺石像」所透露出來的消息，我們是要特別在意的了。

以上是以彭城、攝山作例證，來闡釋地域與宗教之關係的概述；以下請就尼師的分佈，作一考述。

（二）尼師的分佈

本節是想就著尼師們的出生地、受法地以及弘法的處所，來作分析、研究，茲分述如下：（其求法地，概歸在出家地中，如超明尼是）

出生地在北方的尼師，凡三十八人；其間在現在的新疆、陝西的各二人，在甘肅的九人，在河北的也有九人，河南七人，山西二人，山東也是七人。出生地在西部的尼師，凡一人；就是現在的四川。出生地在南方的尼師，凡三十五人；其間在現在的湖北省一人、在浙江省的有七人、江蘇省的有十九人、安徽四人、廣東三人、江淮之間一人。這一個統計的結果，很可以看出

佛法初傳，是北方早得風氣之先，而其鍾靈之秀卻聚在南方；至於東、西部，就還未得其霑漑了。

　　談到遷居地，則除了仇文姜是從山東到了甘肅以外，都是從北南移，而且毫不例外的，都是避難之故。

　　尼師出家，大概多在她的本鄉本土，因其爲女眾故。所以本論文特別標示「出家地」的，都是離開鄉土而外就的，譬如慧木尼就是甘肅人而在河南剃落的。諸如此等現象，到南部來出家的，竟然有十五人之多；而竟無一人是自南往北去尋求披剃的，那麼佛教之鍾靈於南，這便的一旁證了。

　　至於弘法地，更是集中在南方；而下表統計的十九例中，只有浙江二、湖北、廣東各一之外，全都集中在江蘇。帝都所在，人文薈萃，以及帝王、貴戚的愛好提倡，從這裡乃可以得著印證矣。

　　今將表列於下，分布圖則附之於後。

1. 出生地

在高昌（今新疆省吐魯蕃）者，有：馮尼、法惠

在長安（今陝西省長安縣）者，有：智勝、慧玉

在北地（今甘肅省寧縣）者，有：慧木、道照

在敦煌（今甘肅省敦煌縣）者，有：法相

在安定烏氏（今甘肅省涇川縣）者，有：淨秀

在安定臨涇（今甘肅省鎮原縣東）者，有：太后胡氏尼

在閭丘高平（今甘肅省固原縣）者，有：康明感、慧緒、令宗

在天水（今甘肅省天水縣）者，有：楊氏尼

在趙國均仁（今河北省高邑縣西南十里處）者，有：僧蓋

在清河（今河北省清河縣）者，有：法盛、曇簡、曇勇

在高陽（今河北省高陽縣）者，有：法延

在鉅鹿（今河北省平鄉縣）者，有：淨淵、淨行

在勃海（今河北省易縣）者，有：慈義、普照

在南陽（今河南省南陽縣）者，有：僧猛

在河內（今河南省沁縣）者，有：妙智

在潁川（今河南省許昌縣）者，有：華光

在洛陽（今河南省洛陽縣）者，有：華勝、智賢

在弘農（今河南省靈寶縣）者，有：妙相

在汲郡修武（今河南省修武縣）者，有：僧果

在代郡武川（今山西省大同縣）者，有：乙弗氏尼

在雁門樓煩（今山西太原府的樂靜縣）者，有：道儀

在東莞（今山東省沂水縣）者，有：安令首

在泰山南城（今山東省沂州費縣）者，有：僧念、道馨

在青州（今山東省益都縣）者，有：惠暉

在任城（今山東省濟寧縣）者，有：慧湛

在濟南（今山東省歷城縣）者，有：僧基

在博平（今山東省博平縣）者，有：仇文姜

在成都（今四川省成都縣）者，有：曇暉

在宜都（今湖北省長陽縣））者，有：太清

在會稽、山陰（今浙江省紹興縣）者，有：僧敬、慧濬

在錢塘（今浙江省杭縣）者，有：超明

在剡（今浙江省嵊縣）者，有：法宣

在吳興（今浙江省吳興縣）者，有：道蹟（或稱明練、總持）、觀音、光
　　靜

在丹陽、陳郡（今江蘇省江寧縣）者，有：法全、道瓊、法辯、寶賢

在廣陵（今江蘇省江都縣）者，有：僧端

在建康（今江蘇省南京市）者，有：淨暉、令玉、妙禕、曇備

在晉陵、毗陵（今江蘇省武進縣）者，有：淨珪、德樂

在永世（今江蘇省溧陽縣）者，有：淨賢

在吳郡（今江蘇省吳縣）者，有：玄藻

在彭城（今江蘇省銅山縣）者，有：淨檢、僧茂、慧勝、僧述、業首

在高郵（今江蘇省高郵縣）者，有：華手

在歷陽（今安徽省和縣）者，有：道容

在淮南（今安徽省當塗縣）者，有：慧果

在繁縣（今安徽省繁昌縣）者，有：善妙

在譙郡（今安徽省亳縣）者，有：靜稱

在廣州（今廣東省番禺縣）者，有：慧瓊

在西平（今廣東省陽江縣）者，有：慧耀

在東官曾成（案，成應做城，今廣東省陽江縣）者，有：法緣

在江北（殆指長江、淮河之間言）者，有：法淨

2. 遷居地

到北地（今甘肅省寧縣）者，有：仇文姜

到鹽官縣（今浙江省海寧）者，有：僧猛（已五世矣）

到會稽（今浙江省紹興縣）者，有：智勝（已三世矣）

到秣陵（又稱金陵）（今江蘇省江寧縣）者，有：僧敬、法盛、法淨

在建康（今江蘇省南京市）者，有：淨珪（已三世矣）、慧勝、僧述

在太末（今江蘇省揚州）者，有：淨淵、淨行

3. 出家地

在梁郡（今河南省商邱縣）者，有：慧木

在荊州（今湖北省江陵縣）者，有：慧緒、道綜

在建康（今江蘇省南京市）者，有：智勝、曇簡、淨暉、德樂、淨秀、
　　　　淨淵、淨行

在彭城（今江蘇省銅山縣）者，有：僧蓋

在吳縣（今江蘇省吳縣）者，有：法勝、超明

在淮海、廣陵（今江蘇省江都縣）者，有：曇徹、曇簡

在譙郡（今安徽省亳縣）者，有：仇文姜

在塗山（今安徽省懷遠縣）者，有：超明

4. 弘法地

在錢塘（今浙江省杭縣）者，有：超明

在會稽（今浙江省紹興縣）者，有：德樂、慧瓊

在建康（今江蘇省南京市）禪基尼院者，有：僧蓋、法延、曇簡、曇勇、
　　　　妙智、慧緒、道貴

在南兗、廣陵、淮海（今江蘇省江都縣）者，有：曇暉、普照、光靜

在金陵、丹陽（今江蘇省江寧縣）者，有：僧端、道照、智勝

在吳縣（今江蘇省吳縣）者，有：僧猛

在荊楚（荊，在今湖北省江陵縣；楚，是四川省巴縣）者，有：慧玉

在廣州（今廣東省番禺縣）者，有：僧敬

魏晉六朝時期尼師分布圖

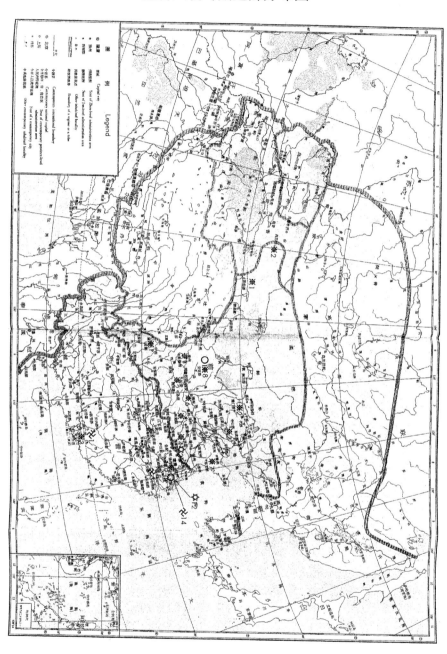

凡例：1. 表出生地，其旁數目表人數。　　2. 表出家地，其旁數目表人數。
　　　3. 表弘法地，其旁數目表人數。　　4. 表遷居地，其旁數目表人數。
　　　5. 全國不易細標其地，乃就其省郡之易見者爲代表，而標其總數；
　　　　如甘肅省，以安定郡爲代表，而標以八人，河北省以高陽郡而標以七人等等。

七、罕見姓氏考

本節原擬為此一時期的尼師們，作一世系的考察；只是本論文所運用的資料，是以寶唱和尚的《比丘尼傳》作底本，而旁蒐史傳、地志、碑銘、詩文、筆記、小說等等，以補葺比丘尼的〈傳〉，這樣蒐羅所得的〈尼傳〉約有百來尼師之譜。然而，在這百來尼師之中，能夠稱得上「世家」的，幾乎可以說沒有。因為根據學者的考訂，所謂「世家」應該具備的條件是：一、具有政治勢力，二、具有傳世的學業，三、具有雄厚的經濟力量。因此，毛漢光先生在其《兩晉南北朝士族政治之研究》裏，就把「世家」的稱謂分作二十七類：

> 指家門貴盛者：高門、門戶、門第、門地、門望
> 指身分華貴者：膏腴、膏梁、甲族、華僑、貴遊
> 指權勢顯赫者：勢族、勢家、貴勢
> 指家族綿延者：世家、世胄、門胄、世族、金張世族
> 指姓氏觀點者：著姓、右姓
> 指社會地位者：門閥、閥閱
> 指家族名聲者：名族、高族、高門大族
> 指政治、文化、社會者：士流、士族

我們如果拿上述的條件、類例，來檢查這百來位尼師的家世，確實可說是沒有出身世家的條件。夷考《三國志》卷二十二〈陳群傳〉說：「群轉為侍中，領丞相東西曹掾。在朝無適無莫，雅仗名義，不以非道假人。文帝在東宮，深敬器焉，待以交友之禮，常嘆曰：『自吾有回，門人日以親。』及即王位，封群昌武亭侯，徙為尚書。制九品官人之法，群所建也。」這是說後世有「九品中正」之法，是陳群所倡制的；然而，稍後不久的沈約，就有著過多的感慨。他在《宋書》卷九十四〈恩倖傳·序〉上說：「郡縣掾史並出豪家，負戈宿衛皆由勢族；非若晚代，分為二族者也。漢末喪亂，魏武始基，軍中倉卒，權立九品。蓋以論人才優劣，非為世族高卑；因此相沿，遂為成法，自魏至晉，莫之能改。州都郡正以才品人，而舉世人才升降蓋寡，徒以憑藉世資，用相陵駕；都正俗士斟酌時宜，品目少多，隨事俯仰。劉毅所云：『下品無高門，上品無賤族』者也。歲月遷訛，斯風漸篤，凡厥衣冠，莫非二品；自茲以還，遂成卑庶。周漢之道以智役愚，臺隸參差，用成等級；魏晉以來，以貴役賤，士庶之科，較然有辨。」那麼，我們從《比丘尼傳》裏找到

的這幾位：

> 晉竹林寺淨撿尼，本姓仲，名令儀，彭城人也。父誕，武威太守。（卷一）

> 僞趙建賢寺安令首尼，本姓徐，東莞人也。父忡，仕僞趙爲外兵郎。（仝上）

> 司州西寺智賢尼，本姓趙，常山人也。父珍，扶柳縣令。（仝上）

> 弘農北岳妙相尼，本姓張，名珮華，弘農人也。父茂，家素富盛。（仝上）

> 建福寺道瓊尼，本姓江，丹陽人也。年十餘，博涉經史。（卷二）

> 鹽官齊明寺僧猛尼，本姓岑，南陽人也。曾祖率，晉正員郎餘杭令。（卷三）

> 剡齊興寺德樂尼，本姓孫，毗陵人也。高祖毓，晉豫州刺史。（仝上）

> 禪林寺淨秀尼，本姓梁，安定烏氏人也。祖疇，征虜司馬；父粲之，龍川縣都鄉侯。（卷四）

實在是「士庶之科」而已，算不得什麼「世家大族」，這可從〈晉竹林寺淨撿尼傳〉的記載裏：「撿少好學，早寡，家貧，常爲貴遊子女教授琴書。」得證。既然如此，也就無所謂世系之可考了。不過，在《比丘尼傳》中卻有幾個罕見的姓氏（所謂「罕見」，是根據《希姓錄》、《奇姓通》爲據的），不只饒有趣味，亦且可以作「姓纂」的佐證和補苴，因考於下：

（一）仲 氏

唐《元和姓纂·一送》卷八〈仲氏〉條說：「高辛氏才子八人，仲堪、仲熊之後，以王父字爲氏。一云魯桓公子慶父子孫號仲孫，亦爲仲氏。又仲虺爲湯左相，子孫氏焉。仲尼弟子有仲由字子路，漢有廷尉仲定、少府監仲景。唐司門員外郎仲子陵，成都人。」這一說法頗有疑議，《古今姓氏書辨正·一送》乃駁之，說：「子姓。宋莊公子城，字仲子，生公孫師；師生江，爲宋司馬，以王父字爲仲氏，所謂司馬仲江者。江生幾，字子然，爲元公左師，生佗，字子服。其族居衛者曰由，字子路，爲孔子弟子。裔孫居樂安及中山，後漢右扶風仲光，唐《王璠傳》有學士仲無頗；又魯東門氏被逐，立襄仲之子嬰齊爲仲氏，其後無聞。《元和姓纂》曰：『高辛氏才子八人，仲堪、仲熊之後，以王父字爲氏；又仲虺爲湯左相，其後氏。』二說皆誤，蓋附會之過

也。宋兵部侍郎、天章閣待制仲簡字畏之，江都人。」因此知道仲氏有二個系統，一是「襄仲之子嬰齊」的仲氏，但其後無聞；一是以「王父字爲氏」的，原來住居在宋國，就是春秋時候宋莊公的封地，也就是現在的河南省歸德府商邱縣睢陽城；其後因爲仲由一族（案，《史記》說仲由是卞人，卞就是現在山東省兗州府的泗水縣，屬濟寧道；《後漢書》卷四十九〈仲長統傳〉稱他是「山陽高平人」，山陽是現在的山東省金鄉縣昌邑城，屬濟寧道，高平則本在濟寧道的濟寧縣。可見後漢時的仲長統本是子路的一支。）族居於衛（仲由即仕於衛，見《史記》），乃分出一支，衛就是現在河南省淇縣。其裔孫一住樂安，現在的河北省永平府盧龍縣，爲第三支；第四支是住在中山城，即今河北省保定府唐縣。及至後漢，又有遷移到右扶風（今陝西省咸陽縣東三十里）的，如仲光和唐朝的仲無頗。另有一支很早就遷到現在的江蘇省江都縣的，《古今圖書集成・氏族典・四五三》說：「〈權丞相集・尙書司門員外郎仲君墓志〉：君諱子陵。其先魯獻公仲子曰山甫，入輔於周，食采於樊。其後魯有季路，衛有叔圉。始祖，始自彭城徙於蜀都。」可證。但是，仲之前是誰從河南、或山東、或河北、或陝西遷到江蘇的呢？姓氏典並沒有明白的記載，而只提到在江蘇的仲氏，有宋朝的：仲簡、仲訥、仲光；我們因爲有《比丘尼傳》的〈晉竹林寺淨撿尼傳〉才知道在宋朝的江蘇仲氏之前，還有一武威太守仲誕一家在：「淨撿尼，本姓仲，名令儀，彭城人也。父誕，武威太守。」彭城，即在江蘇省銅山縣。然而這一家又在西晉武帝的時候遷到了甘肅省的武威縣，這是姓氏典所不曾提過的。《唐書・啖助傳》說學通后倉大、小戴《禮記》的仲子陵是蜀人，也就是《元和姓纂》所說的「唐司門員外郎仲子陵，成都人。」不過，蜀之成都這一支，從上〈氏族典〉，可知是從江蘇遷過去的。

（二）滿 氏

案，這是胡姓，不是中原舊姓。唐《元和姓纂》卷七〈滿氏〉條說：「《風俗通》：荊蠻有瞞氏，音舛變爲滿氏。漢有滿昌。」但是《通志・二六・以國爲氏》引《國語》說：「潞、洛、泉、余、滿皆赤狄，隗姓。」赤狄，就是春秋時的赤翟滿國之後，因此這一說法比較有據；《通志・都邑略》又說：「赤狄都洛，今洺州之地。」洺州，就是現在的河北省永年縣，屬直隸廣平府。滿昌，漢哀帝時候的詹事，和丞相孔光等聯合與中壘校尉劉歆辯論宗廟之制的人，事見《漢書》卷七十三〈韋賢傳〉。其後，三國時有滿寵、寵子偉、偉

子長武、偉弟子奮,都是身長八尺、「體量通雅,清平有識檢」(荀綽《冀州記》的評語)的治臣。《三國志》卷二十六說他們的籍貫,是:「山陽昌邑人也。(滿寵)年十八,為郡都郵,守高平令。」而令宗尼師正是高平人,《比丘尼傳》卷一〈司州令宗尼傳〉說:「令宗,本姓滿,高平金鄉人也。」山陽昌邑,就是現在的山東省金鄉縣昌邑城,屬濟寧道,高平則本在濟寧道的濟寧縣。《古今姓氏書辨正》說滿寵他們「世為山陽昌邑人」(見二十四緩),根據《國語》的說法,則山陽的滿氏是從洺州遷來的;也有遷到浙江吳興的,《希姓錄‧十四旱》說:「滿奮,吳人。」是也。

(三)傅 氏

《比丘尼傳》卷一〈景福寺慧果尼傳〉說:「宋青州刺史北地傳弘仁雅相歡貴,厚加賑給。」這一個「傳弘仁」的「傳」字,應該是「傅」字的手誤。因為「傳」字沒有做為姓氏的,而且「傅」正是北地的大姓之一。唐《元和姓纂》卷八〈十遇‧傅氏〉條說:「殷相說之後築於傅巖,因以為姓,北地人。漢末,傅氏居南陽。」《新唐書‧宰相世系表》說得更清楚:「傅氏出自姬姓,黃帝裔孫大由封於傅邑,因以為氏。商時虞、虢之界有傅氏居於巖旁,號為傅巖,盤庚得說於此,命以為相。裔孫漢義陽侯介子始居北地,曾孫長復封義陽侯,生章,章生叡,叡生後漢宏農太守允。」又說:「清河傅氏出自後漢漢陽太守、壯節侯燮,字南容。生幹,字彥林、魏扶風太守……子孫自北地徙清河,裔孫仕後魏為南陽太守。」可見傅氏確實出自北地,是其地的大姓。關於這說法,《比丘尼傳》還有可資證明處,如卷二〈梁郡築戈村寺慧木尼傳〉就說:「慧木,本姓傅,北地人。」又如全卷〈吳太玄臺寺法相尼傳〉也說:「法相,本姓侯,敦煌人也……出適北地傅氏,家道多故,苻堅敗績,眷屬散亡……」等等都是。

(四)周 氏

周氏也是出自姬姓,也是黃帝的裔孫后稷;其七世孫古公亶父被狄人逼到了岐山之下的周原,改國號為周。這就是周姓的源頭了,從此下傳到秦滅周,并其地,周在汝南便成了著姓;其後又遷到了安城,孔子曾經贊許周的文明,說:「郁郁乎文哉,吾從周。」因為周本來就是文化的舊邦。

但是,《比丘尼傳》卷二〈集善寺慧緒尼傳〉說:「慧緒,本姓周……為人高率疏遠,見之如丈夫,不似婦人,發言吐論甚自方宜,略無所迴避……意志高遠,都不以生業關懷。」這種亢爽的個性,頗不像汝南的周氏;尤其

〈本傳〉又說她是閭丘高平人，因此我很懷疑她是胡人改姓的。姚薇元《北朝胡姓考·第一·宗族十生(3)周氏》說：「《魏書·官氏志》：『普氏後改爲周氏。』《廣韻》及《姓纂·十八尤》、〈十姥〉、《氏族略》二、《姓解》二、《辯證》十八、《唐表·長孫氏》下，均與《志》同。」又，《宋書》三十〈周幾傳〉說：「代人也，世祖時賜爵交阯侯，進號宋兵將軍。」又，《隋書》卷五十五〈周搖傳〉說：「其先與後魏同源，初爲普氏，及居洛陽，改爲周氏。」蘇慶彬《兩漢迄五代入居中國之蕃人氏族研究》上編〈兩漢至隋蕃人世系表〉也說：「河南周氏，鮮卑人也，其先與魏主拓跋氏同源。」《比兵尼傳》的存在，是很可以作史證的了。

（五）路　氏

《比丘尼傳》卷二〈吳太玄臺寺釋玄藻尼傳〉說：「玄藻，本姓路，吳郡人安苟女也。」路姓也是不很常見的姓氏，案，《元和姓纂》卷八〈十一暮·路氏〉條說：「黃帝封其支子於路，春秋時路子嬰兒是也，今上黨路縣，子孫以路爲氏。漢扶離侯路博德始居平陽（案，平陽應做陽平），生綽、神、龜；綽，後魏陽平太守生寄奴、侍愛、思令。侍愛，安州刺史。」又根據《北朝胡姓考·第三·內人諸姓（44）路氏》條說，路氏本爲夷族。因爲「《國語·鄭語》載：『史伯謂鄭桓公曰：北有狄、路。』路舊作潞，本春秋時夷國（其地在今山西潞城縣東北四十里），赤狄別種，隗姓子爵。宣公十五年，晉滅其國，子孫以國爲氏。按赤狄元魏時號高車，魏初降附者極重，河南沒路眞氏或即古赤狄潞國之裔胤，亦未可知。」案，《魏書·官氏志》說「沒路眞氏後改爲路氏。」從上引證，我們就是沒有看到路氏有南移之說，然則《比丘尼傳》可以補「氏志」之闕了。

（六）青陽氏

明凌迪知《萬姓統譜》卷一一三〈青陽氏〉條，引《風俗通》說：「青陽，黃帝子也，始得姓焉。」而漢有東海太守青陽愔、東海五國中尉青陽精。《比丘尼傳》卷四〈成都長樂寺曇暉尼傳〉說：「曇暉，本姓青陽，名白玉，成都人也。」從此可知青陽氏嘗西入至蜀了。

（七）時　氏

時氏，本貫殆在鉅鹿。《萬姓統譜》卷四〈時氏〉條說：「時，隴西。徵音。齊賢人時子之後，又望出陳留。」周朝時有時農，鉅鹿人；漢朝有建安

中為壽春令的時苗、謁者僕射的時軌，而《比丘尼傳》卷二〈竹園寺淨淵尼傳 58〉說：「淨淵，本姓時，鉅鹿人也。」也都是鉅鹿人，由此可證。但是，這一姓氏至少在南朝的時候，已經遷移到了揚州，上引全書全卷〈竹園寺淨行尼傳 59〉說淨行尼少時和「大袜令郭洽妻臧氏相識」，大袜令就在東陽州。詳請參閱〈竹園寺淨行尼傳 59〉「考釋一」。

到晉朝，有個時荷，是學神仙道的。

（八）懷　氏

《萬姓統譜》卷十五〈懷氏〉條說：「懷，河內。角音。无懷之後。」案，无懷就是「三人執牛尾，投足以歌〈八闋〉。」的无懷氏。這族姓本少，三國時有仕吳為尚書郎的懷敘，晉時有崑山人懷瑤，以及本《比丘尼傳》的：「僧述，本姓懷，彭城人也。父僧珍，僑居建康。」（見卷四〈閑居寺僧述尼傳〉）那麼，我們知道懷氏嘗有一支經彭城移居到了建康。

（九）翁　氏

翁，音ㄔㄡˇ（即讀如丑）。《比丘尼傳》卷三〈東官曾成法緣尼傳 37〉說：「法緣，本姓㑧，東官曾成人也。」案，《大正大藏》校本條，「㑧」或做「俞」，《冥祥記》則做「宋㑧氏二女」。其實「㑧氏」非姓；應該是俞氏，而俞氏又是翁氏之訛。考《元和姓纂·四十四有》：「翁，敕久切。漢有翁東，未詳所出。《姓苑》：『《吳志》：孫韶伯父河，本姓俞，吳人也。晉將軍翁縱。』」又《姓觿·二十五有》：「《類聚音韻》：『翁，漢時本姓翁，改姓俞。《漢書》：司徒掾俞連，一作翁連是改姓自連始。』《千家姓》：吳興族。」夷考晉將軍翁縱，見於《晉書》卷七十四〈桓彝傳〉的附筆：「時州郡多遣使降峻，裨惠又勸彝僞與通和，以紓交至之禍。彝曰：『吾受國厚恩，義在致死，焉能忍垢蒙辱，與醜逆通問？如其不濟，此則命也。』遣將軍俞縱守蘭石，峻遣將韓晃攻之。縱將敗，左右勸縱退軍。縱曰：『吾受桓侯厚恩，本以死報。吾之不可負桓侯，猶桓侯之不負國也。』遂力戰而死，晃因進軍攻彝，彝固守經年，勢孤力屈。賊曰：『若降者，當待以優禮。』將士多勸彝僞降，更思後舉；彝不從，辭氣壯烈，志節不撓。城降，為晃所害，年五十三。時賊尚未平，諸子並流迸，宣城人紀世和率義故葬之。賊平，追贈廷尉，諡曰簡，咸安中改贈太常。俞縱亦以死節，追贈興古太守。」這裡的俞縱，應當就是翁縱了。至於漢之翁東、司徒掾俞連，則已不可考了；然而吳興的翁氏，乃移徙於東官曾城，且世門奉佛，這真是值得姓譜大書特書的事

體了。

（十）鮮于氏

鮮于，屬高車族，在定州，相傳出自春秋狄國的鮮虞之後，以國為氏，殆高車之族；又，虞、于同音相通，鮮虞即鮮于。但是，《元和姓纂・二仙・鮮于條》卻說：「箕子封於朝鮮，支子仲食采於于，子孫因合鮮、于為姓。」這是根據顏眞卿〈鮮于太保碑〉的說法而來，姚薇元氏的《北朝胡姓考》乃以為碑碣銘文多後世子孫飾詞，未可盡信。而引用《魏書》卷二〈太祖本紀〉：「天興五年二月，沙門張翹自號無上王與丁零鮮于次保聚黨常山之行唐。夏四月，太守樓伏連討斬之。」又引卷四〈世祖本紀〉：「神䴥元年閏十月，定州丁零鮮于台陽、翟喬等二千餘家叛入西山（即太行山）劫掠郡縣……太平眞君八年三月，徙安州（即定州）丁零三千家於京師。」確定鮮于是定州丁零的姓。

《龍藏》、《磧沙藏》「鮮于」或只作「鮮」，也有這一可能，因為是鮮于改為單姓的鮮，上引《元和姓纂・二仙・鮮于條》說：「鮮于之後或單姓。」而蜀李壽司空乃有鮮思明。如果《姓纂》的說法不誤，則不待李壽之時，即花光尼已經姓鮮了。

（十一）弘 氏

弘氏，世居曲陽（今安徽省定遠縣，屬江南鳳陽府）、晉陽（今安徽省東流縣，屬江西九江府）、丹陽（今江蘇省江寧縣，屬江南江寧府）、豫章（今江西省南昌縣，屬江西南昌府），區域雖則有異，實質都在左近。《元和姓纂・十七登》引〈風俗通〉說：「衛大夫弘演之後。漢有宦者弘恭，為中書令；吳孫權姊夫弘咨。曲陽弘璆，代居曲陽，生琚，吳中書令。晉陽，唐有弘執，恭裔孫。」弘執因為避唐高宗太子李弘的諱，改姓「洪」；而漢朝又有弘成子，是五鹿充宗的經師，世居丹陽、豫章等地，《古今姓氏書辨證》也說因避宋諱，而改姓為洪氏。今從〈東青園寺淨賢尼傳 57〉考之，知弘氏在南朝時，還有住在江蘇者。

（十二）壽 氏

壽氏，〈千家姓〉說是京兆族，很是。《通志・二八・四・以名為氏》云：「壽氏，姬姓。〈風俗通〉云：『吳王壽夢之後，吳大夫壽越，又有壽於桃；漢末有兗州牧壽良，晉有太僕壽沖，南涼有尚書壽悅，《南史》有將軍壽寂之。

望出京兆、博陵。』」〈邸山寺釋道貴尼傳 64〉就說：「道貴，本姓壽，長安人也。」可以爲證。不過，這一姓氏也有遷往四川的，譬如王莽時的兗州牧壽良，《華陽國志》就如是說：「壽良，字叔和，成都人；良弟緝，字文平，涪陵太守。」案，涪陵正在四川。而明代以後，以山陰、諸暨爲多，則又是在浙江了。

（十三）乙弗氏

乙弗氏，據《魏書》卷百一十一〈官氏志〉，說：「乙弗氏，後改爲乙氏。」而乙弗本是部落名，如《晉書》卷百二十六〈禿髮烏孤載記〉，說：「烏孤討乙弗、折掘二部，大破之。」又，全書全卷〈載記〉，說：「傉檀意欲西征乙弗」等，皆其證。其後乃發展而爲國家，《魏書》卷一〇一〈吐谷渾傳〉、《通典》卷一九〇〈邊防典・乙弗敵〉條：「乙弗敵，後魏聞焉，在吐谷渾北。國有屈海，其海周迴千餘里；衆有萬落，風俗與吐谷渾同。然不識五穀，唯食魚與蘇子——狀若中國枸杞子，或赤或黑。」屈海就是青海，所以《北史》卷十三〈后妃列傳〉說：「文帝文皇后乙弗氏，河南洛陽人也。其先世爲吐谷渾渠帥，居青海，號青海王。」這地方就在南涼之西。改爲乙氏的人物，如《魏書》的乙突、乙瓌、乙渾等等都是；但是，到了西魏以後，他們又恢復了本姓，譬如《北史》的乙弗繪、乙弗朗、《北齊書》的乙弗醜、《周書》的乙弗庫根，甚至於有賜姓爲乙弗氏的，如《周書》十六的趙貴、卷三十七的趙肅等都是。

（十四）若干氏

若干氏，若，應該讀作惹；若干，是複姓，出自代北的羌族。《元和姓纂・十八藥》：「出自代北，以國爲氏。河南：後魏荆州刺史、晉陽公勸生猛，周莒州刺史、臨清公生端整，殿中少監、瀛州刺史生明，明生弼。勸次子導生則，唐左武衛將軍。」然而《魏書》卷百一十一〈官氏志〉，說：「若干氏，後改爲苟氏。」不過，這得和「若久氏」改過來的苟氏，要加以區別的。

從以上的考訂之中，我們固然可以佐證和補苴了歷代姓譜；卻也從其中尼師的出身郡望，證明了她們本不是什麼「世家大族」。關於這一點，顧炎武《日知錄》卷十三〈正始條・集釋〉引清朝楊繩武論魏晉士族社會的慣習，說：「尊嚴家諱、矜尚門第、愼重婚姻、區別流品、主持清議五端，皆非後世所能及也。」其他四端，我們或者從《比丘尼傳》能夠感受、理會得；而「尊嚴家諱」一端，在《傳》中，確然是沒有的。譬如說：慧果尼的弟子法名叫

慧意、慧鎧，慧瓊尼的弟子法名叫慧朗，慧木尼是師事慧超的，這樣不避師之名諱，而公然同用「慧」字，在《比丘尼傳》中眞是不一而足了。這是不是正好落實了尼師門多不出於「世家大族」的證據呢？（因爲她們沒有「世家大族」的「尊嚴家諱」的慣習呀！）

八、比丘尼繫年長編

247 A. D. 吳大帝赤烏十年　有尼在長干寺旁立小精舍，此應是我國史志首載的尼寺。

257 A. D. 吳景帝太平三年（即永安元年）　長干寺旁立之尼小精舍，毀於孫綝之手。

291 A. D. 西晉武帝太熙二年　淨檢尼、智賢尼生。

312 A. D. 西晉懷帝永嘉六年　罽賓沙門智山來達中夏。時淨檢尼二十二歲。釋（安）慧則以芝麻大小字體寫《大品經》，有一部藏在簡靖寺靖首尼師處。

314 A. D. 西晉愍帝建興二年　沙門法始於宮城西門立寺，其後淨檢尼從沙門智山受十戒；又同其志者二十四人，另立竹林寺於此。時淨檢尼二十四歲，師或於此時得接聞於竺佛圖澄；因爲〈本傳〉說沙門智山還反罽賓以後，竺佛圖澄曾向人介紹他的行誼，而眾「皆追恨焉」。智山之還反罽賓是在建武元年，以情理推，師之得知竺佛圖澄，應該在建武元年之前，此時之頃，而安令首尼也才能因竺佛圖澄而受戒於淨撿尼了。

317 A. D. 東晉元帝建武元年　沙門智山還反罽賓。時淨檢尼二十七歲。

323～325 A. D. 東晉明帝太寧元年～太寧元三年　道容尼住烏江寺，以戒行精峻，善占吉凶，爲帝所敬事。

324 A. D. 東晉明帝太寧二年　曇備尼、僧基尼生。

339 A. D. 東晉成帝咸康四年　沙門僧建於月支國得《僧祇尼羯磨》及戒本，時淨檢尼四十九歲。

344 A. D. 東晉康帝建元二年　慧湛尼渡江來見司空何充，後居建福寺。僧基尼出家，精持戒範，皇后褚氏爲立寺於都亭里通恭巷內，名曰延興。時師二十一歲。

348 A. D. 東晉穆帝永和四年　春，司空何充捨其別宅，爲明感尼立建福寺。

357～363 A. D.東晉穆帝升平元年～哀帝興寧元年　法相尼生。

354 A. D. 東晉穆帝永和十年　皇后何氏爲曇備尼立永安寺於定陰里，時師三十一歲。

357 A. D. 東晉穆帝升平元年　智賢尼六十餘，很受苻堅之敬重。

358 A. D. 東晉穆帝升平二年　初（晉咸康中，335～342 A. D.），沙門僧建在月支國得《僧祇尼羯磨》及戒本，到現在才在洛陽譯出，並請外國沙門曇摩竭多爲立戒壇，淨檢尼與四人同受具戒。時淨檢尼六十八歲。

361 A. D. 東晉穆帝升平五年　安令首尼從淨撿尼受具足戒；淨檢尼時年七十一歲，乃與眾執手辭別，騰空而上，直屬於天。

363 A. D. 東晉哀帝興寧元年　道儀尼生。

368 A. D. 東晉海西公太和三年　智賢尼七十餘歲，猶「誦《正法華經》，日夜一遍」。竺道馨尼爲楊令辯所毒害。法盛尼生。

371 A. D. 東晉簡文帝咸安元年　道容尼爲帝逐太極殿鳥巢，帝因此深加信重，爲立新林寺，而且資給所須。這中間有一段糾葛，就是簡文帝原本是敬事清水道師王濮陽的，後因太極殿有鳥來巢而且鬧鬼，大概是王濮陽施術無效；而道容尼頗見效驗，簡文才改而敬信，所以〈道容尼傳〉說：「晉顯尙佛道，容之力也。」這就牽涉到佛、道之爭的一絲訊息了。

372～396 A. D.東晉孝武帝咸安二年～太元二十一年　道容尼忽然絕跡，不知所終；孝武皇帝乃下敕葬其衣缽於寺旁，所以今寺邊有塚云。

373 A. D. 晉孝武帝寧康元年　「孝武帝遣書通問」於令宗尼，時師年七十五。業首尼生。

374 A. D. 東晉孝武帝寧康二年　慧木尼生。

379～398 A. D.東晉孝武帝太元四年～東晉安帝隆安二年　濟尼嘗出入王凝之、顧和二家閨閣與王凝之妻謝道韞、顧和妻張氏多所交往。

384 A. D. 東晉孝武帝太元九年　道儀尼出家，年二十二。

385 A. D. 東晉孝武帝泰元十年　慧木尼十一歲，出家。太傅王道爲支妙音尼立簡靜寺。苻堅敗績，法相尼因眷屬散亡，乃出家持戒，時約二十三至二十九歲之間。

391～396 A. D.東晉孝武帝泰元末年　道儀尼因慧持和尙的護持，至京師住

於永安寺。時年二十九至三十四歲。

396 A. D. 東晉孝武帝泰元二十一年　曇備尼卒，時七十三歲。張氏尼生。

399 A. D. 東晉安帝隆安三年　呂紹卒，妻張氏便請出家為尼，時年十四。

397 A. D. 東晉安帝隆安元年　僧基尼卒，世壽六十八。

398 A. D. 東晉安帝隆安二年　慧濬尼生。

400 A. D. 東晉隆安四年　呂隆欲行穢跡，張氏尼投樓而寂，猶口誦佛經，時年十五。

401 A. D. 東晉安帝隆安五年　寶賢尼生。

405 A. D. 東晉安帝義熙元年　僧敬尼生。

406 A. D. 東晉安帝義熙二年　僧果尼生。

408 A. D. 東晉安帝義熙四年　慧濬尼出家，時年十八。法淨尼生。

409 A. D. 東晉安帝義熙五年　馮尼生。淨嚴尼夢見觀世音菩薩接引山陰嘉祥寺慧虔比丘往生安養。

412 A. D. 東晉安帝義熙八年　法全尼生。

414 A. D. 東晉安帝義熙十年　曇摩耶舍隆安中初達廣州，而其傳法路線，是自南而北的；又在本年譯出了《舍利弗阿毗曇》。耶舍有一弟子曰法度，倡為邪法，是尼師教團見於史傳之邪教之首見者。（詳見本論文〈遺考1〉）。

415 A. D. 東晉安帝義熙十一年　僧念尼生。

417 A. D. 東晉安帝義熙十三年　普照尼生。寶賢尼十六歲，丁母憂。

418 A. D. 東晉安帝義熙十四年　僧猛尼生。法顯和尚共佛陀跋陀律師二月底，在道場寺譯出《摩訶僧祇律》。淨秀尼生，梁沈約〈齊禪林寺尼淨秀行狀〉說她的父親「仕宋征虜府參軍」那是襲其父職了。

419 A. D. 宋武帝永初二年　法淨尼二十歲，值亂，隨父避地秣陵。

420 A. D. 東晉恭帝元熙二年　寶賢尼十九歲，出家住建安寺。德樂尼生。

421 A. D. 宋武帝永初二年　法緣尼生。淨暉尼生。

422 A. D. 宋武帝永初三年　法緣尼之妹法綵尼生。曇徹尼生。宋青州刺史北地傅弘仁割宅東面，為慧果尼立精舍，曰景福寺。曇暉尼生。

425 A. D. 宋文帝永嘉二年　王景深母范氏，以王坦之故祠堂地施業首尼，起立寺舍，名曰（東）青園寺。慧勝尼生。淨秀尼七歲，自然持齋，從外國沙門普練諮受五戒。僧念尼十歲出家，為法護尼弟子。

427 A. D. 宋文帝元嘉四年　智勝尼生。

428 A. D. 宋文帝元嘉五年　德樂尼八歲，與其姊妹同時入道，爲晉陵光尼弟子。

429 A. D. 宋文帝元嘉六年　外國舶主難提，從師子國載比丘尼來，至宋都，住景福寺。

430 A. D. 宋文帝元嘉七年　僧猛尼喪父，時年十二。僧述、僧蓋尼生。淨秀尼十二歲，便求出家；父母禁之。

431 A. D. 宋文帝元嘉八年　淨賢尼生。道貴尼生。求那跋摩至，慧果尼問邊地尼眾受具足戒之如法否？欲從之重受，而跋摩卒。道瓊尼大造金像，譬如：彭城寺金像二軀、瓦官寺彌勒行像一軀、南建興寺金像二軀，建福寺造臥像並堂、又製普賢行像。淨秀尼十三歲。孔默之出鎮廣州，攜僧敬尼與之同行，遇見鐵薩羅尼，時師年二十七歲。

432 A. D. 宋文帝元嘉九年　僧果尼出家，時二十七歲。法緣尼與其九歲妹法綵至淨土天宮見佛，遂能作外國書語及誦經，時法緣尼十歲。妙智尼生。智勝尼六歲，隨王母出都遊瓦官寺。有外國禪師畺良耶舍，入蜀大弘禪觀。時曇暉尼年十一，啓母求請禪師，欲諮禪法，母從之；耶舍一見，囑法育尼，使相左右。智通尼之師（簡靜寺尼）死，乃罷道，嫁爲梁甫妾，以佛經爲兒衣，兒輾轉哀號死。

433 A. D. 宋文帝元嘉十年　舶主難提復將師子國鐵薩羅等十一尼至，爲立鐵薩羅尼寺，時僧伽跋摩亦預於其間。時僧果尼二十八歲。僧端尼南遊上國，住持永安寺。慧果尼率弟子慧意、慧鎧等五人及德樂尼等，從僧伽跋摩於南林寺重受具戒竟，而師亦捨壽，年七十餘。僧敬尼重從鐵薩羅尼受戒，時三十歲。

434 A. D. 宋文帝元嘉十一年　普照尼出家，時年十七。法宣尼生。刺史甄法崇使從法育尼出家，時曇暉尼年始十三矣，乃從昱尼學修觀行。令玉尼生。慧濬尼受江夏王義恭之推敬，常給衣藥，四時無缺；然師不蓄私財，悉營寺舍，「竹園成立，濬之功也。

437 A. D. 宋文帝元嘉十四年　法盛尼於建福寺出家，遂從道場寺偶法師受菩薩戒，時七十歲。僧述尼八歲，已蔬食。慧玉尼於江陵牛牧精

舍（或做「靈收寺」）爲七日之苦行齋，感得金坐像。淨秀尼十九
歲，出家，爲青園寺業首尼弟子。從僧伽跋摩重受具戒，引發徒
眾的抗爭。曇暉尼之夫婿心疑其詐，於是相率抄取，將歸其家，
時曇暉尼年十六矣；薑良耶舍乃爲之解釋，師始能安心出家。

438 A. D. 宋文帝永嘉十五年　潘貴妃爲業首尼更廣（東）青園寺。道瓊尼
造金無量壽像，眉間放光，明照寺內，皆如金色。慧瓊尼造菩提
寺。慧濬尼與宋臨川公主建竹園寺。

439 A. D. 宋文帝元嘉十六年　法盛尼示寂，世壽七十二。慈慶尼生。道壽
尼於九月七日夜，誦經聲中，寶蓋垂覆其上。玄藻尼出都造經，
不測所終。馮尼出家，時三十歲。慧瓊尼請沮渠安陽侯譯出《禪
經》。

440 A. D. 宋文帝元嘉十七年　法宣尼七歲，蔬食苦節。慧濬尼請沮渠安陽
侯，譯出《禪經》。道儀尼示滅，世壽七十八。

441 A. D. 宋文帝元嘉十八年　普照尼感勞疾，時年二十四。光靜尼患疾。
善妙尼燒身供養。僧果尼三十四歲，重受具戒於僧伽跋摩。宋江
夏王世子母王氏以地施慧瓊尼，師修立爲寺，號曰南外永安寺。

442 A. D. 宋文帝元嘉十九年　普照尼卒，時年二十五。光靜尼往生兜率天。
薑良耶舍西遊岷蜀。慧勝尼出家，爲淨秀尼弟子，住禪林寺，時
年十八。惠暉尼生。慧木尼六十九歲。臨川王臨南兖，延曇暉尼
至鎮，時師年二十一。

443 A. D. 宋文帝元嘉二十年　慧瓊尼隨孟顗之會稽，卒於破綱。

444 A. D. 宋文帝元嘉二十一年　慧勝尼二十歲具戒，隨即講《法華經》。妙
褘尼生。德樂尼二十四歲，同寺尼法淨、曇覽牽連了孔熙先謀反
的事體，弄得人身窮法，毀壞寺舍，諸尼離散，師只得移居東青
園。淨行尼生。

445 A. D. 宋文帝元嘉二十二年　蘭陵蕭承之於南外永安寺起外國塔。淨淵
尼年二十出家，戒忍精苦，師友嗟敬；文帝更相欽禮，四事供養，
信驛重沓。

446 A. D. 宋文帝元嘉二十三年　智勝尼二十歲，出家住建福寺。

447 A. D. 宋文帝元嘉二十四年　僧述尼從禪林寺淨秀尼出家，時年十九。
惠暉尼六歲，已知樂道。

448 A. D. 宋文帝元嘉二十五年　僧端尼卒，時年七十餘。道貴尼十七歲，
　　　　出家。

451 A. D. 宋文帝元嘉二十八年　法宣尼十八歲，誦《法華經》。

452 A. D. 宋文帝元嘉二十九年　惠暉尼十一歲，已能讀《大涅槃經》，誦《法
　　　　華經》。

453 A. D. 宋文帝元嘉三十年　德樂尼三十三歲，文帝崩；師東遊會稽，止
　　　　於剡之白山照明精舍。法相尼捨壽，年九十餘。

457 A. D. 宋孝武王大明元年　法宣尼年二十四，父母攜就剡齊明寺德樂
　　　　尼，改服從道。丹陽尹顏竣得罪被誅，其女法弘從釋法度披剃爲
　　　　尼。

458 A. D. 宋孝武王大明二年　惠暉尼十七歲，隨父出都。

459 A. D. 宋孝武王大明三年　惠暉尼十八歲，出家，住樂安寺，從斌、濟，
　　　　柔、次四法師聽《成實論》及《涅槃》諸經。淨淵尼二十四歲，
　　　　與其妹淨行尼（時十五歲，猶未出家。）在普弘寺聽講《成實論》
　　　　和《十誦律》。

461 A. D. 宋孝武帝大明五年　淨行尼從法施尼出家，住竹園寺，時年十
　　　　七。

462 A. D. 宋孝武帝大明六年（北魏文成帝和平三年）　業首尼示寂，時年
　　　　九十。慈慶尼（未入道時）適恆農楊興宗，寓豫州，時二十四歲。
　　　　孝武帝爲寵姬殷貴妃立新安寺。

463 A. D. 宋孝武帝大明七年　法辯尼卒，年六十餘。道綜尼捨身。淨秀尼
　　　　四十五歲，宋南昌公主及黃修儀於八月，共施宜知地，以立禪林
　　　　精舍。

464 A. D. 宋孝武帝大明八年　慧濬尼卒，年七十三；同寺有僧化尼者，與
　　　　師齊名。

465 A. D. 宋明帝泰始元年　寶賢尼爲普賢寺主，時年六十五。敕法淨尼住
　　　　普賢寺，時年五十六。

466 A. D. 宋明帝泰始二年（北魏顯祖獻文帝天安元年）　玄觓鎮將，汝南
　　　　人常珍奇據城反叛，王師致討，因被掠沒入奚官，遂爲恭宗景穆
　　　　皇帝昭儀斛律氏躬所養恤。時師二十八歲。案，「原注」說：「魏
　　　　時后妃誕子，將爲儲君，例應先殺其母，皇子托於保姆。尼蓋保

姆之流亞也。宣武以弱歲喪親，孝明以沖齡登極，尼經歷二帝，得蒙優遇（自注：《魏書・后妃傳序》：『世祖、高宗緣保母劬勞之恩，並極尊崇之義。』可爲此誌寫照。）乃史失其名，不獲與高宗乳母常氏並稱，今賴誌石補闕，亦幸事矣」則所謂「沒入奚官」就是沒爲保姆之義了。

敕寶賢尼爲都邑僧正，時年六十六。

敕法淨尼爲京邑都維那，時年五十七。

467 A. D. 宋明帝泰始三年　青園寺因寶嬰尼而分出東青園寺，時法全尼五十五歲。淨秀尼四十九歲，敕以寺從其所集，宜名禪林寺。有僧欽尼者，頗有神通，能因感現形。

469 A. D. 宋明帝泰始五年　淨哀師卒。

470 A. D. 宋明帝泰始六年　寶英師卒。

472 A. D. 宋明帝泰豫元年　何后寺智妃尼於此年之頃，爲宋光祿大夫蔡興宗妾；然又爲尙書僕射顏師伯所誘。

473 A. D. 宋後廢帝元徽元年　法林師卒。法淨尼卒，年六十五。僧蓋尼及其同學法進尼，因索虜之亂而南遊京室，住妙相尼寺，時僧蓋尼四十三歲。

474 A. D. 宋後廢帝元徽二年　法穎律師於晉興寺開講《十誦律》，重受戒法；寶賢尼乃宣令不許，時年七十四。九月一日汝南王母吳充華啓以臨川王母張貴嬪捨所居宅，立爲寺，名曰閑居寺。時僧述尼四十五歲。僧旻和尙生于吳郡之富春，俗姓孫氏，吳大帝孫權是他的先祖。會稽陳氏三尼爲菴舍居墓側。

477 A. D. 宋順帝昇明元年　寶賢尼卒，年七十七。慧耀尼於寺燒身。法緣尼卒，年五十六。

478 A. D. 宋順帝升明二年　曇寅師卒。法宣尼四十四歲，從僧柔、慧熙法師問學，移居山陰招明寺。寶嬰尼卒，乃以法全尼爲寺主，時六十六歲。

481 A. D. 齊高帝建元四年　道慧比丘卒於此年，年三十一。〈傳〉說其母因受其影響而信佛、而捨宅、而爲尼；可惜史不載其名，不過，這是受兒子度化的一例。僧旻和尙七歲出家，住虎丘西山寺，爲僧回弟子。

482 A. D. 齊高帝建元四年　僧猛尼母病，乃捨東宅爲寺，名曰齊明寺，時
六十四歲。惠香尼卒。曇簡尼立法音精舍。

484 A. D. 齊武帝永明二年　曇徹尼卒，年六十三。

485 A. D. 齊武帝永明三年（北魏孝文帝太和九年）　有司奏惠香尼之卒已
三年，而屍形不壞。昭后自代至洛陽，暴卒；慈慶尼因固請出家，
時師四十七歲。

486 A. D. 齊武帝永明四年　僧敬尼卒，年八十四。

487 A. D. 齊武帝永明五年　陳留阮儉捨所居宅，立齊興精舍。時德樂尼六
十七歲。僧旻和尚十三歲，隨師僧回出都，住白馬寺，這裡的寺
僧多以轉讀、唱導爲業；而師特別風韻清遠，了不措意。僧蓋尼
移止禪基寺，並別立禪房於寺之左，而宴默其中，時師年五十
八。

489 A. D. 齊武帝永明七年　僧猛尼卒，年七十二。智藏和尚帶動持誦《金
剛經》的風潮，時年三十一。武帝造禪靈寺，宮人之出家者許住
此。仍請僧祐及安樂智稱法師更集尼眾、二部名德七百餘人，續
講《十誦律》。

490 A. D. 齊武帝永明八年　竟陵王請淨暉尼於第講《維摩經》，而後爲寺
主，時七十歲。僧法尼生。僧旻和尚十六歲，僧回師捨壽；而師
喪禮畢，移住莊嚴，師仰曇景與同寺法雲、禪崗、法開棄學柔、
次、達、亮四公經論。法宣尼五十八歲，從巴陵王蕭昭冑至會
稽。

492 A. D. 齊武帝永明十年　智勝尼捨衣鉢，爲宋、齊七帝造攝山寺石像。
卒，年六十六。淨暉尼卒，年七十二。僧旻和尚十八歲（案，〈本
傳〉這一段的語意頗不清楚：「年二十六，永明十年，始於興福寺
講《成實論》。」如果是二十六歲，才在興福寺講《成實論》，那
麼，應該是齊東昏侯永元二年（500 A. D.）的事體；但是，這和
下文：「（天監）十一（512 A. D.）年春，忽感風疾，後雖小間；
心猶忘誤，言語遲塞。旻曰：自登講說，已二十年，如見此病，
例無平復。」的記載不符，因爲（天監）十一（512 A. D.）年師
才三十八，而自云已講了二十年的經，那應該是十八歲才是，那
就是永明十年了。如果師在永明十年是二十六歲，那麼，他應該

是生在宋明帝泰始三年（467 A.D.），則又和他的卒年不符。且後
文又有：「天監末年，下敕於莊嚴寺建八座法輪，講者五僧，以年
臘相次，旻最處後。」的說法，案，天監末年假使是天監十八年
（519 A.D.），師也才是四十五歲的壯年，在八座法輪的講者五僧
中，才算得上是年臘最末的；否則如果是生在宋明帝泰始三年（467
A.D.），到天監十八年（519 A.D.），已經是五十二歲了，恐怕不
能算作年臘最末的了！因此姑定師於此年）於興福寺講《成實
論》。僧念尼七十八歲，始自太后寺移住禪林寺。

493 A.D. 齊武帝永明十一年　僧蓋尼卒，年六十四。

494 A.D. （齊郁林王隆昌元年）齊明帝建武元年　曇簡尼、淨珪尼同日（二
月十八日）於白山積薪，引火自焚。法全尼卒，年八十三。曇勇
尼隨曇簡尼同移白山。尚書令王肅造正覺寺。

495 A.D. 齊明帝建武二年　妙智尼卒，年六十四。南海王蕭子罕造勝善寺，
在鍾山之右。

496 A.D. 齊明帝建武三年　僧宗法師卒，春秋五十有九；淨行尼年五十二。
北魏馮氏入為練行尼，居瑤光佛寺。

498 A.D. 齊明帝建武五年　超明尼卒，年六十餘。僧法尼誦出：〈寶頂經〉
一卷、〈淨土經〉一卷、〈正頂經〉一卷、〈法華經〉一卷、〈勝鬘
經〉一卷、〈優曇經〉一卷時年九歲。

499 A.D. 齊東昏侯永元二年　僧法尼誦出：〈藥草經〉一卷、〈太子經〉一
卷、〈伽耶波經〉一卷時年十歲。帝（齊東昏侯）敕僧局請三十僧，
入華林園夏講，當時僧正擬請僧旻和尚為法主；僧旻和尚不可，
說：「此乃內潤法師，不能外益學士，非謂講者。」這時僧旻和尚
才二十五歲。

500 A.D. 齊東昏侯永元三年　德樂尼卒，年八十一。北魏宣武靈皇后胡氏之
姑為尼，頗能講道。宣武初（案，宣武為帝，當在是年；其崩，
在延昌四年，三十三歲。則彼為帝，時為十七歲；十八歲，靈皇后
胡氏入宮為充華世婦。）入講禁中，積歲，諷左右稱后有姿行。

501 A.D. 齊東昏侯永元四年　曇勇尼二月十五日夜，積薪自燒，以身供
養。僧法尼誦出〈波羅奈經〉一卷、〈優婁頻經〉一卷，時師十二
歲。）

502 A. D. 梁武帝天監元年　僧法尼誦出:〈益意經〉二卷、〈般若得經〉一卷、〈華嚴瓔珞經〉時十三歲。

504 A. D. 梁武帝天監三年　淨秀尼八十六歲,敕見聽乘輿至內殿。僧念尼卒,年九十,葬秣陵中興里。曇暉尼卒,年八十三。馮尼卒,年九十六。僧法尼誦出:〈出乘師子吼經〉一卷時十五歲。(案,本年為北魏宣武帝景明四年)宣武帝納高英為夫人。(即魏宣武帝景明四年)脩梵尼生。

505 A. D. 梁武帝天監四年　慧勝尼卒,時年八十一。淨賢尼卒,時年七十五。僧法尼誦出:〈踰陀衛經〉一卷、〈阿那含經〉一卷、〈妙音師子吼經〉三卷。其中〈踰陀衛經〉特別標註,是在臺內華光殿誦出的。而後卒,時十六歲。

另附僧法尼誦出而未標註其年月的:〈妙莊嚴經〉四卷、〈維摩經〉一卷、〈序七世經〉一卷又〈維摩經〉則特別註明,是江家出。

506 A. D. 梁武帝天監五年　淨秀尼八十九歲。六月十七日,彭城寺慧令法師夢見師在兜率天中;二十七日告諸弟子:「我生兜率天。」言絕而卒。僧旻和尚三十二歲,遊于都輦。帝敕僧正慧超銜詔至房,欲屈與法寵、法雲、汝南周捨等,時入華林園講論道義,自茲以後優位日隆。

507 A. D. 梁武帝天監六年　僧旻和尚三十三歲,制注《般若經》,以通大訓……因請為家僧,四事供養。又敕於慧輪殿講《勝鬘經》,帝自臨聽。仍選才學道俗:釋僧智、僧晃、臨川王記室東莞劉勰等三十人,同集上定林寺,抄一切經論,以類相從,凡八十卷,皆令取決於旻。(案,這就是〈唱傳〉所說的《眾經要抄》八十八卷。)

508 A. D. 梁武帝天監七年　(案,本年為北魏宣武帝正始五年)宣武帝封高英為皇后。

509 A. D. 梁武帝天監八年　尼法文、法隆、法行等造象題記。梁武帝敕寶亮法師撰《涅槃義疏》十餘萬言;淨行尼卒,時年六十。令玉尼卒,時年七十六。

510 A. D. 梁武帝天監九年　尼惠智、法慶、企和寺尼等造象題記。

511 A. D. 梁武帝天監十年　尼法興造象題記。

512 A. D. 梁武帝天監十一年　僧旻和尚三十八歲,春,中風(現代醫學名

詞是「血管阻塞」)。〈本傳〉說:「忽感風疾,後雖小間;心猶忘
誤,言語遲蹇。旻曰:『自登講說,已二十年,如見此病,例無平
復。』乃修飾房內,隔立道場,日夜禮懺。」禮懺的結果,病情
應該有大好轉,因為〈本傳〉接著說:「後吳郡太守張充、吳興太
守謝覽,各遣僚佐至都,表上延請。有敕給船仗資糧發遣,二郡
迎候……」云云,可以為證。而僧旻和尚之講座,不是座無虛席;
而是經常把講堂、川廊擠破,擠垮的。所以,師所開講處,都得
臨時增修堂構,如莊嚴寺、簡靜寺的講座都是。

513 A. D. 梁武帝天監十二年 僧述尼卒,時年八十四。妙禕尼卒,時年七
十。尼法興因病而造象題記。

514 A. D. 梁武帝天監十三年 惠暉尼卒,時年七十三,葬於石頭崗。法宣
尼八十一歲,梁衡陽王元簡「到郡,請為母師」。

515 A. D. 梁武帝天監十四年(即北魏宣武帝延昌四年) 宣武皇后高氏為
尼,居瑤光寺。

516 A. D. 梁武帝天監十五年 法宣尼卒,時八十三歲。道貴尼卒,時年八
十六,葬於鍾山之陽。

517 A. D. 梁武帝天監十六年(即北魏孝明帝熙平二年) 八月達摩祖師東
來梁土。

518 A. D. 梁武帝天監十七年(即北魏孝明帝神龜元年)宣武皇后出覲母武
邑君;時天文有變,靈太后欲以當禍,是夜暴崩,天下冤之。喪
還瑤光佛寺,殯葬皆以尼禮。梁武帝發表〈斷酒肉文〉,並欲藉此
自任「白衣僧正」,以政權干預宗教;但為智藏和尚所駁,其事遂
寢,時和尚六十一歲。

519 A. D. 梁武帝天監十八年 僧旻和尚四十五歲,帝下敕於莊嚴寺建八座
法輪,講者五僧,以年臘相次,旻最處後。又於簡靜寺講《十地
經》。僧旻和尚的健康情形又轉壞了。〈本傳〉說:「及普通之後,
先疾連發,彌懷退靜,夜還虎丘,人無知者。」

520 A. D. 梁武帝普通元年(即北魏孝明帝正光元年) 達摩至洛陽,時一百
五十歲。尼慈香、慧政造象題記。立果願尼寺,在建康縣東北。

521 A. D. 梁武帝普通二年 華手尼以誦《妙法蓮花經》,而花生指掌,因名
之。

522 A. D. 梁武帝普通三年　修儀尼師在建康西北六里，造福靜寺。

523 A. D. 北魏肅宗孝明帝正光四年　尼法陰、法照造象題記。

524 A. D. 北魏肅宗孝明帝正光五年（即梁武帝普通五年）　慈慶尼卒，世壽八十六，追贈比丘尼統。僧旻和尚五十歲。帝下敕延還，移住開善寺；但是，於路增劇，未堪止寺；權停莊嚴，因遂彌留，以至大漸。昭明太子爲母丁貴嬪建善覺寺。

525 A. D. 北魏肅宗孝明帝孝昌元年　尼僧□、僧達爲她死去的兒子造象題記。

526 A. D. 北魏肅宗孝明帝孝昌二年　乾靈寺尼智空因病、法璨求獲法喜而造象題記。

527 A. D. 北魏肅宗孝明帝孝昌三年（即梁武帝大通元年）　舍人袁頵造園居尼寺。

528 A. D. 北魏孝明帝武泰元年　尒朱榮稱兵渡河，宣武靈皇后胡氏（即胡太后）盡召明帝六宮，皆令入道，太后亦自落髮。榮遣騎拘送太后及幼主於河陰，並沉於河。太后妹馮翊君收瘞於雙靈寺。孝明皇后胡氏（靈太后從兄冀州刺史盛之女）也在是年入道，居瑤光寺。

529 A. D. 北魏孝莊帝永安二年（即梁武帝中大通元年）　達摩西歸，謂總持尼得其「肉」，尼乃入白雀山誦《法華經》萬部。

532 A. D. 北魏節閔帝普泰二年　尼法光爲求其弟出征安還而造象題記。脩梵尼之夫崔祖螭因謀反伏誅，師遂出俗，時二十九歲（是以師之出俗，非其本願，應該不算眞正的尼師）。

534 A. D. 梁武帝中大通六年　（案，原文是「大通八年」，但是，大通只有兩年，其後是中大通凡六年；相合算之，才得八年。）二月一日清旦僧旻和尚卒於寺房，春秋六十一。天子悲惜，儲君歔愴，敕以其月六日，窆於鍾山之開善墓所。案，僧旻和尚所著之論疏雜集、《四聲指歸》、《詩譜決疑》等，百有餘卷流世。

535 A. D. 梁武帝大同元年（即東魏孝靜帝天平二年）　總持尼舌根生蓮，武帝乃敕建法華寺。尼慧潤造四面象碑、紹犮造象題記。吳僧暢造萬福尼寺。湘州刺史蕭環造本願尼寺。高洋（即後來的北齊文宣帝）受封爲太原郡公，李氏爲太原夫人。

536 A. D. 東魏孝靜帝天平三年（當西魏文帝大統二年）　尼曇會造象題記。
蘭恪造善業尼寺。北周武帝皇后李氏生。

538 A. D. 西魏文帝大統四年　文帝納悼后（時后年十四），文皇后乙弗氏（時后年二十九）出家爲尼。

540 A. D. 西魏文帝大統六年　蠕蠕舉國渡河，文帝文皇后乙弗氏……召僧設供，令侍婢數十人出家，手爲落髮。事畢，乃入室，引被自覆而崩，年三十一。鑿麥積崖爲龕而葬。

546～549 A. D.梁武帝太清元年～三年　宮獲造儀香尼寺。謝貞母於宣明寺出家。

547 A. D. 西魏文帝大統十三年　北周宣帝后朱氏生。

550～553 A. D.北齊文宣帝天保一至四年　尒朱氏尼爲太妃。

553 A. D. 西魏恭帝元年　于謹平江陵，李娥姿（即北周武帝皇后李氏）家被籍沒，時十八歲。

556 A. D. 西魏恭帝（即北齊文宣帝天保七年）　案，恭帝與其前的廢帝一樣，都不用年號；今夷考其即位，當大統十七年之後的第三年（554 A. D.），而他在位也不過兩年，即到（556 A. D.）。所以恭帝皇后若干氏之出家爲尼，應該是在這一年。尼如靜爲其亡師尼始覯造像。

557 A. D. 陳武帝永定元年（即北齊文宣帝天保八年）　謝貞族兄喦逃難於番禺，還，或者在本年迎謝貞母回，而奉養將二十年，如果是二十年則應當是陳宣帝太建九年（577 A. D.）；但是〈貞本傳〉卻說謝貞在太建五年（573 A. D.）就還朝了，可知謝喦奉養的時間，應該是十六、七年。

九月，北周孝閔帝被廢，孝閔后出俗爲尼。尼智朗、僧照、道香、僧和、惠通、道希、靜淵、光輝、惠要、惠壽、惠寶等造象題記。

558 A. D. 陳武帝永定二年　帝在這一年以前召見華手尼。

559 A. D. 北齊文宣帝天保十年　尒朱氏尼爲高洋（史稱文宣帝者）所弒。
文宣皇后李氏改爲可賀敦皇后。

560 A. D. 北齊廢帝乾明元年（北齊孝昭帝皇建元年）　尼慧承、靜遊、□究、僧炎等造象題記。陳文帝造慧福尼寺。孝昭帝降文宣皇太后李氏爲昭信皇后，居昭信宮。

561 A. D. 北齊武成帝太寧元年　高湛（史稱武成帝者）逼文宣皇后李氏淫亂，后大哭，帝愈怒，裸后亂撾撻之，號天不已，乃以犢車載送妙勝尼寺，后遂爲尼。

565 A. D. 北齊武成帝河清四年　四月，高緯（史稱後主者）立爲帝；封左丞相斛律光之女爲皇后，這時高緯才十歲。

570 A. D. 北齊後主武平元年　尼靜深造像題記。

572 A. D. 北齊後主武平三年　左丞相斛律光被殺；皇后廢在別宮，後令爲尼，這時高緯才十七歲。

572～577 A. D. 北周武帝建德元年～建德六年　帝誅晉公護，上帝尊號，以后爲孝閔皇后，居崇義宮。

576 A. D. 北齊後主武平七年　十二月改元隆化，遂傳位給八歲的幼主高恆，這時高緯才二十一歲。於是，北齊隨之亡國。皇后斛律氏尼嫁爲開府元仁妻。

579 A. D. 西魏靜帝大象元年　二月，改北周武帝皇后李氏爲天元帝太后；七月，又尊爲天皇太后，時四十三歲。改宣帝后朱氏爲天元帝后；七月，又尊爲天皇后；尋又改爲天大皇后，時三十三歲。

580 A. D. 北周靜帝大象二年　尊北周武帝皇后李氏爲天元聖皇太后。正月，宣帝崩，靜帝尊爲太帝太后，時四十四歲。宣帝后朱氏爲帝太皇后，時三十四歲。宣帝之后出俗爲尼的，還有：其法號分別是：皇后陳氏，改名華光；皇后元氏，改名華勝；皇后尉遲氏，改名華道。

581 A. D. 北周靜帝大定元年（即隋文帝開皇元年）　禪位於隋，北周孝閔帝宇文覺之皇后出居里第。北周武帝之皇后李氏出俗爲尼，改名常悲，時四十五歲。二月北周宣帝后朱氏出俗爲尼，改名法淨，時三十五歲。

585 A. D. 陳後主至德三年　謝貞母卒，謝貞孝母亦卒。

586 A. D. 隋文帝開皇六年　法淨尼（北周宣帝之皇后朱氏）卒，年四十，以尼禮葬于京城西。

588 A. D. 隋文帝開皇八年　常悲尼（北周武帝之皇后李氏）卒，年五十三，以尼禮葬于京城南。

593 A. D. 隋文帝開皇十三年　脩梵尼卒，時九十一歲。

616 A. D. 隋煬帝大業十二年　北周孝閔帝宇文覺之皇后殂。

618 A. D. 隋恭帝義寧二年　陳後主皇后沈氏於毗陵天靜寺爲尼，名觀音。

650 A. D. 唐高宗永徽元年　華光尼卒。

九、本《考釋》可以補史志之缺者

（一）可以補正史傳之缺者

1. 案，寶唱和尚雖作〈名僧傳〉（今雖不傳，而猶有日・殘存抄本及目錄、附說在），卻無智山、法始和尚的記事；所幸在〈晉竹林寺淨撿尼傳〉裡，保存了一些資料，殆可窺見名僧、高僧的風儀。其他請詳本論文的「考1」。

2. 根據釋僧祐的《出三藏記集》卷三所載，《摩訶僧祇律》是法顯和尚從西域帶回來，而在晉義熙十二年（416 A. D.）到十四年末（418 A. D.）和佛馱跋陀在道場寺把它譯出來的。（案，《梁傳・法顯傳、佛馱跋陀》所載同。）而《僧祇尼羯磨》卻早於它六、七十年，就已由咸康時的僧建和尚譯來授戒了，這很可以補《僧傳》的不足。

3. 〈建福寺康明感尼傳考5〉所載索虜、明伯連的事體，可以補正史的不載。《通鑑》卷一○○所載虎患，也可以在本傳窺見一斑。

4. 殷仲堪之爲荊州刺史，據《晉書》卷八十四他的〈本傳〉的記載，說是：「（孝武）帝以會稽王非社稷之臣，擢所親幸以爲藩捍，乃授仲堪都督荊、益、寧三州軍事、振威將軍、荊州刺史、假節，鎮江陵。」然而，〈支妙音尼傳12〉所載，說是桓玄透過支妙音尼的關係，曲成其事，證諸王國寶事，應屬可信，是又可以補史之缺了。

5. 〈華嚴寺妙智尼傳41〉謂：「南齊侍中瑯琊王倫（案，應有一『之』字）妻江氏爲著石贊、文序，立于墓左耳。」史不言王延之、王倫之家世奉佛，又不言妻江氏能文，凡此都可以補史。

6. 《宋書》、《南史》不寫沈攸之沙汰僧尼事，而佛教史也多未載；然則〈集善寺慧緒尼傳48〉的紀錄，很可以補史了。

7. 齊太尉大司馬豫章王蕭嶷《南齊書》、《南史》史言其「以定策功，改封永安縣公，仍徙鎮西將軍、都督、荊州刺史。」而沒有確言時日，則〈集善寺慧緒尼傳48〉的紀錄，又可以補史之漏了。

8. 〈禪林寺淨秀尼傳〉記其祖梁疇、父梁粲之，一爲宋征虜司馬，一爲龍川縣都鄉侯；又彼等本北人，乃南遷至廣東者。皆可以補史之缺。

9. 〈成都長樂寺曇暉尼傳 54〉記梁長沙宣武王懿奉佛的事體，很可以補史不明載之失。

10. 《出三藏記集》卷十一記齊永明七年十月，文宣王召集京師碩學五百餘人，請定林僧柔法師、謝寺慧次法師於普弘寺迭講《成實論》，這一年是錯誤的，應該是宋孝武帝大明三年（459 A. D.）說見本論文〈竹園寺淨行尼傳考 59〉。

11. 《南齊書》、《南史》都不寫江泌女出家事，賴《唐傳》卷一〈梁揚都正觀寺扶南沙門僧伽婆羅傳附〉得知其女不但出家，尤能誦出異經。詳見本論文〈補遺・僧法尼傳考 6〉。

12. 《魏書・皇后列傳・宣武皇后高氏傳》，說后是文昭皇太后的弟弟——高偃的女兒；這不確，因爲〈孝文昭皇后傳〉說：「孝文昭皇后高氏，司徒公肇之妹也，父颺，母蓋氏，凡四男三女，皆生於東裔。」而〈高肇傳〉說：「肇長兄琨，琨弟偃，偃弟壽，壽弟肇。」這樣看來，偃是文昭皇太后的哥哥，不是弟弟了；而〈魏瑤光寺尼慈義傳考 35〉正作「后之兄也」，可見得《宣武皇后高氏傳》是錯的，碑銘所記，可正其謬。

13. 《漢魏南北朝墓誌集釋・比丘尼統慈慶墓誌》說慈慶尼「值玄匏鎭將，汝南人常珍奇據城反叛時，王師致討，掠沒奚官，遂爲恭宗景穆皇帝昭儀斛律氏躬所養恤，共文昭皇太后有若同生。」正史不載，可藉以補闕。

（二）可以補姓氏、地志之缺者

1. 補姓氏者

(1) 仲氏，應該是一罕見的姓氏；尤其他們的祖籍原來或居衛、或居樂安、中山，而在彭城的一支又到了甘肅武威。這是姓氏書典所不及載的，則其珍貴可知。其詳請參閱《罕見姓氏考・仲氏條》。

(2) 解姓，《廣韻》、《元和姓纂》都說是，「食邑於解，今解縣也。」案，解縣，今山西平陽府解州，與雁門同在一境，屬河東道；氏譜或說徙家魏州（河北大名縣）、濟南（山東歷城縣），而未有移家潯陽者，此可補氏譜之不足。

(3)《中華姓氏大典》說傅氏：「爲姓已久，特少顯者，故史失其系爾。」若然，則〈梁郡築戈村寺釋慧木尼傳〉所記：「慧木，本姓傅，北地人。」全書〈景福寺慧果尼傳〉所記：「宋青州刺史北地傅弘仁」都可補氏譜之不足。

(4)〈成都長樂寺曇暉尼傳考 54〉所載，花光尼師之本姓「鮮于」（或單姓鮮），可以補氏族譜之不足。

(5)路氏本北方氏族，在氏譜之中，並沒有南移之說；但是《比丘尼傳》的〈吳太玄臺寺釋玄藻尼傳〉說：「玄藻，本姓路，吳郡人安苟女也。」吳郡即今江蘇省吳縣，那麼，這可以補「氏志」之闕了。

2. 補寺志者

(1)〈新林寺道容尼傳 10〉說：「（晉簡文）帝深信重，即爲立寺，資給所須。因林爲名，名曰新林。即以師禮事之，遂奉正法；後晉顯尚佛，容之力也。」夷考《江南通志》卷四十七〈安慶府〉條，有茂林、谷林、東林、西林，就是沒有新林寺；而東晉建都建康，屬江寧府，亦僅有古林寺，建於明萬曆年間之古心律師。若就上引〈本傳〉文意考之，或以建康附近爲近似。此可以補寺志之缺。

(2)〈法音寺淨珪尼傳 47〉：「淨珪，本姓周，晉陵人也，寓居建康縣三世矣……性不狎俗，早願出家，父母怜之，不違其志。爲法淨尼弟子，住法音寺」因爲是早願出家，所以寺院應在其居所左近；又且是法淨尼弟子，而與曇簡是同學。然寺是曇簡尼所立，〈法音寺曇簡尼傳 45〉說：「以建元四年（482 A. D.），立法音精舍，禪思靜默，通達三昧。」《南朝寺考》說未詳寺之所在，「齊僧慧廓嘗居於是，梁時有甘露降寺松葉上，敕賜百官，沈約以啓謝焉。」然則曇簡尼、淨珪尼兩傳，可補寺志之缺。

(3)《比丘尼傳》卷三〈崇聖寺僧敬尼傳 39〉說：「逮元嘉中，魯郡孔默出鎮廣州，攜（僧敬尼）與同行……留滯嶺南三十餘載，風流所漸，獷俗移心，捨園宅施之者十有三家，共爲立寺於潮亭，名曰眾造。」案，此可補《南朝寺考》之闕。

（三）可以補道書之缺者

道教經典《三洞珠囊》卷一〈救導品〉引〈道學傳〉第十八卷說：「濮陽，不知何許人也。」而〈新林寺道容尼傳 10〉乃說他是清水道師，京師所謂王

濮陽者。

（四）可以證學者疑似者

清朱彝尊《經義考》卷一○二有一段話，說：「陸德明曰：『晉豫州刺史孫毓為詩評，評毛、鄭、王肅三家同異，朋於王。』又曰：『揚之水不流束蒲。毛云草也，鄭云蒲柳也。孫毓評云：蒲草之聲不與戍許相協，箋義為長。』今則二蒲之音未詳其異。王應麟曰：『正義引之。』按《隋志・別集類》有晉汝南太守孫毓集六卷，一孫毓也；一以為長沙守，一以為汝南守，一以為豫州刺史，未審孰是？」這是無從的證孫毓的職官，今以〈剡齊興寺德樂尼傳51〉律之，應以豫州刺史為是，便解決了從來的疑似。

第四章　總　結

　　從《比丘尼傳》及其補遺的考釋之後，我們得出了前述的各章結論；爲了使本論文更爲簡明，作總結如下：

　　考察女眾入道的因緣，略有以下諸端：（一）前世業因，所以從小便不沾葷腥，不慕榮利的。（二）家庭環境，譬如父母、兄弟姊妹的信佛，因而影響到她出家的心志。（三）家庭的變故，或寡居，或家道多故。（四）但是，最悲慘的，莫過於本無正信，卻因身不由己的，或因宮闈內鬥，或因主子的強迫而青燈古佛地了此殘生。（五）因爲身罹疾疢，或自願、或家人爲彼發願出家的。然而，不論她們出家的理由是什麼，我國最早的尼師總是在淨撿尼之前已經存在了，而其時若以漢哀帝爲斷，則時間約早於三個半世紀。因之寶唱和尚說「晉土有比丘尼，亦撿爲始也。」的話，我們或許應該有另外一層的看法，就是淨撿尼或者是「官許」的尼僧之始吧？

　　所謂尼師，她必須要受了具足戒後，其身分才被確認的；然而，根據《祐錄》的說法，以爲：「中夏聞法，亦先經而後律；《律藏》稍廣，始自晉末。」也就是鳩摩羅什法師在主持譯場的時候。這話未必正確，因爲《梁傳》卷一〈曇柯迦羅傳〉說：「中夏戒律，始自于此。」所謂「于此」就是指曇柯迦羅來華的時候。考曇柯迦羅來華，事在魏嘉平年中～案，即曹魏邵陵厲公（249～253 A. D.）「迦羅既至，大行佛法。時有諸僧共請迦羅譯出戒律；迦羅以《律部》曲制，文言繁廣，佛教未昌，必不承用。乃譯出《僧祇戒心》，止備朝夕，更請梵僧立羯摩法受戒。」這時期當然早於《祐錄》之說。不但如此，也有疑爲東漢時代所譯，而失其譯者的，如：失譯《沙彌尼戒經》、失譯《比丘尼十戒經》等是。不過，同樣是依止佛戒，卻往往起了極大的爭執，考其爭持

的根本原因所在，實在是部派見地的異同而已。因其有異同，於是有誦持《僧祇律》、《菩薩戒》的，而大多數乃奉行《十誦律》。

儘管誦持的部派不同，但是受持的艱辛，委實令人動容；今揆其堅持的態度，略有：（一）受具不移，（二）持戒不毀，（三）守節不辱，（四）苦行不殆。所謂「功不唐捐」，有以上的種種堅持與修持，當然有以下的成就：（一）學爲物宗，士庶共欽；（二）講經宏通，宣說正法；（三）交通王侯，名動公卿，甚而至於參與謀反叛亂；（四）造像立寺，敕爲僧官；（五）服務社會，回饋人群。當然，譽之所加，謗亦隨之，曾文正公所說的：「左列鐘銘右謗書，人生到處有乘除。」於是顯、密二教的齟齬不說，正、邪兩道之不能相容，固是不爭的事實；而最慘烈的，莫過於釋、道的爭鬥，那斑斑的血跡眞是所在多是。然而，二教鬥爭的結果，是使佛法南移，而開闢了隋、唐的十宗盛世，這未必不是一得。

佛教的十宗雖說到了隋、唐才完滿地表現了出來，但是尼師的初成，也已經隱然雛型了。譬如就其行持，可得：守律、義解、習禪、誦經、雜科、興福、神異、遺身、其他等九目；而守律之中，還有：十誦、僧祇、四分、菩薩戒的執持的不同；同樣是求生淨土，也有彌勒兜率與彌陀安養的信仰差異；至於習禪，則禪頌和禪觀也有不同的剖判。另外，有焚身以爲供養的修法；但是，慧皎和尚頗著微辭。他在《梁傳》卷十三〈遺身論〉上說：「若是出家凡僧，本以威儀攝物，而今殘毀形體，壞福田相。考而爲談，有得有失；得在忘身，失在違戒⋯⋯夫三毒四倒，乃生死之根栽；七覺八道，實涅槃之要路。豈必燔炙形體，然後離苦？」話雖如此，但修習這一路子的，頗不乏人。不過，此地有一現象，是寶唱和尚所不及提到的，那就是諸遺身尼眾，應該多是誦習《藥王菩薩品》的現象，卻頗值得我們的注意。再就上述九目之中，尼師們缺了譯經、明律、經師等目的情況，可以考見彼時女眾的社會制約與教育程度、普及之不足的現象。

尼師的修習，不論所宗爲何？其必以寺院爲依止，殆無不同。今夷考彼時寺院的所在，或在建康之尼寺，或在洛陽之尼寺，或在這兩地之外。而凡此寺院的成立，殆有以下五類的因緣，如：（一）尼自立寺，這是尼師出家後，或以自宅、或以講經說法的功德而得信徒之嚫遺、或數位尼師共力而創建之寺院者。（二）他施地，而尼師自立爲寺的。（三）整建裝修原有寺院者，這雖不是自我創建，卻是以檀越的信施來對舊制增飾的。（四）他立寺。這完全

是信眾因感於尼師的德行，且為自身祈福，而施財以修建的。（五）其他。這是就不知是自立或他立等，異於上述四者的，則歸在本項之中。然則寺院經費的收支，厥為本論文的研究重點之一，其可以考見的，略有：一、貸款民間，以收取利息；二、帝王、貴戚的賞賜；三、信眾的布施；四、尼師為白衣作法事而得嚫遺、供施。當然，她們的回饋、施捨，不但大額而且是無相的；這乃構成了一個良好的經濟循環系統。

尼師的經濟既如上述，卻有一點猶須注意的是，僧官的秩俸也是其一；不過根據《尼傳》所載，她們的官階最多的是寺主，至於僧正、僧統甚而都維那也僅偶爾一見而已，宋釋贊寧《僧史略》卷中〈立僧正〉條說：「（尼正）北朝立制，多是附僧；南土新規，別行尼正。宋太始二年敕尼寶賢為尼僧正，又以法淨為京邑都維那，此則承乏之漸；梁、陳、隋、唐少聞其事，偏霸之國往往聞有尼統、尼正之名焉。」這話很對，確然事實。再者僧正、僧統的月俸，不過一萬錢耳。

又從尼眾的姓氏研究之中，我們固然可以佐證和補苴了歷代姓譜；卻也從其中尼師的出身郡望，證明了她們本不是什麼「世家大族」。而其遷徙的路線，固然有西入蜀境的，由南到北的；但是總體來說，還是自北南移的多。從這一點上看，我民族的遷徙，多受時代、環境變動而造成的事實是可以肯定的；並且其路線，多是自北南移。

因為對於《比丘尼傳》及其補遺的考察，我們又得著了一另類的成果，就是可以補史志的缺漏，如：（一）可以補正史傳之缺，（二）可以補姓氏、地志之缺，（三）可以補道書之缺，（四）可以證學者疑似。

總結以上的研究，本人以為最重要的一點，就是尼師們對於戒律的堅守，才是我國尼眾之異於南傳諸地而能屹立不搖、獨存獨大的原由所在。

以上種種論證，不知然否？祈　學者、專家之教正也。

附　錄

一、本傳索引

以首字筆劃為次，下注本文僧傳目（如〈考○〉）。

（一）書名篇

八畫

《毗尼》 見〈考 14〉、〈考 38〉、〈考 62〉。

〈毗曇〉 見〈考 59〉。

《首楞嚴經》 見〈考 16〉。

十畫

《涅槃經》 見〈考 52〉、見〈考 62〉。

十一畫

《淨土》 僧法尼所誦出者，見〈遺考 6〉。

《淨名》 見〈考 41〉。

十二畫

《勝鬘》 見〈考 41〉、〈考 60〉、〈考 64〉。

《無量壽經》 見〈考 64〉。

〈華嚴〉 見〈考 59〉。

《普門品》 見〈遺考 8〉、〈考 11〉。

十四畫

《僧祇尼羯磨》 沙門僧建於月支國齎來，見〈考 1〉。

《維摩》 見〈考 9〉、〈考 13〉、〈考 60〉。

（二）僧名篇

一畫

乙弗氏尼 北魏文皇后，見〈遺考 19〉。

四畫

支妙音 見〈考 12〉。

仇文姜 見〈考 28〉。（案，此是尼師，蓋靜稱尼之同參也）

太清 見〈遺考 8〉。

文宣皇后李氏尼 見〈遺考 21〉。

元氏尼 即北周孝閔皇后，名胡摩，北魏文帝第五女，見〈遺考 24〉。

王氏尼 杜寵妻，見〈遺考 32〉。

五畫

白尼 見〈考 39〉。

令玉 見〈考 60〉。

令宗　見〈考 11〉。

令惠　見〈考 60〉。

弘光　見〈遺考 1〉。

弘安　見〈考 14〉。

玄藻　見〈考 19〉。

玄趣　見〈考 42〉。

尒朱氏尼　即北魏孝莊皇后，見〈遺考 22〉

六畫

安令首　見〈考 2〉。

安慧則　即釋慧則，見〈遺考 4〉。

求那跋摩　見〈考 14〉、〈考 34〉、〈考 51〉、〈考 52〉。

光淨　見〈考 45〉。

光靜　見〈考 25〉。

光輝　見〈遺考 37〉。

如靜　見〈遺考 37〉、〈遺考 22〉。

七畫

妙光　見〈考 16〉。

妙相　見〈考 4〉、〈考 43〉。

妙智　見〈考 41〉。

妙褘　見〈考 62〉。

李氏尼　即文宣后，後封可賀敦皇后，見〈遺考 21〉。

戒忍　見〈考 60〉。

八畫

法文　見〈遺考 37〉。

法王　即慈義尼之弟子，見〈遺考 35〉。

法弘　法度之弟子，見〈考 16〉、〈遺考 1〉。

法行　見〈遺考 23〉。

法光　見〈遺考 37〉。

法全　見〈考 44〉。

法延　見〈考 43〉。

法成　見〈考 25〉。

法度　見〈遺考 1〉。

法林　見〈考 30〉。

法始　見〈考 1〉。

法育　見〈考 54〉。

法相　見〈考 29〉。

法施　見〈考 59〉。

法宣　見〈考 65〉。

法祕　見〈遺考 10〉。

法淨　見〈考 35〉、〈考 46〉、〈考 47〉、〈考 51〉。

法淨　即北周・宣帝皇后，見〈遺考 26〉。

法進　見〈考 43〉。

法陰　見〈遺考 37〉。

法盛　見〈考 15〉。

法勝　見〈考 23〉。

法隆　見〈遺考 37〉。

法照　見〈遺考 37〉。

法綵　見〈考 37〉。

法興　見〈遺考 37〉。

法緣　見〈考 37〉。

法慶　見〈遺考 37〉。

法穎　見〈考 52〉、〈考 56〉。

法濟　見〈考 19〉。

法璨　見〈遺考 37〉。

法辯　見〈考 31〉。

法藏　見〈考 49〉。

法護　僧念尼之師，見〈考 53〉。

竺佛圖澄　見〈考 1〉。

竺道馨　見〈考 9〉。

明感　見〈考 5〉。

明練　又名道蹟，號總持，梁武帝女，菩提達摩弟子，見〈遺考 7〉。

始靚　見〈遺考 37〉。

宗瑗　見〈考 44〉。

花光　見〈考 54〉。

直月　見〈考 55〉。

阿勝洛妃　見〈遺考 37〉。

九畫

思隱　見〈考 56〉。

宣業　見〈遺考 1〉。

宣明寺尼（陳招遠將軍掌記室謝貞之母）　見〈遺考 31〉。

胡氏尼（北魏宣武靈皇后之姑）　見〈遺考 17〉。

胡氏尼（北魏宣武靈皇后）　見〈遺考 17〉。

胡氏尼（北魏孝明皇后）　見〈遺考 18〉。

若干氏尼（北魏恭皇后）　見〈遺考 20〉。

十畫

脩梵　見〈遺考 36〉。

馬祖　見〈遺考 10〉。

祕魔和尚　唐朝人，得馬祖之道，居祕魔巖者，見〈遺考 10〉。

高氏尼（北魏宣武皇后）　見〈遺考 16〉。

桓溫時尼　見〈遺考 39〉。

徐氏尼　高隆之寡姊而爲尼者，見〈遺考 21〉。

十一畫

淨行　見〈考 59〉。

淨秀　見〈考 52〉、〈考 56〉、〈考 61〉。

淨哀　見〈考 30〉。

淨度　見〈考 40〉。

淨音　見〈考 34〉。

淨珪　見〈考 47〉。

淨撿　見〈考 1〉、〈考 2〉。

淨暉　見〈考 45〉。

淨賢　殆業首尼之弟子，住持東青園寺十餘年，見〈考 57〉。

淨淵　見〈考 58〉、〈考 59〉。

淨曜　見〈考 60〉。

淨練　見〈考 44〉。

淨嚴　見〈遺考 2〉。

惠果　見〈考 34〉。

惠要　見〈遺考 37〉。

惠香　見〈遺考 13〉。

惠姜　見〈遺考 37〉。

惠高　見〈考 57〉。

惠通　見〈遺考 37〉。

惠智　見〈遺考 37〉。

惠湛　見〈考 5〉。

惠暉　見〈考 63〉。

惠朕　見〈遺考 37〉。

惠壽　見〈遺考 37〉。

惠寶　見〈遺考 37〉。

惠藏　見〈遺考 37〉。

偶法師　見〈考 15〉。

紹戔　見〈遺考 37〉。

斛律氏尼　（北齊）後主皇后，見〈遺考 22〉。

常悲　即北周高祖武帝皇后李娥姿，見〈遺考 25〉。

十二畫

智山　見〈考 1〉。

智空　見〈遺考 37〉。

智朗　見〈遺考 37〉。

智勝　見〈考 42〉

智賢　見〈考 3〉。

普明　見〈遺考 1〉。

智通　見〈遺考 9〉。

普照　見〈考 21〉。

普敬　僧端之徒，見〈考 24〉。

普要　僧端之徒，見〈考 24〉、〈考 38〉。

普練　外國沙門，見〈考 52〉。

善妙　見〈考 26〉。

超辯　見〈考 31〉。

超明　見〈考 49〉。

菩提達摩　見〈遺考 7〉。

華手　見〈遺考 9〉。

華光　即北周宣帝皇后陳氏，見〈遺考 6〉、〈遺考 27〉。

華勝　即北周宣帝皇后元氏，見〈遺考 28〉。

華道　即北周宣帝皇后尉遲氏，見〈遺考 29〉。

馮尼　見〈考 55〉。

十三畫

道容　見〈考 10〉。

道希　見〈遺考 37〉。

道香　見〈遺考 37〉。

道場　見〈考 1〉。

道貴　見〈考 64〉。

道津　見〈考 11〉。

道照　見〈考 31〉。

道綜　見〈考 32〉。

道儀　見〈考 13〉。

道瓊　見〈考 17〉。

道壽　見〈考 18〉。

道蹟　又名明練，號總持，梁武帝女，菩提達摩弟子，見〈遺考 7〉。

業首　見〈考 30〉。

靖首　見〈遺考 4〉。

薑良耶舍　見〈考 31〉。

楊氏尼　張彪妻，見〈遺考 32〉。

十四畫

□究　見〈遺考 37〉。

僧化　見〈考 33〉。

僧好　見〈遺考 37〉。

僧志　華林寺主，僧蓋尼之師，見〈考 43〉。

僧果　見〈考 27〉。

僧宗　見〈考 42〉、〈考 59〉。

僧法　梁武帝時，太學博士江泌女，見〈遺考 6〉。

僧炎　見〈遺考 37〉。

僧和　見〈遺考 37〉。

僧念　曇叡之姑，法護尼之弟子，見〈考 53〉。

僧建　見〈考 1〉。

僧相　見〈遺考 37〉。

僧要　見〈考 45〉。

僧述　淨秀尼弟子，見〈考 61〉。

僧津　見〈遺考 37〉。

僧柔　見〈考 65〉。

僧茂　見〈考 51〉。

僧基　見〈考 8〉。

僧猛　見〈考 40〉。

僧援　見〈遺考 37〉。

僧勝　見〈遺考 37〉。

僧超　見〈考 39〉。

僧欽　見〈遺考 23〉、〈遺考 40〉。

僧暉　見〈遺考 37〉。

僧照　見〈遺考 37〉。

僧達　見〈遺考 37〉。

僧遠　見〈考 42〉。

僧瑗　僧猛從弟之女，見〈考 40〉。

僧敬　見〈考 39〉、〈遺考 17〉。

僧律　見〈考 44〉。

僧審　見〈考 43〉。

僧隱　見〈考 43〉。

僧伽跋摩　見〈考 14〉、〈考 27〉、〈考 34〉、〈考 51〉。

僧端　見〈考 24〉。

僧蓋　見〈考 43〉。

僧辯　見〈考 31〉。

僧讚　見〈遺考 37〉。

慈香　見〈遺考 37〉。

慈義　見〈遺考 35〉。

慈慶　見〈遺考 17〉。

蜜多道人　見〈遺考 17〉。

十五畫

慧力　見〈考 60〉。

慧木　見〈考 22〉。

慧玉　見〈考 16〉。

慧令　見〈考 52〉。

慧孜　普照之師，見〈考 21〉。

慧形　見〈考 44〉。

慧明　見〈考 46〉。

慧政　見〈遺考 37〉。

慧承　見〈遺考 37〉。

慧則　即安慧則，見〈遺考 4〉。

慧湛　見〈考 5〉、〈考 7〉。

慧通　見〈遺考 5〉。

慧果　見〈考 14〉、〈考 31〉。

慧承　見〈遺考 20-6〉。

慧音　見〈考 63〉

慧首　見〈寺院考・他施寺 16〉

慧朗　慧瓊之徒，見〈考 20〉。

慧虔　見〈遺考 2〉。

慧宿　見〈考 29〉。

慧基　見〈考 49〉。

慧智　見〈考 20〉。

慧超　慧木之師，見〈考 22〉。

慧勝　見〈考 56〉。

慧意　慧果之徒，見〈考 14〉。

慧遠　見〈考 13〉。

慧緒　見〈考 48〉（案，此與〈遺考 5〉非同一人）、〈遺考 5〉。

慧潤　見〈遺考 37〉。

慧熙　見〈考 65〉。

慧聰　僧果之師，見〈考 27〉。

慧濬　見〈考 33〉。

慧鎧　慧果之徒，見〈考 14〉。

慧曜　見〈考 52〉。

慧瓊　見〈考 20〉。

慧耀　見〈考 36〉。

德樂　齊明寺住持，法宣尼之師，見〈考 51〉。

練行　見〈遺考 14〉。

十六畫

曇仙　見〈遺考 37〉。

曇芝　見〈考 39〉。

曇那　見〈遺考 37〉。

曇寅　業首之徒，見〈考 30〉。

曇勇　曇簡尼之姊，見〈考 50〉。

曇信　見〈遺考 37〉。

曇容　見〈遺考 37〉。

曇財　見〈遺考 37〉。

曇斌　見〈考 42〉。

曇備　見〈考 6〉、〈考 8〉。

曇敬　見〈考 15〉。

曇羨　見〈遺考 37〉。

曇愛　見〈考 15〉。

曇會　見〈遺考 37〉。

曇徹　普要之徒，見〈考 38〉。

曇整　見〈考 49〉。

曇叡　招提寺住持，僧念尼之姪，見〈考 53〉。

曇簡　法音精舍創建者，見〈考 46〉、〈考 47〉、〈考 50〉。

曇羅　見〈考 6〉。

曇覽　見〈考 51〉。

曇摩耶舍　見〈遺考 1〉。

曇摩羯多　見〈考 1〉。

靜深　見〈遺考 37〉。

靜稱　見〈考 28〉。

靜遊　見〈遺考 37〉。

靜淵　見〈遺考 37〉。

靜輝　見〈遺考 37〉。

十七畫

濟瑗　見〈考 45〉。

總持　見〈遺考 7〉。

十八畫

薩花　見〈遺考 37〉。

二十畫

寶英　見〈考 30〉。

寶亮　見〈考 59〉。

寶賢　見〈考 34〉、〈考 35〉。

寶嬰　見〈考 44〉。

寶顯　見〈考 57〉。

二十一畫

鐵薩羅　師子國尼眾，見〈考 27〉、〈考 34〉、〈考 39〉。

二十五畫

觀音　陳後主之后沈婺華，見〈遺考 30〉。

（三）人名篇

三畫

山氏　河內毗陵丞司馬隆之妻，見〈考 23〉。

四畫

王氏　趙處思之妾，見〈考 20〉、〈考 36〉、〈遺考 31〉。

王忱　晉孝武帝時荊州刺史，見〈考 12〉。

王郁　楊州刺史，見〈考 31〉。

王恭　晉烈宗欲以爲荊州刺史，見〈考 12〉。

王倫　南齊侍中、瑯琊人，見〈考 41〉。

王坦之　見〈考 30〉

王景深　見〈考 30〉。

王道寄　法宣尼之父，見〈考 65〉。

王僧辯　見〈遺考 32〉。

王濮陽　即清水道師，先爲簡文帝所敬信，見〈考 10〉。

北魏・文昭皇太后　即宣武帝母高氏，見〈遺考 34〉、〈遺考 35〉。

北魏・文皇帝　見〈考 34〉、〈考 57〉。

北齊・文宣帝　見〈遺考 21〉。

北齊・文惠帝　見〈考 39〉、〈考 42〉、〈考 45〉、〈考 46〉、〈考 52〉。

北齊・文宣皇后　即可賀敦皇后，見〈遺考 21〉。

元皇后　見〈考 17〉。

元胡摩　即北魏文帝第五女，北周孝閔皇后，見〈遺考 24〉。

元晟　即北周宣帝后之父，見〈遺考 28〉。

元樂尚　即北周宣帝后，見〈遺考 28〉。

孔默　廣州太守，見〈考 37〉、〈考 39〉。

孔熙先　見〈考 51〉。

太原公　即北齊文宣皇后之前夫，見〈遺考 21〉。

五畫

石虎　後趙太祖，見〈考 2〉。

司馬聃　東晉穆帝，見〈考 6〉。

司馬隆　河內毗陵丞，見〈考 23〉。

尒朱榮　見〈遺考 17〉。

可賀敦皇后　即北齊・文宣皇后，見〈遺考 21〉。

田宏　趙國均仁人，梁天水太守，僧蓋尼之父，見〈考 43〉。

申繒　見〈遺考 32〉。

六畫

仲誕　西晉末（懷、愍時之）武威太守，見〈考 1〉。

曲安遠　簡文帝時之筮者，見〈考 10〉。

安苟　釋玄藻父，見〈考 19〉。

江氏　南齊侍中、瑯琊王倫之妻，見〈考 41〉。

江泌　梁太學博士，僧法尼之父，見〈遺考 6〉。

江夏王　見〈考 20〉、〈考 33〉。

朱滿月　即北周・宣帝皇后，法號法淨尼，見〈遺考 26〉。

羊彌　州從事吏，僧念尼之父，見〈考 53〉。

七畫

宋文帝　見〈考 30〉、〈考 34〉、〈考 42〉、〈考 51〉、〈考 57〉、〈考 58〉、〈考 61〉

宋明帝　見〈考 39〉。

宋邵陵王　見〈考 60〉。

宋後廢帝　見〈考 30〉、〈考 34〉、〈考 60〉。

宋武帝　見〈考 52〉。

宋南昌公主　見〈考 52〉。

北魏・孝莊皇后　即尒朱氏尼，見〈遺考 22〉。

北周・孝閔皇后　見〈遺考 24〉。

杜霸　東晉穆帝時，常山太守，見〈考 3〉。

杜龕　見〈遺考 32〉。

何充　東晉穆帝時，司空，見〈考 5〉、〈考 7〉。

何氏　東晉穆帝后，見〈考 6〉。

李宗侃　北齊時人，法行尼之異母弟也，見〈遺考 23〉。

李孝衡　北齊時人，法行尼之族人也，見〈遺考 23〉。

李希宗　北齊・文宣皇后之父，見〈遺考 21〉。

李祖娥　即北齊・文宣皇后，李希宗之女，見〈遺考 21〉。

李神軌　見〈遺考 17〉。

李寧民　見〈遺考 34〉。

李娥姿　即北周武皇后，見〈遺考 25〉。

沈約　見〈考 39〉

沈泰　見〈遺考 32〉

沈君理　即陳後主后之父，見〈遺考 30〉。

沈婺華　即陳後主之后，法號觀音尼者，見〈遺考 30〉。

岑率　晉正員郎、餘杭令，見〈考 40〉。

阮儉　見〈考 51〉。

八畫

明伯連　東晉穆帝時，北地賊寇，見〈考 5〉。

北魏・明帝　見〈遺考 17〉。

孟顗　晉孝武帝太傅，見〈考 12〉、〈考 20〉

范氏　王景深之母，見〈考 30〉

周仲智　見〈遺考 4〉。

周顒　南齊時隱士，有重名，見〈考 65〉。

吳充華　汝南王母，見〈考 61〉。

竺婆勒　釋法度之父，見〈遺考 1〉。

青海王　見〈遺考 19〉。

北魏・武都王戊　北魏文帝子，見〈遺考 19〉。

北魏・宣武帝　見〈遺考 20〉、〈遺考 35〉。

北魏・宣武帝后高氏　見〈遺考 16〉、〈遺考 35〉。

北齊・武成帝　見〈遺考 18〉、〈遺考 22〉。

北周・武帝　即高祖宇文邕，見〈遺考 25〉。

北周・武皇后　即高祖宇文邕之后，見〈遺考 25〉。

范先　超明尼之父，見〈考 49〉。

南齊・東昏侯　見〈寺院考・他施寺 27〉

九畫

苻堅　前秦世祖，見〈考 3〉、〈考 29〉

皇甫達　東晉穆帝時，太子舍人，妙相尼前夫也，見〈考 4〉。

胡盛　北魏・孝明皇后之父、宣武靈皇后之從兄、冀州刺史，見〈遺考 18〉。

胡母氏　周仲智之妻，見〈遺考 4〉。

胡國珍　北魏・宣武靈皇后之父，見〈遺考 17〉。

韋朗　刺史，見〈考 37〉。

建德公主　北魏・宣武皇后之女，見〈遺考 16〉。

北齊・後主　見〈遺考 21〉、〈遺考 22〉。

北周‧宣帝，見〈遺考 25〉、〈遺考 26〉、〈遺考 29〉。

北周‧宣帝皇后朱氏，見〈遺考 26〉。

北周‧宣帝皇后陳氏，見〈遺考 27〉。

北周‧宣帝皇后元氏，見〈遺考 28〉。

北周‧宣帝皇后尉遲氏，見〈遺考 29〉。

姚察（陳史部尚書）　見〈遺考 31〉。

侯景　見〈遺考 32〉。

十畫

徐仲　僞趙爲外兵郎，後爲黃門侍郎、清河太守，見〈考 2〉。

徐紇　見〈遺考 17〉。

晉明帝　見〈考 10〉。

晉孝武　見〈考 11〉、〈考 12〉。

晉安公主　即北周‧孝閔皇后元胡摩，見〈遺考 24〉。

晉公護　即北周‧宇文護，見〈遺考 24〉。

桓玄　晉孝武時江夏太守，見〈考 12〉。

桓溫　晉大司馬，見〈遺考 21〉。

殷仲堪　荊州刺史，見〈考 12〉。

恭宗景穆皇帝　北魏，見〈遺考 34〉。

唐僧智　慧勝尼之父，見〈考 56〉。

高偃　北魏‧宣武皇后之父，見〈遺考 35〉。

高英　即慈義尼，見〈遺考 35〉。

北齊‧神武帝　見〈遺考 22〉。

孫毓　毗陵人，晉豫州刺史，德樂尼之高祖，見〈考 51〉。

孫懷道　宋明帝時，武當山道士，見〈考 36〉。

馬先生　見〈考 52〉。

庾詵　南齊時隱士，有重名，見〈考 65〉。

十一畫

張岱　益州刺史吳郡，見〈考 40〉。

張茂　弘農富豪，見〈考 4〉。

張彪　見〈遺考 32〉。

張援　南齊時隱士，有重名，見〈考 65〉。

張辯　豫章太守，見〈考 15〉。

張烈　瀛州刺史，見〈遺考 36〉。

張牧　交州刺史，見〈遺考 1〉。

張峻　見〈考 54〉。

張崑崙　張彪弟，見〈遺考 32〉。

張貴嬪　宋臨川王母，見〈考 61〉。

清水道師　即王濮陽，先爲簡文帝所敬信，見〈考 10〉。

常珍奇　玄匏鎮將，見〈遺考 34〉。

常景　征虜將軍中散大夫領中書舍人，見〈遺考 34〉。

斛律氏　恭宗景穆皇帝之昭儀，見〈遺考 34〉。

竟陵文宣王　見〈考 39〉、〈考 41〉、〈考 42〉、〈考 43〉、〈考 45〉、〈考 46〉、
　　　　　　〈考 52〉、〈考 59〉、〈考 61〉、〈考 64〉。

庾詠　見〈考 65〉。

梁武帝　見〈考 59〉、〈遺考 6〉、〈遺考 7〉。

梁宣武王　見〈考 54〉。

梁疇　征虜將軍，淨秀尼之祖，見〈考 52〉。

梁甫　見〈遺考 39〉。

梁粲之　龍川縣都鄉侯，淨秀尼之父，見〈考 52〉。

梁衡陽王元簡　見〈考 65〉。

陳文帝　見〈遺考 32〉。

陳武帝　見〈遺考 9〉、〈遺考 32〉。

陳山提　北周宣帝時之大將軍，皇后之父，見〈遺考 27〉。

陳月儀　北周宣帝之后，大將軍陳山提第八女，見〈遺考 27〉。

悼后　北魏文皇帝之后，見〈遺考 19〉。

曹寵　見〈遺考 19〉。

斛律光　北齊後主時之左丞相，皇后之父，見〈遺考 22〉。

略陽公　即北周孝閔帝，見〈遺考 24〉。

尉遲迥　即北周蜀公、宣帝后之父，見〈遺考 29〉。

尉遲繁熾　即北周蜀公之女、宣帝后，見〈遺考 29〉。

隋煬帝　見〈遺考 30〉。

章昭達　見〈遺考 32〉。

十二畫

　　湘東王　見〈考 57〉

　　馮翊君　見〈遺考 17〉。

　　費崇先　見〈遺考 40〉。

　　黃蒼　張彪之犬，見〈遺考 32〉。

十三畫

　　楊氏　張彪妻，見〈遺考 32〉。

　　楊暾　張彪妻楊氏之父，見〈遺考 32〉。

　　楊令辯　篤信黃老，毒死竺道馨尼師者，見〈考 9〉。

　　楊興宗　比丘尼統慈慶之夫，恆農人，見〈遺考 34〉。

　　解直　比丘尼道儀之夫，雁門樓煩人，見〈考 13〉。

　　傅弘仁　宋青州刺史，北地人，見〈考 14〉。

　　會稽穆公主　陳武帝女，見〈遺考 30〉。

十四畫

　　趙珍　東晉穆帝時，扶柳縣令，見〈考 3〉。

　　趙氏　見〈考 15〉。

　　趙胡　見〈遺考 17〉。

　　趙處思　見〈考 36〉。

　　褚氏　東晉康帝之后，見〈考 8〉。

　　齊文惠帝　見〈考 39〉、〈考 42〉、〈考 45〉、〈考 52〉。

　　齊武皇帝　見〈考 41〉。

　　齊巴陵王蕭照冑　見〈考 65〉。

　　甄法崇　見〈考 54〉。

十五畫

　　潘貴妃　見〈考 30〉。

　　劉虯　見〈考 32〉。

　　劉亮　見〈考 36〉。

　　劉悛　見〈考 54〉。

　　劉懷肅　見〈考 36〉。

　　劉懷默　見〈考 36〉。

　　樂遵　見〈考 39〉。

鄭儼　見〈遺考 17〉。

十六畫

蕭承之　見〈考 20〉。

謝貞（陳招遠將軍掌記室，宣明寺尼之子）　見〈遺考 31〉。

十八畫

簡文帝　見〈考 10〉。

難提　外國舶主，首載師子國尼眾來華者，見〈考 27〉。

臨賀王　見〈考 31〉。

懷僧珍　僧述尼之父，見〈考 61〉。

顏峻　丹陽尹，見〈遺考 1〉。

北魏・靈太后胡氏　見〈遺考 7〉。

二十一畫

蘭欽　見〈遺考 32〉。

（四）職官篇

四畫

太守　見〈考 1 武威〉、〈考 2 清河〉、〈考 3 常山〉、〈考 4〉、〈考 15〉、〈考 43〉。

太子舍人　見〈考 4〉、〈遺考 31〉。

五畫

司空　見〈考 5〉、〈考 7〉、〈考 20〉。

外兵郎　見〈考 2〉。

左衛將軍　見〈遺考 17〉、〈遺考 32〉。

正員郎　見〈考 40〉。

八畫

刺史　見〈考 12〉、〈考 14〉、〈考 31〉、〈考 36〉、〈考 37〉、〈考 40〉、〈考 48〉、〈考 51〉、〈考 54〉、〈遺考 1〉、〈遺考 18〉、〈遺考 31〉、〈遺考 32〉、〈遺考 36〉。

征虜司馬　見〈考 52〉。

十一畫

國子生　見〈考 49〉。

十二畫

　　黃門侍郎　見〈考 2〉。

　　都鄉侯　見〈考 52〉。

十六畫

　　縣令　見〈考 3 扶柳〉、〈考 40 餘杭〉

（五）寺名篇

三畫

　　大市寺　在洛陽，見〈遺考 4〉。

　　三層寺　在江陵，見〈遺考 5〉、〈考 32〉、〈考 48〉。

　　上定林寺　見〈考 31〉。

四畫

　　牛牧精舍（寺，或稱靈收寺）　在江陵，見〈考 16〉。

　　六重寺　見〈考 16〉。

　　太上公寺　見〈遺考 17〉。

　　太上君寺　見〈遺考 17〉。

　　太玄臺寺　見〈考 19〉。

　　太后寺　見〈考 53〉。

　　中寺　在廣陵，見〈考 25〉。

　　天安寺　即新渚寺，見〈遺考 4〉。

　　天靜寺　在毗陵，陳後主后出家處，見〈遺考 7〉、〈遺考 30〉。

　　王國寺　在枳園寺路北也，見〈考 51〉。

五畫

　　北寺　在山陰，淨嚴尼師所住持者，見〈遺考 2〉。

　　北岳寺　在弘農北岳蔭林西野，妙相尼師所立也，見〈考 4〉。

　　永安寺　見〈考 24〉、〈考 30〉。

　　北永安寺　在丹陽建康定陰里，東晉穆帝皇后何氏永和十年所立，後改
　　　　　　　名何后寺，見〈考 6〉。

　　（吳縣）北張寺　見〈考 49〉。

　　永橋寺　見〈遺考 17〉。

　　永福寺　見〈考 35〉。

永寧寺　見〈遺考 17〉。

司州（西）寺　見〈考 3〉。

瓦官寺　見〈考 17〉、〈考 39〉、〈考 42〉。

本願尼寺　見〈此爲尼寺。寺院考・他施寺 32〉。

六畫

竹林寺　見〈考 1〉、〈考 28〉。

竹園寺　見〈考 33〉、〈考 58〉、〈考 59〉。

七畫

辛寺　在江陵，見〈遺考 1〉。

妙相寺　在洛陽，見〈考 43〉。

妙勝寺　在鄴，爲貴遊女子之家寺，見〈遺考 21〉。

何后寺　在丹陽建康定陰里，東晉穆帝皇后何氏永和十年所立，原名永安寺，後改今名，見〈考 6〉、〈考 13〉、〈考 60〉。

八畫

延興寺　在都亭里通恭巷內，見〈考 8〉。

東寺　在吳縣，見〈考 23〉。

青園寺　見〈寺院考・他立寺 17〉。

（東）青園寺　見〈考 30〉、〈考 57〉。

（西）青園寺　見〈考 62〉。

建中寺　見〈寺院考・他立寺 26〉。

建安寺　見〈考 34〉、〈考 39〉。

建賢寺　見〈考 2〉。

建福寺　見〈考 5〉、〈考 7〉、〈考 15〉、〈考 17〉、〈考 40〉、〈考 42〉。

建熙精舍　在廣陵，見〈考 21〉。

招明寺　在山陰，法宣尼所住者，見〈考 65〉。

法音精舍（寺）　曇簡尼所建，見〈考 46〉、〈考 50〉。

長秋寺　見〈寺院考・他立寺 18〉。

法華寺　爲道蹟尼所立者，見〈遺考 7〉。

妙勝寺　北齊・文宣皇后之住寺，見〈遺考 21〉。

招提寺　見〈考 53〉。

明懸尼寺　見〈寺院考・他立寺 22〉。

果願尼寺　見〈寺院考・他立寺 28〉。

九畫

洛陽東寺　在洛陽，見〈考 9〉。

昭儀寺　在洛陽東陽門內，見〈遺考 34〉。

南寺　在吳縣，見〈考 23〉。

南建興寺　見〈考 17〉。

南安寺　在廣陵，見〈考 20〉。

南外永安寺　在丹陽建康定陰里之南，見〈考 20〉。

南永安寺　見〈考 38〉、〈考 51〉。

南林寺　見〈考 27〉、〈考 34〉。

南晉陵寺　見〈考 60〉。

祇洹寺　見〈考 18〉。

郎中寺　見〈考 55〉。

宣明寺　見〈此為尼寺。寺院考・其他 12〉、〈遺考 31〉。

香嚴寺　見〈遺考 32〉。

十畫

烏江寺　見〈考 10〉。

高座寺　見〈考 20〉。

晉興寺　見〈考 34〉。

草堂寺　見〈考 56〉。

十一畫

張國寺　在南皮，見〈考 21〉。

景福寺　宋青州刺史傅弘仁為慧果尼師割宅東而立，見〈考 14〉、〈考 27〉、
〈考 31〉、〈考 34〉。

景樂寺　見〈此為尼寺。寺院考・他施寺 20〉。

景興尼寺　見〈此為尼寺。寺院考・他施寺 24〉。

崇聖寺　見〈考 39〉、〈此為尼寺。寺院考・他施寺 16〉。

崇隱寺　見〈考 49〉。

莊嚴寺　見〈考 42〉、〈遺考 3〉。

頂山寺　見〈考 64〉。

乾靈寺　見〈遺考 37〉。

十二畫

　　菩提寺　見〈寺院考 3〉、〈考 20〉。

　　普賢寺　見〈考 34〉、〈考 35〉、〈考 45〉。

　　眾造寺　在廣州潮亭，見〈考 39〉。

　　華林寺，在彭城，見〈考 43〉。

　　華嚴寺　見〈考 41〉、〈遺考 31〉。

　　集善寺　見〈考 48〉、〈考 56〉。

　　閑居寺　見〈考 61〉。

　　紫竹庵　在宜都，太清尼所住者，見〈遺考 8〉。

　　彭城寺　見〈考 17〉、〈考 52〉。

　　極信尼寺　見〈此爲尼寺。寺院考‧他施寺 29〉。

　　善業尼寺　見〈此爲尼寺。寺院考‧他施寺 33〉。

　　善覺寺　見〈此爲尼寺。寺院考‧他施寺 37〉。

　　勝善寺　見〈此爲尼寺。寺院考‧他施寺 35〉。

十三畫

　　新林寺　見〈考 10〉。

　　新渚寺　即天安寺，見〈遺考 4〉。

　　道場寺　見〈考 15〉。

　　道林寺　在今南京鍾山，見〈考 31〉、〈考 46〉。

　　照明精舍　在剡之白山，見〈考 51〉。

　　園居尼寺　見〈此爲尼寺。寺院考‧他施寺 30〉。

　　萬福尼寺　見〈此爲尼寺。寺院考‧他施寺 31〉。

十四畫

　　齊明寺　在吳郡，僧猛尼爲母病，捨宅東而立者，見〈考 40〉、〈考 49〉、
　　　　　　〈考 65〉。

　　齊興寺　陳留阮儉捨宅而立者，見〈考 51〉。

　　嘉祥寺　在山陰，見〈遺考 2〉。

　　瑤光佛寺　北魏帝室宗族的私寺，專供貴族入道的，應該是在皇宮之中，
　　　　　　　見〈遺考 14〉、〈遺考 16〉。

　　福遠寺　見〈遺考 40〉。

　　福靜寺　見〈寺院考 10〉。

十五畫

　　樂安寺　　見〈考 63〉。

　　儀香尼寺　　見〈此爲尼寺。寺院考・他施寺 34〉。

　　慧福尼寺　　見〈寺院考・其他 13〉。

十六畫

　　築戈村寺　　在梁郡，見〈考 22〉。

　　凝圓寺　　見〈此爲尼寺。寺院考・他施寺 25〉。

十七畫

　　薛尚書寺　　見〈考 16〉。

　　禪林寺　　見〈考 52〉、〈考 53〉、〈考 56〉、〈考 61〉。

　　禪基寺　　見〈考 43〉。

　　謝鎮西寺　　見〈此爲尼寺。寺院考・他施寺 14〉

　　禪靈寺　　見〈此爲尼寺。寺院考・他施寺 27〉

十八畫

　　簡靜寺　　在吳郡，晉太傅王道爲支妙音尼所立，見〈考 12〉。

　　簡靖寺　　在洛陽，爲靖首尼居寺，見〈遺考 4〉。

　　魏昌尼寺　　見〈寺院考・他施寺 23〉。

二十一畫

　　鐵索羅寺　　見〈寺院考・他施寺 15〉。

　　攝山寺　　見〈寺院考・其他 24〉、〈考 42〉。

二十四畫

　　靈收寺（或稱牛牧精舍）　　在江陵，見〈考 16〉。

　　靈根寺　　見〈考 56〉。

（六）地名篇

三畫

　　山陰　　見〈考 33〉、〈考 65〉、〈遺考 2〉。

　　上谷郡　　見〈遺考 13〉。

四畫

　　月支國　　見〈考 1〉。

　　丹陽　　見〈遺考 1〉、〈考 6〉、〈考 17〉、〈考 31〉、〈考 39〉、〈考 44〉。

太山　見〈考 9〉。

五臺山西臺　見〈遺考 10〉。

天水　見〈考 43〉、〈遺考 32〉。

中興里　在秣陵，見〈考 53〉。

五畫

司州　見〈考 3〉、〈考 11〉。

弘農　見〈考 4〉。

玄匏　案，「玄」或做「懸」，見〈遺考 34〉。

句容縣　見〈考 20〉。

北地　見〈考 4〉、〈考 14〉、〈考 22〉、〈考 28〉、〈考 31〉。

白山　見〈考 46〉、〈考 47〉、〈考 50〉、〈考 51〉。

白板山　見〈考 56〉。

白雀山　在湖州弁嶺峰，因道蹟尼住此，因改今名，見〈遺考 7〉。

弁嶺峰　在湖州，因道蹟尼住此，因改名白雀山，見〈遺考 7〉。

永世　見〈考 57〉。

石頭崗　見〈考 63〉。

六畫

任城　見〈考 7〉。

汝南　見〈遺考 4〉、〈遺考 34〉、〈考 61〉、〈考 65〉。

江陵　見〈考 12〉、〈考 16〉、〈考 18〉、〈考 32〉、〈考 48〉、〈遺考 1〉、〈遺考 5〉、〈遺考 25〉、〈遺考 37〉。

江北　見〈考 5〉、〈考 35〉。

交州　見〈遺考 1〉。

安定　見〈遺考 17〉、〈考 52〉。

吐谷渾　見〈遺考 19〉。

七畫

扶柳縣　在常山，見〈考 3〉。

吳郡　見〈考 15〉、〈考 19〉、〈考 40〉、〈考 65〉。

吳興　見〈考 25〉、〈考 39〉、〈遺考 7〉、〈遺考 30〉、〈遺考 40〉。

汲郡　見〈考 27〉。

西平　見〈考 36〉。

芒山　見〈遺考 35〉。

均仁　在趙國，見〈考 43〉。

八畫

武威　見〈考 1〉。

洛陽　見〈考 1〉、〈考 9〉、〈遺考 4〉、〈遺考 22〉、〈遺考 28〉。

泗（州）　見〈考 1〉。

東莞　見〈考 2〉。

東武城　在清河，見〈遺考 36〉。

東遷　在吳興，見〈考 25〉。

東官曾成　見〈考 37〉。

青州　見〈考 5〉、〈考 14〉、〈考 63〉。

青海　見〈遺考 19〉。

定陰里　丹陽建康，永安寺即在此，見〈考 6〉。

安定　見〈考 52〉、〈遺考 17〉。

安寧　見〈考 21〉。

恆農　見〈遺考 34〉。

金陵　見〈考 15〉。

長安　見〈考 16〉、〈考 42〉、〈考 64〉、〈遺考 25〉、〈遺考 30〉。

長陽江　見〈遺考 8〉。

河內　見〈考 23〉、〈考 41〉。

建康　在丹陽，見〈考 6〉、〈考 45〉、〈考 47〉、〈考 56〉、〈考 60〉、〈考 61〉、〈考 62〉。

宜都　見〈遺考 8〉。

九畫

勃海　見〈考 21〉、〈遺考 35〉。

南皮　見〈考 21〉。

南陽　見〈考 40〉。

修武　在汲郡，見〈考 27〉。

泰山　見〈考 53〉。

南城　在泰山，見〈考 53〉。

若邪山　見〈遺考 32〉。

十畫

　　高平　　見〈考 5〉、〈考 11〉、〈考 48〉。

　　高昌　　見〈考 55〉。

　　高郵　　見〈遺考 9〉。

　　高陽　　見〈考 43〉、〈遺考 17〉。

　　荊州　　見〈考 12〉、〈考 48〉。

　　荊楚　　見〈考 12〉、〈考 16〉、〈考 35〉。

　　毗陵　　在河內，見〈考 23〉、〈考 51〉、〈遺考 30〉。

　　徐　　在北地，見〈考 31〉。

　　秣陵　　見〈考 35〉、〈考 39〉、〈考 53〉。

　　益州　　見〈考 40〉、〈考 54〉。

　　剡　　見〈考 51〉、〈考 65〉。

　　師姑溪　　在宜都紫竹庵前，太清尼所居處，見〈遺考 8〉。

　　祕魔巖　　在五臺山之西臺，法祕尼所居處，見〈遺考 10〉。

　　麥積崖　　見〈遺考 19〉。

　　晉陵　　見〈考 47〉、〈考 51〉。

　　烏氏　　在安定，見〈考 52〉。

十一畫

　　清河　　見〈考 2〉、〈考 15〉、〈考 46〉、〈遺考 17〉、〈遺考 36〉。

　　常山　　見〈考 3〉。

　　通恭巷　　在都亭里內，見〈考 8〉。

　　淮南　　見〈考 14〉。

　　郊西　　見〈考 16〉。

　　陳郡　　見〈考 34〉、〈遺考 31〉。

　　崇義宮　　見〈遺考 24〉。

十二畫

　　彭城　　見〈考 1〉、〈考 17〉、〈考 30〉、〈考 43〉、〈考 51〉、〈考 52〉、〈考
　　　　　　56〉、〈考 61〉、〈遺考 22〉。（案，其詳具見〈考 1〉。）

　　都亭里　　見〈考 8〉。

　　雁門　　見〈考 13〉。

　　馮翊　　見〈遺考 17〉、〈遺考 36〉。

博平　見〈考 28〉。

傅山　見〈考 33〉。

湖州　在吳興，見〈遺考 7〉。

十三畫

會稽　見〈考 12〉、〈考 20〉、〈考 39〉、〈考 42〉、〈考 65〉、〈遺考 32〉、〈遺考 33〉。

楊州　見〈考 31〉。

揚都　見〈遺考 6〉。

瑯琊　見〈考 31〉、〈考 41〉。

鉅鹿　見〈考 58〉。

十四畫

壽春　見〈遺考 5〉。

趙郡　見〈遺考 21〉。

塗山　見〈考 49〉。

十五畫

樓煩　見〈考 13〉。

廣州　見〈考 20〉、〈考 39〉、〈遺考 1〉。

廣陵　見〈考 20〉、〈考 21〉、〈考 24〉、〈考 25〉、〈考 27〉、〈遺考 30〉。

潮亭　在廣州，見〈考 39〉。

潁川　見〈考 65〉、〈遺考 27〉。

震澤　見〈遺考 32〉。

十六畫

歷陽　見〈考 10〉。

豫州　見〈遺考 51〉、〈遺考 34〉。

錢塘　見〈考 49〉。

十七畫

罽賓國　見〈考 1〉。

濟南　見〈考 8〉。

繁縣　見〈考 26〉。

鍾山　見〈考 39〉、〈考 41〉、〈考 42〉、〈考 59〉、〈考 61〉、〈考 64〉。

臨涇　見〈遺考 17〉。

十九畫

瀛州　見〈遺考 36〉。

譙郡　見〈考 28〉。

二十畫

蠕蠕　見〈遺考 19〉。

二十一畫

蘭陵　見〈考 20〉。

二十五畫

鹽官縣　見〈考 40〉。

龜茲國　見〈考 55〉。

二、俗語名物典

一畫

一升　一，是枚數字，與之配度量衡，則是量衡數。如：〈僞高昌都郎中寺馮尼傳 55〉：「直月歡喜，以葡萄酒一升與之令飲。」

一遍　此處是誦讀數，如：〈僞高昌都郎中寺馮尼傳 55〉：「誦〈大般涅槃經〉，三日一遍。」

二畫

了了　明瞭、明白之意，單箇字的例子見於《宋書・范曄傳》：「觀古今文人，多不全了此。」又，郭璞《爾雅序》：「其所易了，闕而不論。」重疊詞例，如〈剡齊興寺德樂尼傳 51〉：「及長，常於闇室不假燈燭，了了能見。」引申爲聰明、伶俐，如《世說新語・言語第二》：「孔文舉年十歲，隨父到洛……煒曰：『小時了了，大未必佳。』文舉曰：『想君小時必當了了。』」

三畫

女人　古文多做「女子」、「婦人」，鮮少做「女人」者，而〈晉竹林寺淨撿尼傳 1〉：乃有此例「有一女人，手把五色花，自空而下。」又，〈洛陽城東寺道馨尼傳 9〉：「晉泰和中，有女人楊令辯，篤信黃老，專行服氣。」又，〈山陽東鄉竹林寺靜稱尼傳 28〉：「稱後暫出山道，道遇一北地女人。」可見「女人」一詞，應是其時俗話，而今人頗沿其習者。

大小　謂大大小小之人、物也。〈南永安寺曇徹尼傳 38〉:「諸尼大小皆請北面，隨方應會，負帙成群。」這是指大大小小的尼眾而言。其他，如《史記・禮書》:「周衰，禮廢樂壞，大小相踰。」這是就事相言；又，〈商君列傳〉:「大小僇力本業耕織。」這是就人事言，《孟子・滕文公上》:「屨大小同則賈相若。」這是就尺寸言。

四畫

夫娘　案，《輟耕錄・婦女曰娘》條說:「苗人謂妻曰夫娘，南方謂婦之無行者亦曰夫娘。」苗人稱妻子為夫娘，是俗稱；稱無行的婦人為夫娘，是文人刻薄的引申話。《通俗篇・婦女、夫娘》條說:「〈升菴外集〉:『南宋、蕭齊崇尚佛法，〈法琳辨正論〉云：閣內夫娘悉令持戒，麾下將士咸使誦經。』夫娘之稱本此，謂夫人、娘子，蓋美稱也。」這樣的美稱，我們從〈集善寺慧緒尼傳 48〉裏可得明證:「竺夫人欲建禪齋，遣信先詣請，尼云：甚善，貧道年惡，此叚實願一入第與諸夫娘別。」稱竺夫人等等為夫娘，其為美稱可知。至於成了無行的婦人之說，則《通俗篇・婦女、夫娘》條接著說:「是時北則胡后卻扇於曇獻，南則徐妃薦枕於瑤光；龜茲王納女於鳩摩羅什，不以為恥。後世緣以夫娘為惡稱，陶九成直謂罵語，蓋未見六朝雜說耳。」

五畫

瓦堈　案，「堈」今做「缸」，即瓦缸也。〈蜀郡善妙尼傳〉:「買數斛油，瓦堈盛之。」

去來　去也，來作助詞，無義。如:〈山陽東鄉竹林寺靜稱尼傳 28〉:「常有一虎，隨稱去來。」又，〈洛陽城東寺道馨尼傳 9〉:「令辯假結同姓，數相去來。」又，〈法音寺曇簡尼傳 46〉:「僧多義學，累講經論，去來誼動。」又，〈閑居寺僧述尼傳 61〉:「移住禪林寺，為禪學所宗，去來投集，更成囂動，述因有隱居之志。」唐、宋人亦多有用之者，如白居易〈琵琶行〉:「老大嫁作商人婦，商人重利輕別離，前月浮梁買茶去，去來江樓守空船，遶船明月江水寒。」是。

出去　使在外也。如:〈僑高昌都郎中寺馮尼傳 55〉:「直月推背，急令出去。」

出家　謂離開家庭而入寺院修道之人，如《南齊書・武帝紀》:「永明十一年，詔：自今公私皆不得出家為道，及起立塔寺；以宅為精舍，並嚴斷之。」《比丘尼傳》卷二〈吳縣南寺法勝尼傳〉:「法勝，少出家，住吳縣南寺，或

云東寺。恭信恪勤，眾所知識。」又，全書卷一〈僞趙建賢寺安令首尼傳 2〉：「是君女先身，出家益物。往事如此，若從其志，方當榮拔六親，令君富貴；生死大苦海，向得其邊。」這樣的俗語，《梁傳》卷十一〈釋法穎傳〉：「釋法穎，姓索，敦煌人。十三出家，爲法香弟子，住涼州公府寺，與同學法力俱以律藏知名。」又，《唐傳》卷二十四〈明瞻傳〉說：「釋明瞻……投飛龍山應覺寺而出家焉，師密異其度，乃致書與鄴下大集寺道場法師，令其依攝，專學大論。」之例，所在都有。

加（敬） 並且、更爲……之意。如：《比丘尼傳》卷一〈江陵牛牧寺慧玉尼傳 16〉：「眾皆欣敬，加悅服焉。」又，全書卷三〈鹽官齊明寺僧猛尼傳 40〉：「僧猛，本姓岑，南陽人也，遷居鹽官縣，至猛五世矣。曾祖率，晉正員郎、餘抗令，世事黃老，加信敬邪教。」而「加敬」又爲古有用語，如《左氏・昭・三年》：「邾穆公來朝，季武子欲卑之。穆叔曰：『不可，其如舊而加敬焉。』」又，《北史・薛聰傳》：「見者莫不懍然加敬。」又，《宋書・庾澄之附炳之傳》：「晦時位高權重，朝士莫不加敬；炳之獨與抗禮，時論偉之。」《比丘尼傳》卷一〈延興寺僧基尼傳 8〉：「基居寺住，徒眾百餘人，當事清明，道俗加敬。」其實，「加信敬」雖多一「信」字，其爲「並且、更爲……」之意還是一樣的，如《比丘尼傳》卷一〈晉竹林寺淨撿尼傳 1〉：「當其羯磨之日，殊香芬馥，闔眾同聞，莫不欣歡加其敬仰。」又，全書全卷〈何后寺道儀尼傳〉：「願加消息，冀蒙勝損。」又，全書全卷〈司州西寺智賢尼傳 3〉：「霸去乃甦，倍加精進，荣齋苦節。」又，全書全卷〈建福寺康明感尼傳 5〉：「明感，本姓朱，高平人也世奉大法。爲虜賊所獲，欲以爲妻，備加苦楚，誓不受辱。」又，全書全卷〈建福寺慧湛尼傳 7〉：「司空何充大加崇敬，請居建福寺住云。」再如《梁傳》卷一〈曇摩耶舍傳〉說：「（佛陀耶舍）至義熙中來入長安，時姚興僭號，甚崇佛法，耶舍既至，深加禮異。」又有「給予」之意，如《比丘尼傳》卷一〈景福寺慧果尼傳 14〉：「宋青州刺史北地傅弘仁雅相歎貴，厚加賑給。」又，全書卷三〈普賢寺寶賢尼傳 34〉：「若有違拒，及加擯斥，因茲已後，矯競暫息。」全書全卷〈建福寺智勝尼傳 42〉：「文惠帝特加供奉，日月充盈，締構房宇，闔寺崇華。」又，全書全卷〈禪林寺淨秀尼傳 52〉：「使守門者密加覘視。」再者，《南史》卷三十七〈沈攸之傳〉：「攸之少孤貧……累遷郢州刺史。爲政刻暴，或鞭士大夫，上佐以下有忤意，輒面加詈辱。」又，《伽藍記》：「寺有三層塔一所，未加莊嚴。」

六畫

　　同學　所修習相同者，《維摩詰經・菩薩品》：「樂近同學。」註：「什曰：我學大乘，彼亦如是，是名同學。」〈司州寺令宗尼傳考 11〉：「同學道津曰：正當是極樂耳。」〈禪基寺僧蓋尼傳 43〉：「僧蓋，本姓田永徽元年，索虜侵州，與同學法進南遊京室，住妙相尼寺，博聽經律，深究旨歸，專修禪定，惟日不足。」又，《梁傳》卷十一〈釋法穎傳〉：「釋法穎，姓索，敦煌人。十三出家，爲法香弟子，住涼州公府寺，與同學法力俱以律藏知名。」又，《梁書・王瞻傳》：「時有伎經其門，同學皆出觀，瞻獨不視。」〔註1〕

　　老大　〈吳縣南寺法勝尼傳 23〉：「年歲已長之謂。妻山氏，二親早沒，復無兒女，年又老大。」唐朝詩人白樂天〈琵琶行〉：「老大嫁作商人婦，商人重利輕別離。」與之同義。

　　衣服　《說文解字》卷八上〈衣部，衣〉字云：「衣，依也。上曰衣，下曰常。象覆二人之形。」這是說穿在上身的叫做「衣」，穿在下身的叫做「常」（案，即今「裳」字）又，卷八下〈舟部，服〉字云：「服，用也。一曰車右騑，所以舟旋。从舟及聲。」這樣看來，「衣服」一詞實在沒有「衣裳」之意；夷考「衣服」一詞之連用，最早見於《論語・泰伯第八》：「子曰：禹，吾無閒然矣！菲飲食而致孝乎鬼神，惡衣服而致美乎黻冕，卑宮室而盡力乎溝洫。禹，吾無閒然矣。」其後多有用之者，但在古文畢竟少見。〈法淨尼傳遺考 26〉：「宣帝后朱氏，名滿月，吳人也。其家坐事，沒入東宮。帝之爲太子，后被選掌帝衣服。」又，《南史・梁武帝郗皇后傳》：「后酷妒忌，及終，化爲龍入于後宮井，通夢於帝。或見形，光彩照灼。帝體將不安，龍輒激水騰涌。於露井上爲殿，衣服委積，常置銀鹿盧金瓶灌百味以祀之。故帝卒不置后。」

　　肉戰　骨肉抖顫也。〈景福寺法辯尼傳考 31〉云：「辯其日唯覺肉戰，即遣告眾，大小皆集。」《北史》卷七十一〈隋宗室諸王傳〉：「（楊）素顯言之曰：『奉敕向京，令皇太子檢校劉居士餘黨；太子忿然作色，肉戰淚下。云：居士黨已盡遣，我何處窮討？爾作右僕射，受委自求，何關我事？』」案，肉戰一詞，《隋書》作：「太子奉詔乃作色奮厲骨肉飛騰」可見其意特爲骨肉抖顫也，《通志》作「肉戰」，正是用俗語以顯神采。另如《仁齋傷寒類書》卷一〈活人證治賦・論風寒暑濕溫熱諸種脉證治法〉：「或口噤汗戰或肝弦土傷」

〔註1〕　案，《南史・王弘附瞻傳》做「同業」，蓋義同。

注：「汗出如油，口噤肉戰，伸吟喘促者死。」又，宋董嗣杲撰《廬山集》卷一〈泊黃家渡詩〉有：「北風吹沙暗，大地雪積未，我衰易成悲，肉戰若刺蝟。何時洗紛爭？海宇方吐氣！」

七畫

那知 那，做疑問詞，而含有「豈」意，是彼時習用語。如〈廣陵僧果尼傳 27〉：「先諸尼受戒，那得二僧？」又，〈蜀郡永康寺慧耀尼傳 36〉王氏大瞋，云：「尼要名利，詐現奇特，密貨內人作如此事。不爾，夜半城內那知？」正史之中，也往往用之，如《宋書・謝靈運傳》：「玄謂親知曰：『我乃生瑍，瑍那得生靈運？』」又〈劉懷愼傳〉：「他日有問志卿：『那得此副急淚？』」又，《南史・江革傳》：「上大宴，舉酒勸革曰：『卿那不畏延害？』對曰：『臣行年六十，死不爲夭，豈畏延明？』」

姊姊 本來是女子同輩，先生者爲姊，如〈永安寺僧端尼傳 24〉：「僧端，廣陵人也。門世奉佛，姊妹篤信，誓願出家。」又如〈蜀郡善妙尼傳 26〉：「妹甚恨愧，白言：『無福，婿亡，更無親屬，攜兒依姊，多所穢亂，姊當見厭，故不與共食耳。』」；但是，魏晉之間的特殊稱謂，竟呼母輩者爲姊，如：〈蜀郡永康寺慧耀尼傳 36〉：「有胡僧，年可二十……謂耀曰：『我住婆羅奈國；至來數日，聞姊欲捨身，故送銀甖相與。』」又，〈文宣皇后李氏尼傳遺考 21〉云：「太原王紹德至閤，不得見；慍曰：『兒豈不知耶？姊姊腹大，故不見兒。』」紹德蓋昭信皇后之前子也。

把 意謂拿著。〈晉竹林寺淨撿尼傳 1〉：「有一女人，手把五色花，自空而下。」

八畫

到 「至」的口語，從某處至某處也。〈晉竹林寺淨撿尼傳〉：「到升平未，忽聞前香，并見赤氣。」又，〈南皮張國寺普照尼傳 21〉：「到十九年二月中，忽然而絕」又有，〈廣陵中寺光靜尼傳 25〉：「祈誠慊到，每輒感勞，動經晦朔。」、〈廣陵僧果尼傳 27〉：「及其成人，心唯專到。」、〈景福寺法辯尼傳考 31〉：「景福法辯當來生此，明日應到。」、〈普賢寺寶賢尼傳 34〉：「賢乃遣僧局，齎命到講座，鳴木宣令。」等等的引申用法。

忽然 〈南皮張國寺普照尼傳 21〉：「到十九年二月中，忽然而絕」〈成都長樂寺曇暉尼傳 54〉：「初，張峻隨父母益州，嘗忽然直往，不令預知。」

知識 此處作知道、了解、認識之意，如〈吳縣南寺法勝尼傳〉：「法勝，

少出家，住吳縣南寺，或云東寺。恭信恪勤，眾所知識。」當然，也作有學問、有智慧之人講，如〈僞高昌都郎中寺馮尼傳〉：「阿闍梨未好，馮是闍梨善知識，闍梨可往龜茲國，金花帳下直月聞，當得勝法。」又，〈普賢寺法淨尼傳〉：「荊楚諸尼及通家婦女，莫不遠修書囑求結知識。」又，〈禪林寺淨秀尼傳〉：「娑伽羅龍王二兄弟現跡彌日，示其擁護，知識往來無不見者。」

　　阿麼姑　即比丘尼的俗稱，《北齊書》卷三十四〈楊愔傳〉載當時的童謠：「阿麼姑禍也，道人姑死也。」作者自注，說「道人」是廢帝的小名；太原公主嘗作尼，故曰「阿麼姑」，因此知阿麼姑就是比丘尼的俗稱。案，太原公主乃楊愔妻，前魏孝靜帝的皇后。

　　九畫

　　剃落　又稱剃髮、剃頭，今人叫做理髮；而閩南話猶有「剃頭」一詞，實際上是魏晉人的俗話，佛教用來翻譯出家儀軌的。如〈因果經二〉說：「爾時太子便以利劍自『剃』鬢髮，即發願言：今『落』鬢髮，願與一切斷除煩惱及習障。」因此便有「剃落」的說法。〈晉竹林寺淨撿尼傳〉：「撿即剃落，從和上受十戒，同其志者二十四人。」也稱作「剪落」，〈僞趙建賢寺安令首尼傳〉：「仲還，許之，首便剪落，從澄乃淨撿尼受戒。」

　　威風　言威嚴的風範、氣度也；今則引申爲威權、威勢，乃失本義矣。〈普賢寺寶賢尼傳34〉：「寶賢……甚有威風，明斷如神。」

　　十畫

　　茵支子　《本草綱目》稱爲茵芝，或鬼臼，《綱目頌》曰：「花紅紫如荔枝，正在葉下，常爲葉所蔽。」《本草綱目彩色藥圖》解釋說：「爲小蘗科植物，六角蓮 Dysosma pleiantha（Hce.）woods 及八角蓮 D.versipellis（Hce.）M.cheng 的乾燥根莖。主產浙江、江西、湖北、四川。主治清熱解毒、化痰散結、去瘀消腫，用於癰腫疔瘡、瀰瘰藶、咽喉腫痛、跌撲損傷、毒蛇咬傷。」見附圖。

　　納衣　參見「剪花納七條衣」條。

　　消息　將息、調養也，彼時口語。如：〈何后寺道儀尼傳〉：「願加消息，冀蒙勝損。」《世說新語・規箴第十》：「殷顗病困，看人政見半面。殷荊州興晉陽之甲，往與顗別，涕零，屬以消息。顗答曰：『我病自當差，正憂汝患耳。』」也有做訊息之意者，如全書〈仇隙第三十六〉：「後藍田臨揚州，右軍尚在郡；初得消息，遣一將軍詣朝廷，求分會稽爲越州。」

十一畫

麻油 取麻枲搾以爲油,魏晉間人常多使用,如《魏書・滿寵傳》:「折松爲炬,灌以麻油,從上風放火,燒賊攻具。」又,《王隱晉書》:「齊王冏起義,孫秀多歛葦炬,預儲麻油爲縱火具。」《本傳・僞趙建賢寺安令首尼傳》:「澄以茵支子磨麻油傅仲右掌」,又《宋傳》卷二十〈唐江陵府些些師傳〉:「有僧憨狂,遊行無度,每斷中唯食麻油幾升,如見巨器盛施之者喜⋯⋯號食油師焉。」案,麻油又叫「麻燥油」,《唐傳》卷二十七〈周益部沙門釋僧崖〉:「崖以臂挾炬,先燒西北,次及西南。麻燥油濃,赫然熾合,於盛火中,放火設禮。」

斛 本是量器,也可作枚數字;古以十斗爲一斛,今則五斗爲數。〈蜀郡善妙尼傳〉:「買數斛油,瓦塸盛之。」

剪落 即剃落,見九畫「剃落」條的解釋。又,《南齊書・孝義・吳達之傳》有:「幼璵少好佛法,剪落長齋,持行精苦。」

剪花納七條衣 案,納衣俗稱僧衣,也寫做衲衣,印度古稱糞掃衣。《佛祖統紀・慧思尊者傳說:「平昔禦寒,唯一艾衲。」註:「《法華經》:『衲衣在空間。』律文謂之五納衣,謂納受五種舊弊以爲衣也。」納受哪五種舊弊之衣呢?《釋氏要覽》卷上說:「糞掃衣有五種:一道路棄衣、二糞掃處衣、三河邊棄衣、四蟻穿破衣、五破碎衣。」而另有五衣,是印度人所不用的:「一火燒衣、二水漬衣、三鼠咬衣、四牛嚼衣、五妳母棄衣。」以上所說,都是僧尼平常的服制;至於質料和顏色,《僧史略》卷上說:「案,漢魏之世出家者多著赤布僧伽梨,蓋以西土無絲織物,又尚木蘭色、并乾陀色,故服布而染赤然也⋯⋯今江表多服黑色、赤色衣,時有青、黃間色,號黃褐、石蓮褐。東京、關輔尚褐色衣,并部、幽州則尚黑色⋯⋯緇衣⋯⋯紫而淺黑⋯⋯故淨秀尼見聖眾衣色如桑熟椹,乃淺赤深黑也。今秣陵比丘衣色仿西竺緇衣也。又,三衣之外,有曳納播者,形如覆肩衣,出《寄歸傳》:『講員自許,即曳之。若講通一本則曳一支,講二、三本又隨講數曳之,如納播是也。』」以此看來,所謂「剪花納七條衣」也許就是納播的一種。

通利 《本傳・江陵牛牧寺慧玉尼傳16》:「誦《法華》、《首楞嚴經》等,旬日通利。」通利,對佛法的領納、解悟之意,是佛經的譯語,如《法華經》:「讀誦眾經,而不通利。」

從此以後 〈吳縣南寺法勝尼傳〉:「從此以後,夕不復眠,令人爲轉《法

華》。」

　　牽病　殆當日口語，意即帶病也。〈廣陵中寺光靜尼傳 25〉：「於是牽病懺悔，不離心口，情理恬明，神氣怡悅。」而《宋書·謝弘微傳》則做牽疾：「東鄉君葬，混墓開，弘微牽疾臨赴，病遂甚。」又《南齊書·王僧虔傳》也是：「兼有室累，牽疾情性，何處復得下帷如王郎時邪？」

　　清潔　今做乾乾淨淨講，原指品德的清廉潔白而言。〈東青園寺業首尼傳 30〉：「時又有淨哀、寶英、法林，並以立身清潔，有聲京縣。」又，〈普賢寺法淨尼傳 35〉：「戒行清潔，明於事理。」、〈鹽官齊明寺僧猛尼傳 40〉：「行己清潔，奉師恭肅。」、〈尼法興再題記〉就說：「延昌二年（513 A. D.）八月二日，比丘尼法興因患，發願造釋迦像一軀，願使此身厄惡雲消，戒行清潔，契感元宗，明悟不二。」等等都是。而正史之中，也多用之，如《梁書·良吏·孫謙傳》：「既至，高祖嘉其清潔，甚禮異焉。」又，〈伏恆傳〉：「出為永陽內史，在郡清潔，治務安靜。」

　　貧道　出家眾的自謙之稱，如：〈簡靜寺支妙音尼傳 12〉：「既而烈宗問妙音：荊州缺，外聞云誰應作者？答曰：貧道道士，豈容及俗中論議？如聞外內談者，並云無過殷仲堪；以其意慮深遠，荊楚所須。」又如：〈成都長樂寺曇暉尼傳 54〉：「若婿家須相分解，費用不足者，貧道有一蒼頭即為隨喜。」再如：《晉書》卷七十五〈王坦之傳〉說：「初，坦之與沙門竺法師甚厚，每共論幽冥報應，便要先死者當報其事。後經年，師忽來云：貧道已死，罪福皆不虛；惟當勤脩道德，以升濟神明耳。」

　十二畫

　　勝損　猶言病愈，如：〈何后寺道儀尼傳〉：「願加消息，冀蒙勝損。」

　　都無　殆當日口語，意即全然沒有也。〈山陽東鄉竹林寺靜稱尼傳 28〉：「夜至山中，望見寺林火光熾盛，及至都無。」又〈成都長樂寺曇暉尼傳 54〉：「將欲行道，遣婢來倩人下食，即遣人，唯見二弟子及二婢奠食，都無雜手力，王彌復歎之不可量也。」《世說新語·豪爽第十三》：「王大將軍年少時，舊有田舍名，語音亦楚；武帝喚時賢共言伎藝之事，人人皆多有所知，唯王都無所關。」又，全書〈容止第十四〉：「王夷甫容貌整麗，妙於談玄；恆捉白玉柄麈尾，與手都無分別。」唐、宋人亦多有用之者，如辛稼軒詞：「人生都無百歲，少痴騃，老成尫悴。」是。

　　遇見　《爾雅·釋詁》：「遇，見也。」如《春秋·隱·四年》：「公及宋

公遇于清。」杜注：「遇者，草次之期，二國各簡其禮，若道路相逢遇也。」
是「遇」即「見」；然而，「遇見」連用，古書實所少見。〈崇聖寺僧敬尼傳 39〉：
「逮元嘉中，魯郡孔默出鎮廣州，攜與同行，遇見外國鐵薩羅尼等來向宋
都。」

十三畫

新婦　猶今言太太也。〈蜀郡永康寺慧耀尼傳 36〉：「新婦勿橫生煩惱。捨
身關我，傍人豈知？」《世說新語・賢媛第十九》：「王公淵娶諸葛誕女，入室，
言語始交，王謂婦曰：『新婦神色卑下，殊不似公休！』婦曰：『大丈夫不能
彷彿彥云，而令婦人比蹤英傑？』」又，全書〈假譎第二十七〉：「魏武少時嘗
與袁紹好爲游俠，觀人新婚，因潛入主人園中，夜叫呼云：『有偷兒賊！』青
廬中人皆出觀，魏武乃入，抽刃解新婦。與紹還出，失道墜枳棘中，紹不能
動；復大叫云：『偷兒在此！』紹遑迫自擲出之，遂以俱免。」

十四畫

綿纊　以棉絮製成的棉襖，《列子・楊朱篇》就有此詞：「廣廈隩室，綿
纊狐貉。」又，《南史》卷七十三〈庾沙彌傳〉：「（庾沙彌）終喪不食鹽酢，
冬日不衣綿纊，夏日不解衰絰。」《本傳・景福寺慧果尼傳》：「常行苦節，不
衣綿纊」又，全書〈南安寺釋慧瓊尼傳〉：「常衣芻麻，不服綿纊」

蒼頭　僕役廝吏的稱呼，漢朝人讓執持賤職的人等，以青布包頭，所以
通稱「蒼頭」。如《漢書・鮑宣傳》：「蒼頭廬役，盡皆富金。」〈成都長樂寺
曇暉尼傳 54〉：「若婿家須相分解，費用不足者，貧道有一蒼頭即爲隨喜。」

葡萄酒　蒲萄產於西域，非中土之物，如：《北齊書》卷二十二〈李元忠
傳〉：「曾貢世宗蒲萄一盤，世宗報以百練縑。」以之作酒，便是葡萄酒，〈僞
高昌都郎中寺馮尼傳 55〉：「直月歡喜，以葡萄酒一升與之令飲。」

十六畫

澡灌（象鼻）　《僧史略》卷上說：「今僧盛戴竹笠，禪師則菱笠及持澡
罐、漉囊、錫杖、戒刀、斧子、針筒，此皆爲道具也。」可見得澡罐是僧伽
行道時隨身攜帶的行李之一，也就是今日的洗浴用具；因爲有象鼻的裝飾，
乃稱之象鼻澡灌。〈僞趙建賢寺安令首尼傳〉：「澄以石勒所遺剪花納七條衣及
象鼻澡罐與之」是也。《唐傳》卷四〈京大慈恩寺釋玄奘傳〉說：「縛喝國城
外西南寺中，有佛澡罐，可容斗許；及佛掃帚，并以佛牙。」全書卷二十五
〈京師救度寺釋洪滿傳〉：「常念〈觀音經〉三年，忽有僧執澡罐，在前立，

不言。」《南史・劉勔附悛傳》:「齊武帝嘗至悛宅，晝臥覺，悛自捧金澡罐，受四升水以沃盥，因以與帝。」又，《梁書・劉之遴傳》:「又獻古器四種於東宮，其三種外國澡罐一口，銘曰:『元封二年，龜茲國獻。』」

　　隨逐　這是當時翻譯佛經的口語，意為馬上跟著。〈鹽官齊明寺僧猛尼傳40〉:「歷觀眾經，以日係夜，隨逐講說，心無厭勌。」又如《禪祕要法》的第四觀:「當知此淨及與不淨，不可久停，隨逐諸根，憶想見是。」

十七畫

　　翻然　正相反對之意，今作「反而」，因之也有作「翻而」者。如:〈僞高昌都郎中寺馮尼傳55〉:「我來覓勝法，翻然飲我?」《宋高僧傳》說到〈四分律〉新、舊注疏的爭執，有這一段話:「至代宗大曆十三年（778 A.D.），承詔兩街臨壇大德一十四人齊至安國寺，定奪新、舊兩疏是非。蓋以二宗俱盛，兩壯必爭，被擒翻利於漁人，互擊定傷於師足。」這一「翻」字，正有反轉之意。

三、刺史與州牧表

　　本表凡例:

　　1. 本表雖名為「刺史與州牧表」，實則大凡官吏之記載，多予列入。

　　2. 州牧之順序排列則以筆劃為之，少在前，多在後。

　　3. 條目之中，則以時間先後為次。

扶柳縣令	291～297 A. D.西晉惠帝元康元年～七年，智賢尼之父趙珍（見考3）
豫州刺史	325 A. D.東晉明帝太寧三年，德樂尼之高祖孫毓（見考51）
武威太守	291 A. D.西晉武帝太熙二年，淨撿尼之父仲誕（見考1）
尋陽令	384 A. D.東晉孝武帝太元九年，解直（見考13）
餘杭令	384 A. D.東晉孝武帝太元九年，僧猛尼之曾祖岑率（見考40）
荊州刺史	385 A. D.東晉孝武帝太元十年，王忱、殷仲堪相繼為之（見考12）
清河太守	358～361 A. D.東晉穆帝升平二年～升平五年，安令首尼之父徐忡（見考2）

丹陽尹	414 A. D.姚秦弘始十六年，顏峻（見遺考 1）
交州刺史	414 A. D.姚秦弘始十六年，張牧（見遺考 1）
宋青州刺史	422 A. D.宋武帝永初三年，北地傅弘仁（見考 14）
	431 A. D.宋文帝元嘉八年，韋朗（見考 37）
廣州刺史	429 A. D.宋文帝元嘉六年，孔默之（見考 37、39）
	433 A. D.宋文帝元嘉十年，韋朗（見考 37）
豫章太守	437 A. D.宋文帝元嘉十四年，張辯（見考 15）
毗陵丞	437 A. D.宋文帝元嘉十四年，司馬隆（見考 23）
益州刺史	474 A. D.宋後廢帝元徽二年，張岱（見考 40）
	491 A. D.齊武帝永明九年，劉悛（見考 54）
徐州刺史	527 A. D.梁武帝大通元年，蘭欽（見遺考 32）
天水太守	田宏（梁？見考 43）
衡州刺史	527 A. D.梁武帝大通元年，蘭欽（或說當作徐州刺史）（見遺考 32）
揚州刺史	556 A. D.梁敬帝太平元年，張彪東揚州刺史（見遺考 32）
	577 A. D.陳宣帝太建九年，爲始興王叔陵（見遺考 31）

參考書目

1. 梁·釋慧皎,《高僧傳》,日本《大正大藏》。
2. 梁·釋寶唱,《比丘尼傳》,仝上。
3. 梁·釋僧祐,《出三藏記集》,仝上。
4. 梁·釋僧祐,《弘明集》,仝上。
5. 唐·釋道宣,《續高僧傳》,仝上。
6. 唐·釋道宣,《廣弘明集》,仝上。
7. 唐·釋道世,《法苑珠林》,仝上。
8. 唐·釋法琳,《辯正論》,仝上。
9. 宋·釋贊寧,《宋高僧傳》,仝上。
10. 晉·鳩摩羅什,《禪祕要法》,仝上。
11. 民·南懷瑾,《禪觀正脈研究》,老古出版社。
12. 宋·釋道原,《景德傳燈錄》,彙文堂出版社。
13. 宋·釋契嵩,《傳法正宗記》,日本《大正大藏》。
14. 宋·劉義慶,《世說新語》,近人楊勇校註,學生書店。
15. 漢·司馬遷,《史記》,楊家駱主編,中國學術類編,鼎文書局。
16. 東漢·班固,《漢書》,仝上。
17. 晉·范曄,《後漢書》,仝上。
18. 梁·沈約,《宋書》,仝上。
19. 梁·蕭子顯,《南齊書》,仝上。
20. 北魏·魏收,《魏書》,仝上。
21. 隋·姚察、謝炅,唐·魏徵、姚思廉合撰,《梁書》,仝上。
22. 唐·李百藥,《北齊書》,仝上。

23. 唐‧李延壽，《北史》，仝上。

24. 唐‧李延壽，《南史》，仝上。

25. 唐‧令狐德棻，《周書》，仝上。

26. 唐‧姚思廉，《陳書》，仝上。

27. 舊本題魏崔鴻撰，《十六國春秋》一○○卷，《四庫全書》，臺灣商務印書館。

28. 唐‧釋玄奘，《大唐西域記》，新文豐出版公司。

29. 季羨林等著，《大唐西域記校注》，仝上。

30. 唐‧釋彥悰述，《大唐大慈恩寺三藏法師傳》，台灣印經處。

31. 唐‧釋道世，《法苑珠林》一二○卷，《四庫全書》，臺灣商務印書館。

32. 後晉‧劉昫，《舊唐書》，楊家駱主編，中國學術類編，鼎文書局。

33. 宋‧歐陽修，《新唐書》，仝上。

34. 清‧沈炳震，《新舊唐書合鈔》，仝上。

35. 宋‧司馬光，《資治通鑑》，世界書局。

36. 宋‧鄭樵，《通志》，仝上。

37. 後魏‧楊衒之，《洛陽伽藍記》，仝上。

38. 佚名，《洛陽伽藍記校注》，華正書局。

39. 元‧索元岱纂修，《至正金陵新志》，仝上。

40. 宋‧樂史撰，《太平寰宇記》卷八十九，大化書局。

41. 清‧孫星衍校訂，《景定建康志》，仝上。

42. 清‧許嵩，《建康實錄》，仝上。

43. 清‧劉世珩，《南朝寺考》，新文豐出版社。

44. 清‧顧祖禹，《讀史方輿紀要》，大業出版社。

45. 程光裕、徐聖謨，《中國歷史地圖》，中國文化大學出版部。

46. 譚其驤，《中國歷史地圖集》，中國社會科學院。

47. 清‧張溥，《漢魏六朝百三名家集》，松柏出版社。

48. 明‧凌迪知，《萬姓統譜》，臺聯國風出版社。

49. 岑仲勉，《元和姓纂四校記》，仝上。

50. 姚薇元，《北朝胡姓考》，楊家駱主編，中國學術類編，鼎文書局。

51. 蘇慶彬，《兩漢迄五代入居中國之蕃人氏族研究》，仝上。

52. 《漢魏南北朝墓誌集釋》，《石刻史料叢書》，新文豐出版社。

53. 《金石萃編》，《石刻史料叢書》，仝上。

54. 《八瓊室金石補正》，《石刻史料叢書》，仝上。

55. 《十二硯齋金石過眼錄》，《石刻史料叢書》，仝上。

56. 《寶刻叢編》，《石刻史料叢書》，仝上。

57. 《寶刻類編》，《石刻史料叢書》，仝上。

58. 宋・李昉，《太平御覽》，新興書局。

59. 宋・李昉，《太平廣記》，藝文印書館。

60. 宋・王欽若等奉敕編，《冊府元龜》，大化書局。

61. 明・陳耀文撰，《天中記》六十卷，《四庫全書》，臺灣商務印書館。

62. 明・彭大翼撰，《山堂肆考》二二八卷，仝上。

63. 宋・楊士瀛撰，《仁齋傷寒類書》，《四庫全書》，臺灣商務印書館。

64. 劉宋・劉義慶，〈宣驗記〉，《古小說鉤沉》，魯迅紀念協會出版。

65. 南齊・王琰，〈冥祥記〉，《古小說鉤沉》，仝上。

66. 元・釋圓至，《牧潛集》七卷，《四庫全書》，臺灣商務印書館。

67. 明・李賢等奉敕撰，《明一統志》，仝上。

68. 清・乾隆，《大清一統志》，仝上。

69. 清・趙宏恩等監修，《江南通志》二〇〇卷，仝上。

70. 清・金鉷，《進廣西通志》，仝上。

71. 宋・董嗣杲撰，《廬山集》五卷，仝上。

72. 宋・魯訔撰，《杜工部詩年譜》一卷，仝上。

73. 明・歸有光撰，《震川集》三十卷，仝上。

74. 明・黃淳耀，《陶菴全集》二十二卷，仝上。

75. 明・方以智撰，《通雅》五十二卷，仝上。

76. 明・鄧伯羔撰，《藝彀》三卷，仝上。

77. 清・康熙，《御定佩文齋書畫譜》一〇〇卷，仝上。

78. 清・陳景雲，〈綱目討誤〉，仝上。

79. 清・蔣維鈞輯錄、何焯校正，《義門讀書記》五十八卷，仝上。

80. 清・卞永譽撰，《式古堂書畫彙考》六十卷，仝上。

81. 湯・用彤，《漢魏兩晉南北朝佛教史》，仝上。

82. 李世傑，《印度哲學史講義》，新文豐出版社。

83. 日・鐮田茂雄著，關世謙譯，《中國佛教通史》，佛光出版社。

84. 周次吉，《老子考述》，文津出版社。

85. 莊周，《莊子》，廣文書局。

86. 曲守約，《中古辭語考釋》，臺灣商務印書館。

87. 佚名，《小說詞語匯釋》，中華書局。

88. 魏春霖，《戲曲辭典》，中華書局。

89. 毛漢光，《兩晉南北朝士族政治之研究》，學生書局。

90. 李玉珍，《唐比丘尼的研究》，臺灣學生書局。

91. 周次吉，《太平廣記人名、書名索引》，藝文印書館。

92. 鄧殿臣漢譯，《長老尼偈》，圓明出版社。

補　篇

尼師成道典型之研究
——讀漢譯巴利文原典《長老尼偈》

關鍵字：尼師、長老尼、比丘尼、成道、典型、偈、長老尼偈、巴利文

Key words: the Reverend, eminent nun, nun, enlightenment, pattern, epigram,
epigrams of the eminent monks and nuns, Pali

壹、提 要

　　漢譯巴利文原典《長老偈・長老尼偈》不見於今日所傳的「藏經」之中，它是由近人鄧殿臣和威馬萊拉擔尼（案，此人是斯里蘭卡到中國北京大學留學中文的留學生）兩先生所合作迻譯的，很可以作拙著〈《比丘尼傳》及其補遺考釋〉的補篇。

　　因此，本文乃擬就以下諸端為之分析：

　　一、入道因緣，既可以考見佛陀時期女眾入道之所以，又可與《比丘尼傳》中的女子作一比較，察其異同如何？

　　二、入道法門，先以梁・僧祐和尚的〈釋迦譜〉為底本，將長老尼眾因之得道的法門歸類；然後與《長老尼偈》、《比丘尼傳》者作比較，由於時代的差異，其成就的不盡相同處就自然顯現了。

　　三、師承與法系，是討論佛陀時期傳法的情況，則佛法分立派衍的情況，庶幾可以得一原始的面貌。

　　四、社會制約，是觀察印度其時女眾的社會生活情狀也。

　　五、地域考，是就法顯和尚的《佛國記》、玄奘法師的《大唐西域記》以及近人的研究作一會通，來為《長老尼偈》中諸長老尼的活動地域作一審視的。

Abstract

　　The translation version of original Pali *Epigrams of the Eminent Monks and Nuns* is one of the important documents that can offer great insights to my study *The Study on Nuns*. However, this translation version is not included in today's *Tibetan Scriptures* but was translated by Deng Dian-Chen and Weimalailadeny, who came from Sri Lanka and studied in Peking. Based upon Deng and Weimalailadeny's book, the following points will be discussed: (a) reasons to become nuns, (b) ways to get enlightened, (c) masters and schools followed, (d) contemporary social environment imposed on women's activities, and (e) the regions the eminent nuns were preaching.

貳、前　言

因為撰寫梁・寶唱和尚的〈《比丘尼傳》研究〉（案，本文曾獲八十九學年度的國科會研究補助，補助的文號是：NSC 89-2411-H-324-006）的關係，乃翻查了《大藏經》有關比丘尼的資料；所得者，僅如下端：〈佛說瞿曇彌記果經〉劉宋・慧簡譯、〈佛說大愛道般泥洹經〉西晉・白法祖譯、〈五分比丘尼戒本〉梁・明徽集、〈摩訶僧祇比丘尼戒本〉東晉・法顯共覺賢譯、〈四分比丘尼戒本〉後秦・佛陀耶舍譯、〈四分比丘尼羯磨法〉劉宋・求那跋摩譯、〈十誦比丘尼波羅提木叉戒本〉劉宋・法顯集出、〈根本說一切有部苾芻尼毗奈耶〉唐・義淨譯、〈根本說一切有部苾芻尼戒經〉唐・義淨譯、〈沙彌尼戒經〉失譯、〈沙彌尼離戒文〉失譯、〈釋迦譜〉梁・僧祐撰等等而已。

在〈佛說瞿曇彌記果經〉或〈佛說大愛道般泥洹經〉之中，只提到大愛道・瞿曇彌獲准出家以後，曾經「共諸老宿比丘尼眾，與諸比丘尼上尊長老皆與俱，共行梵行。」但是，除了大愛道・瞿曇彌之外，其他的比丘尼眾究為誰何？竟沒有一言及之。而〈釋迦譜〉中雖曾提到佛的四部弟子之中的「名聞比丘尼五十人」，不過也只是說到她們的功德成就，並不及於背景資料（請參閱下文），這毋寧說是向聖人學習的一種遺憾（因為讀其書，誦其詩而不知其人，則典型不具也）。

近日得睹《長老偈・長老尼偈》（本書初版於民國八十八年三月），翻檢譯者鄧殿臣大德在本書的〈前言〉裡所說：「《長老偈》是巴利三藏・經藏〈小部〉中的第八部經（案，《長老尼偈》則是第九部經了），是佛陀聲聞弟子誦出的一部詩歌總集。這部在南傳佛教國家受到普遍重視的佛經，此前尚無漢譯；所以我們對它知之甚少，甚至聞所未聞。」因為這樣，本書乃更形彌足珍貴，遂撰作本文以為〈《比丘尼傳》研究〉的補篇。

參、本　論

本人在撰寫〈《比丘尼傳》及其補遺考釋〉的同時，曾經注意到印度比丘尼史料的有無？但是，除了如本文「前言」所述者外，委實不能得觀。於是想到梁啓超先生的《中國佛教研究史》上的一段話：「但據〈善見律〉，則尚有屈陀迦 Khuddaka 阿含一種，是不只四矣（案，我國的《藏經》中確實只有〈增一阿含〉、〈中阿含〉、〈長阿含〉、〈雜阿含〉等四種）。今錫蘭所傳巴利文

Pali『阿含』確有五部，其第五部正名〈屈陀迦〉。」（頁 278）便亟欲得睹這一〈屈陀迦阿含〉，卻苦無此等因緣；及至近日，獲睹鄧殿臣和威馬萊拉擔尼兩先生合譯的漢譯巴利文原典《長老偈・長老尼偈》，才補足了此中的缺憾。

正如梁啓超先生所說的：「我國自隋、唐以後，佛學者以讀小乘爲恥；『阿含』束閣蓋千年矣！吾以爲眞欲治佛學者，宜有事於『阿含』……。『阿含』爲最初成立之聖典，以公開的形式結集，最爲可信。……雖不敢說『阿含』一字一句悉爲佛說，然所含佛語之多且純，非他經所及。『阿含』實一種言行錄的體裁，其性質略同《論語》。……試以漢譯四含與錫蘭之巴利文本相較，當能發現諸多異義。他日若有能將全世界現存之各種異文異本之『阿含』一一比勘，爲綜合研究；追尋其出自何部所傳，而因以考各部之異點，則亦學界之一大業也。」（引全上）可見巴利文「三藏」的可貴了；然而，是不是有人眞的一字一句地一一比勘了呢？不能必知。不過，這一部巴利文原典《長老偈・長老尼偈》是譯成漢語了（案，時間是在 1996 A. D.，台灣卻在 1999 A. D.才印行），卻好像只有鄧殿臣先生所寫的一、兩篇簡介式的短文而已，實在可惜；乃不揣淺陋，姑作一研習如下。

所謂「屈陀迦 Khuddaka」，根據鄧殿臣先生的解釋，是「小」的意思，所以〈屈陀迦阿含〉亦即是〈小部阿含〉。它包括了：〈小誦〉、〈法句〉、〈自說〉、〈如是語〉、〈經集〉、〈天宮事〉、〈餓鬼事〉、〈長老偈〉、〈長老尼偈〉、〈本生〉、〈義事〉、〈無礙解道〉、〈譬喻〉、〈佛種性〉、〈所行藏〉等，以這些篇目看來，或者多述佛陀的本生行藏以及他的相關事體，那麼，第九部的〈長老尼偈〉豈不是更可以看出佛陀時代前後的面向、影貌了嗎？

本書——〈長老尼偈〉的架構，是流傳一首偈的尼師則集爲「一偈集」，流傳二首偈的尼師則集爲「二偈集」，如是推衍而有：「一偈集」、「二偈集」、「三偈集」、「四偈集」、「五偈集」、「六偈集」、「七偈集」、「八偈集」、「九偈集」、「十一偈集」、「十二偈集」、「十六偈集」、「二十偈集」、「三十偈集」、「四十偈集」以及「大偈集」等，凡一十六篇、五百二十一首〈偈陀〉，附了七十三位長老尼的「小傳」。根據鄧殿臣先生的說法，以爲：「經中諸長老尼的小傳依據上面說到的《長老尼偈註疏》，而後者係從『古註』而來，所以比較可信。」因此本論文在首次援引〈傳〉文的時候，乃盡量全面抄錄，以求全貌；其後則只注明「請見前引」，蓋省篇幅也。

今且分爲以下數端，作爲討論的節目：

一、入道因緣

（一）睹佛威儀，因心生敬慕而出家

譬如：1~1〈得利卡長老尼所說偈〉就記載著：「得利卡長老尼出生於吠舍離城的一個剎帝利家庭。適齡將婚配。佛陀到吠舍離弘法時目睹佛顏，心生敬佩，遂發願出家。」（頁 283）這裡要注意的是，丈夫並不應允，她乃自己修持，直到證得了「阿那含果」，才蒙應允。又如5~3〈悉哈長老尼所說偈〉記其成道的過程：「悉哈本是吠舍離城一位將軍的甥女，佛陀對將軍說法時，他也洗耳恭聽，聽法後虔誠皈依，剃落出家。但因思想散亂，不能守一，坐禪七年，仍不得定慧。悉哈對修道失去信心，以為求證果位無望，決定自縊。他拿起一條繩索，綁在一棵樹上。在將繩索套綁脖頸的剎那間，頓然開悟，成為羅漢。」她從洗耳恭聽，而皈依，而剃落出家，這正是因佛威儀的關係呀。6~2的娃塞提也是，〈娃塞提老尼所說偈〉說：「出生在舍衛城一個高種姓家庭，適齡出嫁，喜得貴子。不幸幼子夭亡，娃塞提悲痛欲絕，神經錯亂，變為瘋癲。他離開家鄉，四處遊蕩。一日，娃塞提來到彌提羅（Mithila）城，當時恰好佛陀在街上遊化。娃塞提看到佛陀那平靜安詳的神態，心轉平靜，精神恢復了正常。佛陀向他說法，娃塞提皈依佛教，出家為尼，不久修成為羅漢。」又有20~5的蘇巴也是，〈蘇巴長老尼所說偈〉說：「蘇巴本是一個鐵匠的女兒，因相貌美麗迷人，人稱『蘇巴』（Subha 意為美好）。佛陀得道之後，首蒞王舍城時，他目睹佛顏，心生敬仰。一日，他到佛處聽法，得預流果，然後正式披剃為尼。出家之後，他的親友天天都到寺中勸說，以世俗生活的樂趣誘他回家還俗。他拒絕親友的請求，並對他們講解佛法。他志願無倦，修習止觀，終成羅漢。」另一位蘇巴，也以同樣的因緣而入道，但更加悲壯，30~1〈蘇巴長老尼所說偈〉說：「蘇巴‧吉娃卡巴瓦尼卡，出生在王舍城的一個婆羅門家庭。佛陀到王舍城弘法時，他出家為尼，不久得不還果位。一天，他在芒果林納涼的途中，被一流氓惡少攔截。惡少百般糾纏，肆意挑逗，定要與蘇巴交歡。蘇巴曉以人身不淨諸理，好言勸導，惡少仍不肯放過。蘇巴問他己身有何可愛，他說他的眼睛殊美，實難捨下。蘇巴毅然摳下一隻眼睛交與惡少。惡少一見此舉，驚愕萬狀，忙求恕罪。其後蘇巴往見佛陀，佛以慈悲之力，使蘇巴的眼睛復舊如初。此後蘇巴對佛陀倍加感激崇信。佛向他說法，他依法修禪，終得羅漢果位。」最後，如〈大偈集〉述說蘇美陀長老尼的出家因緣，也屬此類：「蘇美陀是曼達沃帝城科迦王的女兒，父母決定把

他嫁給瓦拉那瓦底城的阿尼王〔註1〕。蘇美陀心向佛教〔註2〕，執意不從父母之命。父母又以世俗生活的享樂相誘，蘇美陀絲不感興趣。立志仍在出家。他剪掉頭髮，又以髮作不淨觀想，得入初禪。最終他說服父母及前來娶親的阿尼王，使他們同意他加入僧伽，成為比丘尼。以後他證得了羅漢。」這是處在邊地、末法時期的我國僧尼所無緣得到的福報的，所以《比丘尼傳》中不曾一見。

（二）因緣自然成熟者，也就是說出家時，沒有受到些許的阻障

譬如：1~2〈穆姐式叉摩那重複世尊所說偈〉記載穆姐出家的因緣，就如水到渠成一樣：「穆姐長老尼出生在舍衛城的一個婆羅門家庭。年二十，從大愛道出家。」又如1~3〈裴娜長老尼所說偈〉：「裴娜出生在一個農民家庭，二十歲從大愛道出家。」再如2~5〈吉達長老尼所說偈〉：「吉達出生在王舍城的一個富商家庭，成年後從大愛道出家。年高體衰時上到靈鷲山苦行修道，禪功日增，終成羅漢。」又如2~6的〈梅達長老尼所說偈〉：「梅達出生在迦毗羅衛城的釋迦族，本是一位高貴的公主，聽佛說法後成為居士。後從大愛道正式受戒。」又如，3~3〈烏得瑪長老尼所說偈〉說：「烏得瑪出生在拘薩羅國一個婆羅門家庭，佛陀到拘薩羅遊化時，他聽佛說法，成為羅漢。」又如，3~6〈蘇卡長老尼所說偈〉：「蘇卡出身於農民家庭，佛陀到王舍城弘法時，他皈依佛教，其後從達摩亭娜長老尼出家，修習禪觀，證得羅漢果位。蘇卡長老尼善於講經說法，門下曾有五百尼眾。一天，他正以無上妙音為尼眾說法時，在近旁聆聽的一位樹神受到感動，顯現於人間，誦出兩首讚美蘇卡的偈頌。人們聽到樹神的讚歌，都一起擁來，共聽蘇卡法語。」5~6的梅達卡利則是只因聽經，而即便出家，真是殊勝的慧根、殊勝的因緣呀！〈梅達卡利長老尼所說偈〉說：「梅達卡利長老尼，出生在居樓國卡瑪薩達磨村的一個婆羅門家庭。聽《大念住經》後落髮出家，修習禪觀，終為羅漢。」又，5~7的薩姑拉亦復如是，譬如她的〈偈陀97、98〉就說：「我本在俗家，羅漢為說法；涅槃無煩惱，聞法明此道。」「放下子與女，捨棄糧與財；剃落頭上髮，皈佛出家來。」請看，這是何等的自在？（7~1的烏得拉長老尼也是。）再如古達是得著父母的讚許而出家的，也應該是滿心歡喜呀！6~7〈古達長老尼所說偈〉

〔註1〕阿尼王　據鄧氏的注解，說他的本名叫做阿尼達格得（Anikadatta）國王。
〔註2〕蘇美陀之所以心向佛教，〈偈陀447〉說得很清楚：「科王在曼城，生女蘇美陀；聖者宣佛法，公主皈依佛。」可見她是親睹佛之威儀，而忻慕出家的。

說：「古達出生在舍衛城的一個婆羅門家庭，得父母贊許，出家為尼。最初坐禪，思緒散亂，無法入定。佛陀從香室向他發出佛光，同時說了這幾首偈頌。」又如 9~1 的瓦扎之母，〈瓦扎之母長老尼所說偈〉說：「瓦扎之母出生在巴魯卡加城（Bharukaccha），婚後生子瓦扎，因此人皆稱他為『瓦扎之母』。她聽比丘尼說法後皈依佛教，進而將瓦扎交親戚撫養，自己出家為尼，其後瓦扎也出家為僧。」說要出家，便出家，印度的女子也有一定的自由存在呢！再如 12~1 的烏布拉婉那也是相同的情況，〈烏布拉婉那長老尼所說偈〉說：「烏布拉婉那出生在舍衛城的一個富商家庭，成年後從某比丘尼出家。一日，在庵中掌燈修禪，眼望燈苗，修火遍觀，證得羅漢果。佛陀為打破異教徒的傲慢，準備從香室顯露『雙通』〔註3〕時，烏布拉婉那亦顯神通，變化出四駕馬車，乘車趕至佛處，請求由他以神通破除外道。因此佛陀封他為『神通第一尼』。」又如 16~1 〈般娜長老尼所說偈〉記其事說：「般娜是給孤獨長者家中一個女僕的女兒，他聽《獅吼經》後得預流果。」這真是宿世的慧根所成就的呀：「一日，他到河旁打水，見一婆羅門正在河中洗浴，口中還念念有詞，叨嘮著咒語。般娜詢問，婆羅門說在洗除罪惡。般娜依據佛法和他辯論，以理說服了這一個婆羅門。給孤獨長者見般娜品行高尚，便解除了他的奴隸身份。般娜於是出家為尼，修成羅漢。」大福報是從大智慧而來，一絲不錯。這以下的一個，則是屬於妓女的例子，20~1〈阿巴帕里長老尼所說偈〉說：「阿巴帕里長老尼出生在御花園的一棵芒果樹下，一園丁把他帶到家中撫養成人。因他姿色美麗，宮中王子爭相求親。為了不負大家的「悕」求，他便當了妓女。後來，他開始信仰佛陀，信奉佛教，把自己的花園也布施給僧眾。其後又聽他的兒子維摩拉說法，正式披剃為尼。他已認識到身體易衰易老，作無常觀，證得羅漢果位。」又 20~2 羅黑妮的景況，也相近似。

關於這一點，我國寶唱和尚的《比丘尼傳》中所記的安令首尼、法緣尼的事跡，頗有些近似。（詳情請參閱拙著〈《比丘尼傳》研究〉之陸〈女眾入道因緣〉，頁 139）

（三）環境的濡染

譬如大愛道長老尼，她本來是悉達多王子的繼母，只因眼見王子出家成道，她也懇求入道而成為佛教史上第一位比丘尼。6~6〈大愛道長老尼所說

〔註 3〕 所謂「雙通」，據鄧氏的注解是，從每個毛孔中同時噴出火焰和水流。

偈）記其事說：「大愛道出生在提婆達訶（Devadaha）城的釋迦族，是淨飯王王后摩耶夫人的胞妹。摩耶夫人生下悉達多王子數日後去世，大愛道便成為淨飯王的王后和悉達多的繼母。淨飯王逝世後，大愛道率諸宮妃女眷見佛，請求出家。開始未得允許，後經阿難勸說，佛始同意他們落髮修道，大愛道遂成為佛教史上第一位比丘尼，以後也才有了比丘尼團體。」（其他請詳〈大愛道經〉以及拙作《〈比丘尼傳〉研究》）這影響是連環而累進的，譬如蒂莎長老尼，她本來是佛陀為悉達多王子時的一名宮女，只因為眼見王子、大愛道出家了，於是影響到她的想法。所以，1~4〈蒂莎長老尼所說偈〉才說：「蒂莎出生在迦毗羅衛城的一個剎帝利家庭，二十歲被招入宮，成為悉達多王子的宮女，其後從大愛道出家。佛陀向他說了這首偈頌，他聽後即成羅漢。當時他還是一位尚未受具的式叉摩那。」這裡有一點要注意，即印度的宮女，其出身乃為貴族，而非賤種。像這樣的事例，還有：1~5 的蒂莎（案，這是另一位宮女）、1~6 的娣拉、1~7 的維拉、1~8 的蜜姐、1~9 的跋得拉、1~10 的烏帕薩瑪（案，以上都是悉達多王子的宮女，其身世和經歷也都大同小異）。另一位受大愛道影響的，卻不是宮女，而是她的乳母。5~1〈某一位無名之長老尼所說偈〉說：「此某長老尼幼時出生在德沃達訶城（Devadaha），姓名不詳，僅知他曾是大愛道的乳母。大愛道出家之後，他也隨後出家。在出家後的前二十五年中，他仍受著貪欲的煎熬，沒有得到片刻的寧靜。他因此而焦躁不安，抱頭痛哭。又去達磨亭娜長老尼處請教，達磨亭娜為其講經說法，他聽後纔獲得六通，成為羅漢。」又有因為看到悉達多太子、難陀王子、羅睺羅王子、大愛道等全家入道而出家的，如 5~4 的嫡達公主；不過，這一位嫡達公主與克瑪王后的女兒，儘管經歷相近，卻不是同一人。另有一位凱瑪長老尼，儘管她也和兩位嫡達公主一樣，看到佛所變現的美色凋萎的刺激而悟出人生無常，美麗不足恃；但是其初，則是受了君王丈夫的影響的。6~3〈凱瑪長老尼所說偈〉說：「凱瑪本是摩揭陀國薩格拉（Sagala）城的一位公主，生得十分俊美，被頻頻婆羅王納為王后。凱瑪自知佛陀嫌惡美容，所以從未到竹林精舍拜見佛陀。頻頻婆羅王向他一再宣揚竹林精舍如何富麗壯觀，促使王后心嚮往之。最後，王后終於由侍從陪同到竹林精舍瞻拜。當他看到精舍，未見佛而即想回宮時，侍從秉承國王旨意，設法使他去佛前禮拜。」的話可以為證。另外，蘇佳姐的丈夫雖然不是王者；卻也是一富商，而且家大業大：「美服身上穿，搽粉戴紅環；梳妝打扮好，僕女相陪伴。美食與好漿，

餐飯俱帶全；一同離家去，園中遊玩閑。」只因為丈夫信佛，帶她禮佛，便成就了她的羅漢事業，這不是濡染的因緣嗎？（詳見6~4〈蘇佳妲長老尼所說偈〉）

再者，以下這一例證，更是因為受到丈夫入道的影響而出家的：「達磨亭娜出生在王舍城的一個高等種姓家庭，成年後與富商維薩卡結婚。一天，維薩卡去聽佛陀說法，入阿那含向。他回家上樓時，妻子達磨亭娜像往日一樣伸出一手，欲拉他上樓，不期被丈夫拒絕。用飯時，維薩卡也默默不語。達磨亭娜愕然問道：『夫君，你上樓時未接妾手，用飯時也不與交談，莫非妾有過失，使夫君不快？』維薩卡答道：『我妻並無過失，今日我聽佛妙法，入阿那含向，無心接觸女色，今後對飲食也將無所貪好，你可繼續在此過活，也可攜帶財物另尋夫主。』達磨亭娜道：『夫君所棄之財物，於妾何用？』於是達磨亭娜出家為尼，修習業處（亦稱『作業處』），終成羅漢。」1~12〈達磨亭娜長老尼所說偈〉。又如，4~1的巴德拉卡比拉尼也是，〈巴德拉卡比拉尼長老尼所說偈〉說：「巴德拉卡比拉尼出生在薩格拉城（Sagala）的一個婆羅門家庭，成人後嫁與摩揭陀國摩訶帝特婆羅門村的比帕利（Pipphali）。比帕利剃落出家，法名大迦葉，為佛陀上首弟子。巴德拉卡比拉尼也拋棄家產，出家修行。他先入外道修行五年，後來纔從大愛道披剃，皈依佛門；不久修為羅漢。佛陀封他為『宿命通第一尼』。」則更為知名了！此外，雖不是丈夫，卻因以美色誘人而反為感化的，譬如5~2的維摩拉長老尼便是。〈維摩拉長老尼所說偈〉說：「維摩拉本是吠舍離城一個美妓的女兒，他長大後，也同母親一樣當了妓女。一天，他看到托缽乞食的目犍連長老，對目犍連心生愛慕，便跟隨其後，來到他駐錫的寺院。維摩拉向目犍連顯露身體，百般撩撥、挑逗，並求交歡。目犍連嚴詞訓斥，終使他自感羞愧。維摩拉得到目犍連的教訓，皈依佛教，剃落為尼，並修成羅漢。」以下一例，也是受到丈夫的影響，卻比較曲折，20~3〈佳帕長老尼所說偈〉說：「佳帕出生在王格哈拉國（Vamgahara）的一個獵戶家庭，其父供養著一位叫烏帕格的正命論僧人。父親出獵，囑女兒好生供養僧人，烏帕格照例每天到佳帕家中用齋。家中唯此二人，烏帕格看到佳帕時欲心蠢動，思緒混亂，無以自制，速回寺中。竟不思飲食，一病不起。幾日之後獵戶返回，問女兒供養僧人是否周到。女兒說烏帕格數日未來家中用齋，獵戶忙跑到寺中，見僧人病倒在床。獵戶問及原由，僧人以實相告。並說：「如不能得到佳帕，祇有一死。」獵戶叫烏帕格還俗，請至家中

招爲女婿。不久，夫妻兩人生得一子。佳帕在哄兒戲樂時說：「烏帕格的兒子，沙門的兒子。」烏帕格聽到如此戲諷之語，羞愧悔恨，決意再度出離。他走向佛處，皈依佛門。烏帕格出家後，佳帕也出家爲尼，證得羅漢果。」

　　而此例，則是受到兒子的教化而成道的。2~8〈阿巴耶之母長老尼所說偈〉說：「阿巴耶之母本名帕杜瑪沃蒂，出生在烏德城一個種姓高貴的家庭。因其貌美，成爲城中名妓。頻頻婆羅國王指使宰相把他帶入宮中，他生有一王子。王子日後出家修道，法名阿巴耶，是一位有名的長老。帕杜瑪沃蒂聽兒子說法，也皈依佛門，出家爲尼，修爲羅漢。」兒子怎樣讓她入道呢？〈偈陀33〉和〈偈陀34〉寫她們母子的對話，很有趣：「阿母細思量，人身何其髒；渾身穢臭氣，從頂灌趾上。」母親說：「依兒修行法，斷貪觀無常；滅欲除煩惱，入寂地清涼。」

　　也有受到朋友的影響的，譬如說2~9的阿巴雅便是，〈阿巴雅長老尼所說偈〉說：「阿巴雅出生在烏德尼城的一個高種姓家庭，是帕杜瑪沃蒂的朋友，二人一起出家，同在王舍城駐錫。一日，爲修不淨觀，阿巴雅到林中去觀尸體，佛陀從香室作法，使一尸體在阿巴雅面前次第呈現膨脹、青瘀等相。阿巴雅觀～2後心證苦諦，佛陀又以偈頌說法，阿巴雅聽完成爲羅漢。」又如維佳亞也是，6~8〈維佳亞長老尼所說偈〉說：「維佳亞出生在王舍城的一個高種姓家庭，是凱瑪長老尼的好友。凱瑪出家之後，他去聽凱瑪說法，心生信仰，出家爲尼，成爲羅漢。」

　　更有受到家庭（特別是指父母而言）的影響的，譬如3~4的姐娣卡就是最好的例子，〈姐娣卡長老尼所說偈〉記載著：「姐娣卡出生在舍衛城的一個婆羅門家庭，其父是拘薩羅國的宰相。祇園精舍落成，舉行盛大法會，將精舍布施給佛陀。姐娣卡去觀看法會時，對佛教產生虔誠信仰，不久從大愛道出家。」云云，不是著例嗎？又如，3~7的塞拉也是，〈塞拉長老尼所說偈〉說：「塞拉本是阿拉沃卡國（Alavaka）的一位小公主，所以又稱他爲『阿拉維卡（Alavika）』。佛陀到該國來降伏惡魔時，尚爲孩童的塞拉便跟隨父王去聽佛說法。他領悟到佛法的眞諦，看破紅塵，當即皈依佛教，不久又正式剃落爲尼。因早已明白諸行無常的佛理，所以出家七日，便得羅漢果位。當時他剛滿七歲，佛陀對這一位小沙彌尼很是器重，又破格爲這位七歲的小沙彌尼授了比丘尼戒。」又如，3~8的索瑪也是，〈索瑪長老尼所說偈〉說：「索瑪本是頻毗婆羅王的大臣的女兒，佛陀到王舍城時，他皈依佛教。不久出家爲尼，

證爲羅漢。」等等都可以爲證。至於受到兄長影響的著例，則當首推舍利弗了，7~2〈佳拉長老尼所說偈〉記載說：「佳拉是摩揭陀國那拉格村婆羅門魯帕薩利的女兒，他的兄長是有名的舍利弗長老。他還有烏帕佳拉、悉蘇帕佳拉兩個妹妹。舍利弗出家之後，三個妹妹也都效法兄長，出家爲尼。」她們的事跡具見於《相應部‧比丘尼相應中》，又案，烏帕佳拉也見於本書的7~3，悉蘇帕佳拉也見於本書的8~1。以下這個例子比較特殊，因爲女兒固是受了父親的影響，而父親卻是因爲喪子之痛而出家的，20~4〈遜得里長老尼所說偈〉說：「遜得里是波羅奈城婆羅門蘇迦得的女兒，因其貌美，被稱爲『遜得里』（巴利語 Sundari 爲美貌女子之意）。因幼弟喪生，傷（案，疑是『喪』字之誤）子之痛使父親無法忍受，便去娃塞提〔註4〕處，請教如何排除痛苦，說兩首偈頌（第312、313）。娃塞提向他說了佛、法、僧三寶之意義；婆羅門開始對佛心生敬仰。於時佛陀正在彌提羅弘法，婆羅門便乘車去至佛處請佛說法，並即刻披剃，修禪得果。婆羅門出家後他的馭手回家稟告，遜得里的知後也拋棄家業財產，不顧母親的阻攔，出家爲尼。受具之前，即成羅漢。數日之後，遜得里偕同眾尼友來到佛處，表明自己爲佛之兒女有一片虔誠之心。不久，他的母親及親眷也都出家皈佛。」

關於這一點，我國寶唱和尚的〈比丘尼傳〉中所記的僧端尼、法宣尼等的事跡，頗有些近似。（詳情請參閱拙著《比丘尼傳》研究〉之陸〈女眾入道因緣〉，頁140）

（四）婚姻不順

譬如：1~11〈穆妲長老尼所說偈〉就說：「穆妲出生在拘薩羅國，是婆羅門奧加達格的女兒。他的父母把他嫁給了一個彎腰駝背的婆羅門，使他厭惡婚姻生活。整天舂米做飯，繁雜的家務勞動也增添許多煩惱。」因爲這樣，她就動了出家的念頭，但是，社會的制約是要得著丈夫的許可的呀，於是：「的丈夫應允，出家爲尼，修習止觀，意證涅槃。」不過，這談何容易？「最初意念散亂，不能守一；後來他回憶過去在家生活的痛苦，對比出家後擺脫『三彎』〔註5〕的愉快，有感而發，說出了這首偈頌。在念誦此偈的同時，穆妲證

〔註4〕 娃塞提，過去曾因夭亡了七個兒子而至瘋癲，甚至被稱爲「吃子的女人」，詳請參閱《長老尼偈》6~2 321，或本論文「貳、一、（一）」。

〔註5〕 穆妲長老尼的〈偈陀〉說：「我終得解脫，擺脫臼和杵，擺脫駝背夫，『三彎』終解除無生亦無死，生欲已滅除。」所謂「三彎」，根據鄧氏的注解，說是：

得羅漢果位。」因爲回憶過去在家生活的痛苦，居然可以使他證得羅漢果位，則其婚姻的不順，都不用言說了。又如，2~3 的蘇曼格拉之母也是，〈蘇曼格拉之母長老尼所說偈〉的〈偈陀23〉說：「解脫自在尼，擺脫舂與杵；不再鍋邊轉，也不須製傘。今得離他家，擺脫無恥婿。」其實，最不幸的，莫過於巴達坤扎拉蓋薩了，5~9〈巴達坤扎拉蓋薩長老尼所說偈〉記其事，說：「巴達坤扎拉蓋薩，出生在王舍城的一個富商家庭。宰相婆羅門的兒子薩杜卡因盜竊被判死刑，在押赴刑場的時候，巴達坤扎拉蓋薩隔窗看到這個年輕的罪犯，心生惻隱、愛慕，宣稱『如不與他結婚，就去尋死』。他父親廣行賄賂，打通關節，使薩杜卡獲釋，把女兒嫁他。新婚夫婦歡樂了一陣之後，本性未改的薩杜卡便對妻子的金銀首飾生起貪心，決意佔有……」這一種全心的愛，竟受到全意的辜負，是一般人所不能忍受的！於是，她殺了他，然後出了家！更其不幸的是 12~1〈烏布拉婉那長老尼所說偈〉所記載的岡迦帝利耶之母的事體啦：「岡迦帝利耶的母親前世曾是舍衛城一個商人的妻子，剛一受孕，商人便離家遠遊，到王舍城經商。其母見兒不在家時兒媳懷孕，疑有姦情，把兒媳趕出了家門，他走投無路，決定到王舍城尋夫，不期在客店中生下兒子。當他放下嬰兒到室外洗東西時，一車夫將子帶走。一賊首見他貌美，強佔爲妻。不久他與盜首生下一女。一天，他與盜首口角，他棄女兒而去。他到王舍城無法尋到丈夫，生活無著，淪爲娼妓。若干年後，他與商人所生之子已長大，他因不知根柢、姓名，居然以生母作妻室。不久又收留一個年輕女子作了二房。一天，正房爲二房梳頭時，發現頭上有一傷疤，詢問出身經歷，方知是自己與盜首所生之女；而他兩人的丈夫，正是他自己的兒子。震盪、羞愧、悲痛之餘，他於是出家爲尼。」生命的無常、變幻與作弄人，不是啼笑皆非，而是使人驚心動魄呀！難怪〈偈陀224、225〉要悲憤地說：「我和我女兒，同侍一丈夫；荒唐且可悲，令人毛髮豎！」「情欲髒且臭，充滿煩惱棘；母女貪情欲，同侍一夫婿。」

也有表面上只因爲配偶死亡而心灰意冷地出家的例子，譬如：2~1〈美女嫡達式叉摩那傳〉記載著：「嫡達本是迦毗羅衛城釋迦族克瑪王后的女兒，因其相貌美麗，人稱『美嫡達』。嫡達正當青春妙齡，已和他訂婚的王子突然去

「彎下腰將稻穀倒入臼內，此爲一彎；彎腰舂米，此爲二彎；駝背丈夫也得服侍，此爲三彎。穆妲受此『三彎』之苦，苦不堪言；出家之後，方得解脫。」

世，令他極爲悲傷。父母促使他出家爲尼。」不過我以爲她的出家，另一重
要理由，是來自於佛化家庭的關係，〈傳〉裡不是說了「父母促使他出家爲尼」
的話嗎？否則以她的見識、個性、年齡，是不可能入道的：「出家之後，嫡達
仍自恃貌美，態度傲慢。因恐佛陀厭其美貌，一直未去見佛。」更糟糕的是，
「佛陀爲了對他進行教化，便令大愛道集合全體尼眾，爲其分別開示。待輪
到嫡達時，他竟請別人代往。」（仝上引）可以爲證。又，2~2 的金達，情況
也一樣，〈金達長老尼所說偈〉說：「金達本是吠舍離城釋迦族的一位公主，
他的經歷與美嫡達略同。」又如，40~1〈伊悉達悉長老尼所說偈〉裡的伊悉，
她婚姻的不順，全然是前輩子的揮霍感情有以致之的：「伊悉在往世中曾積有
功德，但也曾與他人之妻通姦，造成罪業。因此他曾在地獄受苦。其後又投
身爲一窮苦車夫之女。長大成人後嫁與車夫之子迦里達薩（Girisa）。迦里達薩
本有前妻，且情愛頗深。伊悉心生忌妒，甚而挑撥離間。到我佛時代，才投
生烏德尼城一個富商家庭，成人後嫁與一富商子。因與人通姦的前世惡業，
一月之後丈夫便棄他而去。父母又把他嫁出，第二個丈夫又很快把他遺棄。
如此幾度被棄，伊悉深深厭惡人世生活，隨吉那達德長老尼出家，不久便證
得羅漢果位。」雖說不久便證得了羅漢果位，但他在宿世裡卻爲著淫人妻女
而爲山猴、被閹割，爲小羊、被閹割，爲牛犢、被閹割，投胎做家奴、竟是
不男不女的陰陽人；至於被遺棄、入地獄的苦楚，更是罄竹難書了！〈偈陀
399～400〉寫到她敘述的因緣，說：「大地裝飾品，花城婆吒梨〔註 6〕；駐錫
釋迦女，佛教兩高尼。」「一尼名伊悉，一尼名菩提；多聞修止觀，正道斷貪
欲。」

　　關於這一點，我國寶唱和尚的《比丘尼傳》中所記的尼師的事跡，頗有
些不同。我國的所謂婚姻不順，除了妙相尼因其夫居喪失禮，她惡其不盡人
子之孝道而主動求去以外，多是爲了「眷屬散亡」；而不像天竺女眾之能因丈
夫的醜陋、家計的艱辛，便爾離棄的，這就見出兩國國情、民風的差別，史
家說印度百姓有高度的自由，從此可證。（說詳後文，並請參閱拙著《比丘
尼傳〉研究〉之陸〈女眾入道因緣〉，頁 140）

（五）對生活或者生命的厭倦

　　譬如：2~4〈阿扎迦尸長老尼所說偈〉寫到阿扎迦尸出家的因緣，說：「此

〔註 6〕 婆吒梨　鄧氏注：「城名，梵語 Pataliputra 一詞的音譯略稱，今爲印度比哈爾
　　　　邦首府。城中花樹繁盛，唐名香花宮城。

尼本出生於迦尸國的一個富商家庭，後因家道衰落，淪爲妓女。當時迦尸國每天的稅收爲一千金幣，他身爲名妓，每日也有同樣多的收入……未久，阿扎迦尸認識到紅顏易老，厭倦於風塵中事，遂出家爲尼。」當她成就了羅漢道時，乃說偈曰：「迦尸國稅日千金，我之收入原相似；村民減價付其半，因而稱我『半迦尸』。此後不再重容顏，心灰意冷無貪戀；永離輪迴不再生，已得三明遵佛言。」即其明證。

再者，因爲親朋好友的死亡，而對生命產生了迷惘、痛苦。如 2~10〈薩瑪長老尼所說偈〉說：「薩瑪出生在拘桑白城的一個農民家庭，是佛經中經常提到的薩瑪沃蒂的好友。薩瑪沃蒂的往生使他悲痛、震驚，於是出家修道。」即是。

當然，兒女死亡的衝擊，更是無與倫比的了！3~5〈烏比娌長老尼所說偈〉記載的，便是因爲女兒死亡引來的悲痛：「烏比娌出生在舍衛城一個高種姓家庭，因其貌美，被拘薩羅國王納爲宮女。烏比娌生女吉娃，甚得國王寵愛。不幸小公主夭折，烏比娌悲痛欲絕，每天跑到女兒墓地痛哭。佛陀以其神通現身於他的面前問道：『你有八萬四千個女兒都埋葬在這一塊墓地，你哭的是那一個呢？』佛陀並說一偈頌，爲他開示。烏比娌聽後開悟，成爲羅漢。」至於 11~1 的蓋薩高得密因死去兒子的悲痛，更是讓人掬淚！〈蓋薩高得密長老尼所說偈〉說：「蓋薩高得密出生在一個貧苦的低種姓家庭，本名『高得密』，因身體瘦弱，被稱爲『蓋薩高得密』（巴利語 Kisa，意爲瘦弱）。婚後，因出身貧賤，受到鄉親們的鄙視，待生得一子之後，其身價纔略有提高。不幸兒子夭死，他自己也因過度悲傷而至瘋癲。他不相信兒子已經死去，抱著兒子的尸體到處求人診治，受到人們的嘲笑。有一智者請他去見佛陀，佛陀對他說，爲了給兒子治病，他須到城裏去，從一家從未死過人的住戶討得幾粒芥菜籽來。他跑遍全城，許多人家都有芥菜籽，但未死過人的住戶卻是一家也沒有。這一事實使得蓋薩高得密猛醒，明白了『死亡』乃普遍之規律。他神經恢復了正常，掩埋了兒子的尸體。他因理解到佛陀叫他尋找芥籽的良苦用心，便到佛陀住處，聽佛說法，聽完佛法即得預流果，又從比丘尼受戒，修習禪觀，證的羅漢果位。」

也有因爲子女的棄養而無奈出家的，譬如 5~8 的索娜就是，〈索娜長老尼所說偈〉說：「索娜出生在舍衛城一個高種姓家庭，作成婚之後，生下十個子女。丈夫出家爲僧，索娜操持家務。他辦完十個子女的婚事，又把家產分給

他們。最初，子女待他尚好，後來不願奉養，遺棄不顧。索娜無奈，出家爲尼。」可見家庭子女的生活、生命，也是萬般無奈的呀。

更有因家破人亡，爲此瘋癲，後遇佛陀的開示而出家而證果的，譬如帕扎佳拉長老尼就是。5~10〈帕扎佳拉長老尼所說偈〉說：「帕扎佳拉出生在舍衛城的一個富商家庭，和家庭中男僕相愛，私奔在外成親，艱難度日。他在第二胎臨產之前，決定回娘家分娩。行至中途，嬰兒產於野林之中，丈夫爲護理產婦去尋找樹枝時被毒蛇咬死。帕扎佳拉強忍悲痛繼續前行，當他涉水過河時，一個孩子被急流沖走，另一孩子被老鷹叼去。臨近家鄉時向來人詢問家中情形，人說前夜暴雨成災，他家房舍已被水沖塌，父母兄弟悉皆遇難。幾天之內，帕扎佳拉接連失去了所有的親人，極度的悲痛使他神經錯亂，變爲瘋癲。他赤身露體，遊蕩於街頭時，遇到前來弘法的佛陀。聽佛說法，理智恢復，並修得預流果位。其後正式出家受具，修習禪觀。」又如5~12的姜達也是，她因瘟疫而家破人亡，而淪爲乞丐，那其間的艱辛，眞是點滴自知的呀！6~1的五百長老尼，也都是因爲子女的夭亡而頓感人生乏味，披剃出家的。

此外，這是一特例，乃竟然爲了爭婚而頓感生活之無趣的，6~5〈阿奴帕瑪長老尼所說偈〉說：「阿奴帕瑪是薩蓋得城富商梅迦的女兒，生得非常美麗動人，王公貴族爭相求親。這樣的明爭暗鬥使他對世俗生活感到厭煩；於是前去拜謁佛陀，聽佛說法後得阿那含果。其後從比丘尼披剃，七日之後成爲羅漢。」

在《比丘尼傳》中，只有因身罹疾疢而感生之厭倦的；不如印度的如是多采，這又是國情、民風不同的顯證。

（六）由外道而皈依的

尼眾之中，絕大部分都是從婆羅門皈向佛教的，而比較特殊的是，譬如：5~5的嫦杜德拉就是，〈嫦杜德拉長老尼所說偈〉說：「嫦杜德拉出生在居樓國的一個婆羅門家庭，他首先學習了婆羅門應該掌握的全部技藝，然後便手持一根閻浮樹枝去會見尼乾陀〔註7〕，以求解脫。皆未達目的，之後又轉向縱慾。

〔註7〕 尼乾陀，就是耆那教 Jainas。它的立教，據威爾·杜蘭的說法，是：「大約在紀元前六世紀（根據傳說 Mahavira 的時代是紀元前 559～527 年；但 Jacobi 認爲是 549～477 年較爲接近事實），在現在印度的 Bihar 省，當時叫 Vaishali 城的郊區，Lichavi 部落一家富有高貴的家裡，誕生了一個孩子……他們屬於

以後又與各家各派進行辯論，在與目犍連進行辯論時敗給了目犍連，纔遵照目犍連的教誨皈依了佛教，過了不久便修成羅漢。」這真是大疑大悟，不疑不悟的實例了！

《比丘尼傳》所記，只有與外道的爭持，而未見有皈依者。

二、入道法門

〈釋迦譜〉有一「名聞比丘尼五十人」名單，今就其功德，歸類如下；並把本〈長老尼偈〉所載諸長老尼的入道法門，從之依附於后（當然，若有不能含容者，則另立一類以爲標示）：

（一）開宗立法者

有：「久出家學，國王所敬」的大愛道・瞿曇彌尼；以我國的尼師來講，則晉・竹林寺之淨撿尼者是。

（二）得大智慧者

有：「智慧聰明」的讖摩尼、「多聞廣博，恩惠接下」的瞿卑尼、「速成道果，中間不滯」的陀摩尼、「多遊於慈，愍念生類」的清明尼、「悲泣眾生，不及道者」的素摩尼、「修習無願，心恆廣濟」的末那婆尼等，這在〈長老尼偈〉中，如巴達坤扎拉蓋薩者，應該也可以歸入這一類，因爲「他到尼乾陀寺出家。但耆那教的義理未能使他滿意，便離開該寺四處遊蕩，與人辯論。最後因遇舍利弗且辯論，理屈詞窮後，遂去禮拜佛陀，聽佛講法後成爲羅漢，正式披剃爲尼。」（詳見 5~9〈巴達坤扎拉蓋薩長老尼所說偈〉）再者，6~3 的凱瑪也是，〈凱瑪長老尼所說偈〉說：「凱瑪一見（美女色相的生衰老死），茅塞頓開，悟到了人生無常的真諦。其後佛陀封他爲『智慧第一尼』。」即爲明

哲學的一個分派，認爲再生是一種天罰，而自殺是受惠的特權。當他們的兒子到了三十一歲那年，他們竟自願餓死來結束他們的生命。這青年受刺激……經過十三年的自我克制，他被一大群的弟子高呼爲 Jina（征服者）……他們以一個實在論邏輯開始，其中對知識看作爲局限在相對與短暫中。他們認爲沒有一樣東西是真實的，除非是從一個觀點來看；若從幾個觀點來看，就可能是假的……宇宙的存在是由於所有的永生不朽，而它的無限的變動與旋轉是由於大自然的固有力量，而非精靈的干涉……耆那教人說，通往解脫的道路是循苦行、悔過與禁用暴力——節制對有生物的傷害。每一個教徒必須要作五次誓願：不傷生、不倒睡、不強要、守慈善、戒絕外界的享樂……他的學說高度的允許自殺，尤其是慢慢的饑餓至死，因爲這是精神超越了爲盲目的意願而生存的一大勝利。」（《世界文明史・印度與南亞》，頁 50）

證。又，6~4 的蘇佳妲情形亦同。又有 6~5 的阿奴帕瑪也是，16~1 的般娜長
老尼一聽《獅吼經》，便得預流果；一出家為尼，便修成羅漢。當然要歸在此
類了。又有 20~2 的羅黑妮也屬之。

（三）神通示現者

有：「神足第一，感致諸神」的優鉢華色尼、「天眼第一，所照無礙」的
奢拘利尼、「自識宿命，無事劫事」的拔陀毗離尼等，以之和〈長老尼偈〉中
相較，則有 5~7 的薩姑拉便是，〈薩姑拉長老尼所說偈〉這樣記載著：「薩姑
拉出生在舍衛城的一個婆羅門家庭中，當佛得祇園精舍的施捨時曾有盛大的
法會。他於法會上聽佛說法便得開悟，皈依了佛教，隨之披剃出家，後修為
羅漢，佛陀稱之為『天眼第一』。關於薩姑拉長老尼的事跡，《增支部》中有
詳盡記載。」而與寶唱和尚的〈比丘尼傳〉相參，類此的尼師則有：新林寺
道容、東官曾成法緣、偽高昌都郎中寺馮尼等等。

（四）修苦行而得成就者

有：「行頭陀法，無一限礙」的機梨舍・瞿曇彌尼、「得信解脫，不復退
還」的迦栴延尼、「著麤弊衣，不以為愧」的優多羅尼、「恆處閑靜，不居人
間」的無畏尼、「恆居露地，不念覆蓋」的奢陀尼、「樂空閑處，不在人間」
的優迦羅尼、「長坐草蓐，不著紋飾」的離那尼、「樂空塚間」的優伽摩尼等，
這在〈長老尼偈〉中，則有得利卡長老尼，因為她的〈偈陀〉就這樣說：「得
利卡著糞掃衣，行住坐臥甚愜意；如炙青葉葉焦炙，阿那含道斷意趣。」鄧
氏注解糞掃衣，就說：「『糞掃衣』是巴利語『pansukula』一詞的音譯，為僧
服衲衣之一種。印度古時，人死後以白布裹屍，拋於野外墓地。屍體被鳥獸
啄食，剩下沾滿泥土的髒布，是謂『pansukula』佛陀最初規定，僧人常以此
為衣。現在南傳諸國此風猶存，喪家常以白布施予僧眾。」（詳見 1~1〈得利
卡長老尼所說偈〉）便可以為證。再如蘇摩納長老尼，她原本是舍衛城拘薩羅
國王的王妹，卻寧可把家產布施完了而著糞掃衣出家，〈偈陀 16〉說：「老尼
身披糞掃衣，安眠自在何愜意；貪欲一旦清除淨，即入清涼無生地。」（詳見
1~16〈高齡長老尼蘇摩納所說偈〉）再如，2~5〈吉達長老尼所說偈〉說：「（吉
達）年高體衰時上到靈鷲山苦行修道，禪功日增，終成羅漢。」而她的〈偈
陀 27〉更是說得明白：「瘦弱又多病，出入依杖行；縱然累如此，仍上靈鷲峰。
袈裟置一旁，鉢亦扣一邊；坐在石山上，斷除癡愚闇修持破我執，諸使不再

現。」

在我國，則如寶賢尼師的「三年不食穀，以葛芋自資，不衣繒纊，不座床席」、僧蓋尼師的「寒暑不變衣裳，四時無新飲食，但資一菜中飯而已」修持或者差堪相近。

（五）禪定功深者

有：「坐禪入定，意不分散」的奢摩尼、「諸根寂靜，恆若一心」的光明尼、「一處一坐，終不移易」的拔陀婆羅尼、「恆坐樹下，意不改易」的珧那尼、「守空執虛，了之有無」的提婆修尼、「心樂無想，除去諸著」的日光尼、「心已永息，不興亂想」的因提闍尼、「入水三昧，普潤一切」的婆須尼、「入火光三昧，悉照萌類」的降提尼「觀露不淨，分別緣起」的遮波羅尼等，但是在〈長老尼偈〉中，卻分成了：

1. 修習止觀，勇猛精進者

譬如：1~1〈得利卡長老尼所說偈〉就說：「於是得利卡以自己所聞之佛法自行修持，並習止觀，勇猛精進。」因爲在止觀的定境之中，激發了如海的智慧，而悟了道：「一日在廚房做飯，青菜葉放入鍋中，被熱鍋烤，得『滋滋』作響，葉中水分、生機，登時殺盡。漸漸綠葉變成枯片，再無聲響。得利卡受此啓發，領悟到：人之貪欲，也應以阿那含道之火斷除，而一切煩惱，皆可以阿羅漢道斷滅。」又如穆妲長老尼也是：「一日齋畢，到靜處坐禪。」1~2〈穆妲式叉摩那重複世尊所說偈〉，另有 1~5 的蒂莎長老尼〔註8〕、又 1~11〈穆妲長老尼所說偈〉說：「（穆妲）得丈夫應允，出家爲尼，修習止觀，意證涅槃。」又如，2~3〈蘇曼格拉之母長老尼所說偈〉的〈偈陀 24〉說：「貪瞋根斷盡，嘰嘰似有音；行至樹蔭下，禪定樂無垠。」也是這等境況。又如，2~4 的阿扎迦尸長老尼也是，不但此也，甚至於因之而得宿命通、天眼通、漏盡通的所謂「三明」。又譬如 3~4 的妲娣卡，更是從止觀裏得到頓悟的例子、〈妲娣卡長老尼所說偈〉說：「一天中午，他在靈鷲山上坐禪，思緒散亂，無以集中。恰在這時，他看到薩比尼卡河邊有一頭大象，很馴服地遵照象倌的旨意下河洗澡，洗畢又回到岸上，又伸出一腳供象倌攀登，騎到自己背上。妲娣卡受此啓發，修習止觀，證的羅漢。」這是怎樣啓發的呢？〈偈陀 50〉

〔註8〕蒂莎長老尼的〈偈陀5〉是這樣的：「蒂莎修聖法，四福應珍惜；錯過機緣者，受苦入地獄。」而所謂『聖法』，根據鄧氏的注解，是：「此處特指止觀及三十七道品。」

說：「大象本難馴，如今已服人；的啓回林中，重使心安頓。」又如 5~5 的嫡杜德拉也是，她的〈偈陀 90〉說：「終於轉虔誠，向佛教皈依；觀身知其本，斷除諸貪欲。」所謂「本」，根據鄧氏的注解，是：「指通過修習止觀，看清了身軀『無常、苦、無我』之『本』來面目。」所以列入此一法門。又如 5~6 的梅達卡利也是。又如 5~8 的索娜，〈索娜長老尼所說偈〉說：「索娜無奈，出家為尼。於時他雖已年邁體衰，但仍勇猛精進；修習止觀，日夜不捨。」這當然感動了佛陀，於是「佛陀向他發放佛光，並說偈頌。索娜聽後，成為羅漢，受封為『精進第一』。」又如，5~10〈帕扎佳拉長老尼所說偈〉說：「一日，帕扎佳拉以水罐倒水，沖洗雙足。他看到落地之水流出一段之後便無法繼續向前流動。他倒下第二罐水時，水流雖流出稍遠，但也很快停止下來。第三罐亦然，祇是流得更遠一點。他由此體悟到：第一次的水流就像短命的生靈；第二次水流似中年而逝；第三次是老年而亡，但終不免一死。『諸行無常』之佛理千真萬確，佛陀見時機已到，說偈為他開示，帕扎佳拉聽完偈頌即成羅漢。」又，6~2 的娃塞提也是，她在〈偈陀 137〉說：「聽佛善法後，出家修止觀；誠心遵佛教，終證得涅槃。」又，9~1 瓦扎之母的〈偈陀 206〉說：「漏盡諸聖人，教慧教止觀；汝應勤修持，速把眾苦斷。」可見她是從這法門得道的，但是，她兒子瓦扎可不是啦，〈偈陀 212〉說：「吾以四正勤，日夜勤修行；母教終有效，涅槃得寂靜。」這正是根器不同，法亦有別的明證。又如，20~5 的蘇巴也是，〈蘇巴長老尼所說偈〉說：「蘇巴……他志願無倦，修習止觀，終成羅漢。」又如，30~1 的蘇巴·吉娃卡巴瓦尼卡也是，〈蘇巴長老尼所說偈〉說：「佛陀到王舍城弘法時，他出家為尼，不久得不還果位……其後蘇巴往見佛陀，佛以慈悲之力，使蘇巴的眼睛復舊如初。此後蘇巴對佛陀倍加感激崇信。佛向他說法，他依法修禪，終得羅漢果位。」又如，40~1 的伊悉達悉、菩提尼等也是。

2. 修證三十七道品

譬如：1~3〈裴娜長老尼所說偈〉：「裴娜出生在一個農民家庭，二十歲從大愛道出家，修習禪觀。佛陀遙見，放出一道佛光，同時誦出這首偈頌，教他修證三十七道品，像明月一樣德行圓滿。裴娜聽到偈頌，禪功大增，證得羅漢。」另有 1~5 的蒂莎長老尼〔註9〕、1~9 的跋得拉、6~7 的古達，其〈偈陀 165～167〉說：「貪欲和瞋恚，身見戒取見；第五為疑惑，稱五下分結。」

〔註 9〕 仝註 8。

「五結緊縛人，誘入欲界中；不還了斷除，不使再有生。」「色貪無色貪，諸慢無明掉；稱五上分結，亦當根除掉。」就是說這層道理的。還有 6~8 的維佳亞也是，〈偈陀 170～171〉說：「為請人開示，去見凱瑪尼；為我說界處，並說四聖諦。覺支和聖道，五根和五力；引我入涅槃，講解並分析。」

3. 修持八正道及四正勤

譬如：1~7〈維拉長老尼偈陀〉說：「維拉修佛法，聖道四正勤；戰勝眾魔羅，證得最後身。」所謂「聖道四正勤」，根據鄧氏的注解，是：「聖道，指八正道；四正勤，即一、未生蔽惡法令不生，二、已生蔽惡法當斷除，三、未生善法令生，四、已生善法令增多。」案，這又叫做「四聖諦」。此外還有：1~8 的蜜姐、6~6 的大愛道長老尼，她在〈偈陀 157～158〉說：「佛陀無上士，汝當受崇拜；將我與他人，拯救出苦海。」「苦諦已領悟，貪因已斷了；也已知滅諦，修得八正道。」其他如 7~2 的佳拉、7~3 的烏帕佳拉、8~1 的悉蘇帕佳拉、11~1 的蓋薩高得密、20~3 的佳帕等等都是，也皆可以為證。

4. 修習業處或稱「作業處」

如 1~12 的達磨亭娜，但是，什麼叫做業處或「作業處」，則經中未言，鄧氏亦未加注釋。又如 3~2 的〈烏得瑪長老尼所說偈〉記載著：「烏得瑪出生在舍衛城的一個富商家庭，他出家後去聽帕扎佳拉長老尼說法，帕扎佳拉以蘊、處、界諸原理向他進行明瞭、透徹的講解。烏得瑪依所聽之法修習，並作業處。到聽法之後的第八日，便斷滅一切煩惱，成為羅漢。」又如 5~1 的某一位無名之長老尼，也是修此法門的，〈偈陀 69〉說：「有尼我崇信，上前去謁拜；聽他講佛法，解說蘊處界。」便是明證。5~8 的索娜除了「修習止觀，勇猛精進」之外，我以為主要的還是受了解說蘊處界的啟示，譬如她的〈偈陀 102～103〉就說：「如此色之身，已生十子女；因此體衰弱，往謁高行尼。」「高尼為講解，蘊處界諸法；聽法即披剃，皈依出了家。」等可以為證。7~1 的烏得拉長老尼也是，〈烏得拉長老尼所說偈〉記其事，說：「烏得拉是舍衛城的一個富商的女兒。一天，他到帕扎佳拉長老尼處聽法，回家依法作業處。他跏趺而坐，下定了「不斷煩惱，誓不起身」的決心，黎明時分，他果然斷除一切煩惱，修成羅漢。

5. 持戒入定而發慧

如 1~15 的烏得拉長老尼的〈偈跎〉說：「持戒調身口，修定更調心；斷除隨眠根，清涼入寂靜。」所謂「調身口」，據鄧氏的注解，說是：「指持戒

菸。」不錯，因為〈偈跎〉本文已經明說了。至於「調心」，鄧氏說是：「指禪定修止觀。」可見烏得拉長老尼是由戒入定，因定發慧的。又如、2~6的梅達長老尼，她的〈偈陀31〉說：「每月十四和十五，初七初八和十三；齋戒清淨勤修持，衹待日後可升天。」這是專重在持戒的，又〈偈陀 32〉：「如今一日食一齋，剃落毛髮著袈裟；心中拋卻煩惱負，不生天堂已不怕。」不生天堂已不怕，這才真正的開了智慧了。又如 3~6 的蘇卡也是。

6. 修持三法印而得成就者

如 1~17 的曇摩便是「一日，曇摩托缽回寺時，因身體虛弱，手腳顫抖，摔倒在地。連自己的手腳都不聽自己使喚的現實，使他體悟到諸行無常等三法印的深義，心領神會，頓得阿羅漢果。」於是，她在〈偈陀〉中說：「體衰杖杖托缽去，兩腿顫抖倒於地；觀見身軀危如斯，心離煩惱遠塵垢。」又如 2~1〈世尊以如下偈頌開導美女嫡達式叉摩那〉就說：「出家之後，嫡達仍自恃貌美，態度傲慢。因恐佛陀厭其美貌，一直未去見佛。佛陀為了對他進行教化，便令大愛道集合全體尼眾，為其分別開示。待輪到嫡達時，他竟請別人代往。佛陀堅持要他本人前去，他衹得從命。佛陀變幻出一位美麗絕倫的女子，使其立於嫡達面前。接著又使這美女很快變得老朽、醜陋；使嫡達心生悲傷。」於是，她誦出了這兩首〈偈陀〉：「嫡達觀此身，病壞且腐爛。意念當守一，心作不淨觀。」（見〈偈陀 19〉）又，「修習無相觀，根除傲與慢；傲慢既根除，生活自安然。」（見〈偈陀 20〉）這豈不是「諸行無常、諸法無我、涅槃靜寂」的「三法印」法門嗎？又如 5~3 的嫡達（案，這是另一位公主）也是：「身城骨所建，血肉置其間；裝有老和死，奸詐和傲慢。」「嫡達你來看，此軀病髒爛；快使心安靜，修習不淨觀。」等等都是明證。又如：2~8 阿巴耶之母帕杜瑪沃蒂，原本是一位名妓。其後兒子出家修道了，她聽兒子說法。兒子教她：「阿母細思量，人身何其髒；渾身穢臭氣，從頂灌趾上。」這正是不淨觀的要旨所在！母親說：「依兒修行法，斷貪觀無常；滅欲除煩惱，入寂地清涼。」於是就成就了羅漢道了。關於這樣的說法，尤其可以從 2~9 的阿巴雅得到證明。阿巴雅原來是帕杜瑪沃蒂的朋友，〈阿巴雅長老尼所說偈〉說：「二人一起出家，同在王舍城駐錫。一日，為修不淨觀……」云云，既是朋友，又是一起出家，修習的法門相同，毋寧說是很正常的道理呢！另外。如 20~1 的阿巴帕里也是；更有趣的，如〈大偈集〉述說蘇美陀，居然從她的頭髮作不淨觀，其根器的慧敏，委實令人贊歎呀！

7. 修持七覺支而得成就者

如：2~2 的金達，在她的〈金達長老尼所說偈〉裡，寫著她的〈偈陀 21〉說：「佛說七覺支，通達涅槃道；佛陀既明示，我行遵其教。」便是。又如 3~3 的烏得瑪也是，她在〈偈陀 45～47〉裏說：「道支七覺分，通達涅槃境；遵從佛教誨，一一我實行。」又，「空觀無相觀，我均去修行；佛陀親生女，嚮往涅槃境。」又，「天人諸欲念，已爲我滅盡；無生無輪迴，此後不再生。」可以爲證。

在我國，則有：建福寺康明感尼、廣陵中寺光靜尼、山陽東鄉竹林寺靜稱尼等等。

（六）義解精研者

有：「分別義趣，廣演道教」的波頭蘭闍那尼、「得四辯才，不懷怯弱」的最勝尼、「分別義趣，廣說分部」的曇摩提那尼、「能雜種論，亦無疑滯」的檀多尼、「諸法無疑，度人無限」的毗摩達尼、「能廣說義，分別深法」的普照尼、「觀了諸法，而無厭足」的龍尼等，至於在我國，則有：弘農北嶽寺妙相、洛陽城東寺道馨、簡靜寺支妙音等等。

（七）守律不犯者

有：「奉持律教，無所加犯」的波羅遮那尼、「衣服齊整，常如法教」的單頭尼、「執持三衣，終不捨離」的須陀摩尼、「護守諸行，意不遠離」的迦羅伽尼、「心懷忍辱，如地容受」的曇摩提尼等，至於在〈長老尼偈〉中，則有修證三學的蒂莎長老尼，1~4〈蒂莎長老尼所說偈〉：「佛陀向他說了這首偈頌，他聽後即成羅漢。當時他還是一位尚未受具的式叉摩那。」所謂「這首偈頌」，就是：「蒂莎修三學，四福應珍惜；無漏持淨行，四軛常脫離。」鄧氏的注解說：「三學，指戒、定、慧；四福，指生而爲人、身無殘疾、生於佛時、對佛虔誠篤信這四種難得的幸運；四軛，指食、有、見、無明，和合有情而使受種種之苦，故名爲軛。」其實，戒、定、慧是學佛者的基礎教育，然而根據〈偈陀〉所說的「無漏持淨行」的話，我們認爲將之歸入本類較爲安心。

至於在我國，則有：僞趙建賢寺安令首、延興寺僧基、何后寺道儀等等。

（八）弘法護教者

有：「降伏外道，立以正教」的輪那尼、「喜得道者，顯及一切」的摩陀

利尼、「能教化人，使立壇會，辦具床座」的須夜摩尼。

（九）興福者

有：「苦體乞食，不擇貴賤」的毗舍佉尼、「遍行乞求，廣度人民」的摩怒訶利尼、「著五衲衣，以次分衛」的阿奴波摩尼、「育養眾人，施予所乏」的守迦尼等，在我國則有：北永安寺曇備、建福寺道瓊、鹽官齊明寺僧猛等等。

（十）雜科之中者

有：「顏色端正，人所愛敬」的醯摩闍尼、「堪任造偈，讚如來德」的天與尼、「意強勇猛，無所染著」的拘那羅尼、「最後取證」的拔陀軍陀羅拘夷國尼。

以上論到〈比丘尼傳〉的地方，其詳請參看拙著《比丘尼傳》研究〉。另外，從上面的分析，可以得出幾點結論：(1)佛說正法時期的眾生根器敏慧，睹相、聞法隨即悟道者往往多有，信然；回看其後的尼師，在此道上，則付蔑如。(2)《論語》嘗說：「古之學者為己，今之學者為人。」就以神通的示現來論，佛陀時候的長老尼多是佛所印可的；〈比丘尼傳〉中的尼師，則多是為弘法而現，這其間的時代背景、人心的良窳乃可知矣。(3)修苦行而得道的，我國或偶一、二見；至於印度，乃修持者眾，這是天時、地利所形成的人文使然，無足怪者。(4)習禪是古今中外的顯學，初不以現代為烈，所以可以確定的是禪學一脈當歷久彌新。(5)本人在《比丘尼傳》研究〉中，談到「遺身」一事，曾經引了梁・釋慧皎的話，以為頗致不滿；今觀佛陀成道尼師，乃無一人由之入門者，那麼事體的面向如何？可以思過其半了。(6)從以上的分析，知道後世僧傳篇目的分類，實在佛陀時已經肇其端了。

三、證得的果位

（一）阿那含果

如：得利卡長老尼 1~1、蘇摩納 1~16、5~3 的嫡達、6~5 的阿奴帕瑪、16~1 的般娜、20~2 的羅黑妮、20~5 的蘇巴、又如，30~1 的蘇巴・吉娃卡巴瓦尼卡等等都是。

（二）羅漢果

如：穆妲 1~2、1~11、裴娜 1~3、蒂莎 1~4、1~5 的蒂莎（案，這是另一

位宮女)、1~6 的娣拉、1~7 的維拉、1~8 的蜜妲、1~9 的跋得拉、1~10 的烏帕薩瑪、1~12 的達磨亭娜、1~13 的維薩卡、1~14 的蘇摩娜、1~15 的烏得拉、1~16 的蘇摩納、1~17 的曇摩、2~1 的嫡達、2~2 的金達、2~4 的阿扎迦尸、2~5 的吉達、2~6 的梅達、2~8 的帕杜瑪沃蒂、2~9 的阿巴雅、2~10 的薩瑪、3~2 的烏得瑪、3~3 的烏得瑪(此是另一人)、3~5 的烏比娌、3~6 的蘇卡、3~7 的塞拉、3~8 的索瑪、4~1 的巴德拉卡比拉尼、5~1 某一位無名之長老尼、5~2 的維摩拉、5~3 的悉哈、5~5 的嫡杜德拉、5~6 的梅達卡利、5~7 的薩姑拉、5~8 的索娜、5~9 的巴達坤扎拉蓋薩、5~10 的帕扎佳拉、6~2 的娃塞提、6~3 的凱瑪、6~4 的蘇佳妲、6~8 的維佳亞、7~1 的烏得拉、7~2 的佳拉、7~3 的烏帕佳拉、8~1 的悉蘇帕佳拉、16~1 的般娜、20~1 的阿巴帕里、20~2 的羅黑妮、20~3 的佳帕、20~4 的遜得里、20~5 的蘇巴、又如,30~1 的蘇巴·吉娃卡巴瓦尼卡又如,40~1 的伊悉達悉、菩提尼、〈大偈集〉的蘇美陀等也是。

四、師承與法系

(一)從大愛道披剃,又得佛陀親加攝授者

譬如:得利卡長老尼就是:「(得利卡)得夫應允,遂從大愛道披剃。大愛道令他去拜會佛陀,以得面授。為使他徹底解脫,佛陀為他說了此偈。」1~1、穆妲長老尼:「從大愛道出家。一日齋畢,到靜處坐禪,佛陀從香室向他發出佛光後,同時說此偈頌。穆妲禪功大增,不日即成羅漢。」1~2、裴娜長老尼:「二十歲從大愛道出家。佛陀遙見,放出一道佛光……」1~3、蒂莎長老尼:「二十歲被招入宮,成為悉達多王子的宮女,其後從大愛道出家。佛陀向他說了這首偈頌,他聽後即成羅漢。當時他還是一位尚未受具的式又摩那。」1~4、此外還有:1~5 的蒂莎(案,這是另一位宮女)、1~6 的娣拉、1~7 的維拉、1~8 的蜜妲、1~9 的跋得拉、1~10 的烏帕薩瑪、1~13 的維薩卡、1~14 的蘇摩娜、1~15 的烏得拉、2~5 的吉達、2~6 的梅達、3~4 的妲娣卡、4~1 的巴德拉卡比拉尼等。

(二)自我成就的

譬如 1~11 的穆妲長老尼,就是自習止觀,感生活之苦而證得羅漢果位的。(詳見上引)又如曇摩也是,1~17〈曇摩長老尼所說偈〉說:「曇摩出生在舍衛城的一個高種姓家庭,適齡婚配,嚮往佛教,請求出家,丈夫不准,丈夫

去世之後纔如願以償。」直到丈夫死了才得以如願，年歲當然是老大不小了，所以「一日，曇摩托缽回寺時，因身體虛弱，手腳顫抖，摔倒在地。連自己的手腳都不聽自己使喚的現實，使他體悟到諸行無常等三法印的深義，心領神會，頓得阿羅漢果。」再如僧伽長老尼的〈偈陀〉也這樣開示著說：「出家別愛子，牛畜亦捨棄。斷除貪與瞋，正道滅癡愚。塵欲連根拔，寧靜證圓寂。」（見1~18〈僧伽長老尼所說偈〉）又如5~3的悉哈也是，〈悉哈長老尼所說偈〉說她：「因思想散亂，不能守一，坐禪七年，仍不得定慧。悉哈對修道失去信心，以為求證果位無望，決定自縊。他拿起一條繩索，綁在一棵樹上。在將繩索套綁脖頸的剎那間，頓然開悟，成為羅漢。」這是觸機而悟，初無何人指授的。又有5~6的梅達卡利，只因聽聞《大念住經》，便修習禪觀，便由之入道，也應該屬於此類。又如，16~1的般娜聽《獅吼經》後得預流果，般出家後修成羅漢，都歸此類。又如，20~3的佳帕、20~4的遜得里，請看〈遜得里長老尼所說偈〉說：「遜得里得知後也拋棄家業財產，不顧母親的阻攔，出家為尼。受具之前，即成羅漢。數日之後，遜得里偕同眾尼友來到佛處，表明自己為佛之兒女有一片虔誠之心。不久，他的母親及親眷也都出家皈佛。」便是明證。

（三）直接傳諸佛陀者

譬如6~6的大愛道長老尼便是，其〈小傳〉請見前文所引。又如，1~12〈達磨亭娜長老尼所說偈〉記其成道，就說：「一日，達磨亭娜到王舍城拜謁佛陀，維薩卡聞訊後也即趕到，兩人長時問答交談，達磨亭娜向維薩卡講述了自己悟道的過程。佛陀向達磨亭娜講了《有明小經》〔註10〕（cullavedalla），將達磨亭娜培養成為『說法第一尼』。」這是史傳之中，第一位明載的說法比丘尼。又如，1~16〈高齡長老尼蘇摩納所說偈〉：「蘇摩納本是舍衛城拘薩羅國王的王妹，佛陀向國王說法時，他洗耳恭聽，心生崇敬，發願出家……又聽佛說法，得阿那含果。向佛請求披剃，佛陀見他智慧已備，便向他說了這首偈頌，偈頌說完時蘇摩納得羅漢果。」又如，2~1〈世尊以如下偈頌開導美女嫻達式又摩那〉就說：「出家之後，嫻達仍自恃貌美，態度傲慢。因恐佛陀厭其美貌，一直未去見佛。佛陀為了對他進行教化，便令大愛道集合全體尼眾，為其分別開示。待輪到嫻達時，他竟請別人代往。佛陀堅持要他本人前

〔註10〕鄧氏注云：「在《中部·有明小經》中，詳細記述了維薩卡的提問和達磨亭娜的解答。」

去，他祇得從命。佛陀變幻出一位美麗絕倫的女子，使其立於嫡達面前。接著又使這美女很快變得老朽、醜陋；使嫡達心生悲傷。」這是怎樣的慈悲攝受呀！又如，2~2的金達、2~9的阿巴雅也是相同的情況。當阿巴雅「爲修不淨觀，要到林中去觀尸體」時，「佛陀從香室作法，使一尸體在阿巴雅面前次第呈現膨脹、青瘀等相。阿巴雅觀後心證苦諦，佛陀又以偈頌說法，阿巴雅聽完成爲羅漢。」又如，3~3的烏得瑪、3~5的烏比娌、3~7的塞拉、3~8的索瑪、5~4的嫡達、5~7的薩姑拉、5~8的索娜、5~10的帕扎佳拉、6~2的娃塞提等等都是（以上諸例證，詳見前引）。又有6~3的凱瑪也是，〈凱瑪長老尼所說偈〉說：「凱瑪一見（美女色相的生衰老死），茅塞頓開，悟到了人生無常的真諦。佛陀又向他講說偈頌，凱瑪聽後，即成羅漢。其後佛陀封他爲『智慧第一尼』。」又，6~4的蘇佳姐、6~5的阿奴帕瑪、6~7的古達、7~2的佳拉、7~3的烏帕佳拉、8~1的悉蘇帕佳拉、11~1的蓋薩高得密、20~2的羅黑妮、20~5的蘇巴、30~1的蘇巴・吉娃卡巴瓦尼卡、〈大偈集〉述說的蘇美陀等等也是。

（四）從佛之弟子而得攝受的

譬如2~4〈阿扎迦尸長老尼所說偈〉引用《律藏・犍度》的記載，說：「名妓阿扎迦尸終於皈依佛教，出家爲尼。後來，他要到舍衛城去受具足戒，以求進取。一群好色的惡少聞訊趕來，堵在路口，攔住了他的去路。阿扎迦尸無法通過，便派使者去見佛陀，以陳明情況。佛陀隨機應變，便通過使者爲阿扎迦尸授了具足戒，並據此立了一條方便的戒規，說明在特殊情況下可通過使者傳授戒法。」可見它不是直接受之於佛，而是轉了個彎，由佛的弟子（所謂「使者」）而得戒的，這一來，直影響到千百年後（尤其佛法外傳，比丘尼戒具足與否的認定問題——詳情請參閱拙著〈比丘尼傳之研究〉），真是綿渺甚微妙了。又如，2~10的薩瑪也是，〈薩瑪長老尼所說偈〉說：「薩瑪出生在拘桑白城的一個農民家庭，是佛經中經常提到的薩瑪沃蒂的好友。薩瑪沃蒂的往生使他悲痛、震驚，於是出家修道。」但是，「愛別離之苦仍使他無法忍受，參禪打坐時意念無法守一。後來聽阿難長老說法，心有領悟，纔成羅漢。」這是阿難長老的傳法弟子，是佛的再傳弟子了。又有5~2的維摩拉，則是從目犍連而辦道的；從目犍連而得道的，還有一位5~5的嫡杜德拉。以上都見前文的引述。而5~9的巴達坤扎拉蓋薩則是從舍利弗得度的。

（五）聽聞兒子說法而得道的

譬如 2~8 的帕杜瑪沃蒂便是，其事跡請見前文〈入道因緣・3 環境的濡染〉。又如、20~1 的阿巴帕里，其事跡請見前文〈入道因緣・2 因緣自然成熟者〉。

（六）從達摩亭娜長老尼出家披剃的

譬如 3~6 的蘇卡就是，詳情請見前文引；這裡還有一點要注意的，就是蘇卡長老尼曾經是一善於講經說法的，而且有五百尼常隨眾，則其為當時一勢力也。又有 5~1 某一位無名之長老尼，也是從她得道的，其事跡詳見前引。

（七）從帕扎佳拉長老尼聽法而皈依的

譬如 3~2 的烏得瑪長老尼，就是依帕扎佳拉長老尼的法而證果的。更有 5~11 的〈三十位長老尼所說偈〉便說：「佛陀時代的三十位長老尼，他們出身於不同的種姓與家庭，但聽帕扎佳拉長老尼說法之後，都皈依了佛教，成為三十位比丘尼。他們依帕扎佳拉之教導勇猛精進，最終證得了羅漢果位。他們自說三首偈頌，表達證得果位的喜悅和對恩師的感激之情。」又有 5~12 的姜達也是受其戒，聞其法而得度的。又，6~1 有五百比丘尼，也是她的皈依弟子。又，7~1 的烏得拉也是乳法於她。

（八）從凱瑪長老尼聽法而皈依的

譬如 6~8 的維佳亞就是，詳見前引。

（九）從娃塞提長老尼的開示而聞道的

譬如 20~4 的遜得里的父親蘇迦得就是，詳見前引。

（十）從吉那達德長老尼聽法而皈依的

譬如 40~1 的伊悉達悉、菩提尼等是。

五、當代社會制約

（一）階級、種姓釐然不紊

印度的階級、種姓的分別，是凡稍具常識的人，都知道的事體，譬如 1~12 的〈達磨亭娜長老尼偈陀〉就明白地宣言，說：「達磨亭娜出生在王舍城的一個高等種姓家庭。」1~17 的疊摩也特別如是強調地說：「疊摩出生在舍衛城的

一個高種姓家庭，適齡婚配，嚮往佛教，請求出家，丈夫不准，丈夫去世之後纔如願以償。」（見〈曇摩長老尼所說偈〉）並且父母的職業，常常是相沿襲的，譬如 5~2 的維摩拉，她母親原是妓女，她長大了，自然也入了同一行，其事跡詳見前引。至於像蓋薩高得密，只因是低種姓的家庭，便受盡了屈辱，11~1〈蓋薩高得密長老尼所說偈〉說：「蓋薩高得密出生在一個貧苦的低種姓家庭，本名『高得密』，因身體瘦弱，被稱爲『蓋薩高得密』（巴利語 Kisa，意爲瘦弱）。婚後，因出身貧賤，受到鄉親們的鄙視，待生得一子之後，其身價纔略有提高。不幸兒子夭死，他自己也因過度悲傷而至瘋癲。」這眞是釐然分明的差別待遇了。不但此也，其〈偈陀 217〉借佛陀之口，說盡了婦人的苦楚：「世尊有稱號，調御大丈夫；曾說婦人苦，多妻難度日。有婦產一胎，便自縊身亡；弱婦因產痛，自殺服毒喪。遇到難產時，死傷子及娘。」又〈偈陀 220〉：「汝家已敗落，貧女屢遭難；直至千萬代，眼淚流未乾。」再看岡迦帝利耶之母的事體，他因不知根柢、姓名，居然嫁作兒子的妻室。兒子不久又收留一個年輕女子作了二房，這一個二房卻又是她的親生女兒，試想，母女所侍奉的丈夫，正是自己的兒子、兄長，眞是何等的震盪、羞愧、悲痛呀！但是，她在其長達十二首的〈偈陀 224～235〉之中，竟然沒有一句責備甚至埋怨她兒子的話；有的，只是自責、嘆惋而已：「我和我女兒，同侍一丈夫；荒唐且可悲，令人毛髮豎！」「情欲髒且臭，充滿煩惱棘；母女貪情欲，同侍一夫婿。」那麼，當時印度的男女階級的尊卑，不是釐然可見嗎？又有主僕的階層，如 16~1〈般娜長老尼所說偈〉記其事說：「般娜是給孤獨長者家中一個女僕的女兒……給孤獨長者見般娜品行高尚，便解除了他的奴隸身份。」便是最好的說明。

（二）家庭、父母的威權

20~2 的羅黑妮，又如 40~1 的伊悉達悉長老尼在〈偈陀 406～419〉寫當時女子在家庭、父母（公婆）裏所受的委屈，眞是入木三分而千古同悲了。「（一人金多寶，作了他兒媳）早晚敬公婆，磕頭體投地；聽從其教訓，事事任使役。丈夫有友人，姐妹和兄弟；見到他們在，讓座身顫慄。食品和飲漿，家中一應俱；我依各人好，分取勤供給。」這樣兢兢業業地苟活，結果呢？夫婿還是不要她！於是，被「攆回父家去」的伊悉達悉又在父母的主配下：「陪聘減其半，父親另擇婿。」擇婿，還是被遺棄了；這一回，父親乾脆把她嫁給了乞丐：「時有一乞士，行乞守規矩；父親對他說，請作我女婿。扔掉乞食

鉢，脫下襤褸衣⋯⋯」由此看來，父母的威權豈不是比天還大嗎？

（三）丈夫、兒女的約束

有了婚姻生活，當然要顧慮到婚姻所造就的成員的各別感受，這是相互的尊重，也就是今人常講的「同理心」的小範圍（也就是「家人」）之表現。所以妻子的出家，須要徵得丈夫、兒女的同意，這是一種生活的約束；而無關乎威權與否！譬如 6~6 的大愛道長老尼，她原是淨飯王的王后，也是佛的繼母；卻得等到王死，再求得佛的應允而出家，即是最明顯的例子。又如 1~1 的得利卡只因一睹佛的容顏便要求出家，這樣的事情，換成你我或一般士庶，會當下應許的嗎？於是得利卡乃以「自己所聞之佛法自行修持」，直到她果真證得了「阿那含果」，她丈夫才應允她，這毋寧是很正常的生活態度呀？哪有什麼男尊女卑的思想呢？再譬如說 1~11 的穆姐，她嫌丈夫長得彎腰駝背，嫌做飯苦，嫌春米苦（所謂『三彎』之苦）而要求出家；她丈夫二話不說，就答應她出家，這是威權能容許的嗎？又如蘇摩納長老尼，雖然是國王的妹妹，雖然她聽佛說法而「心生崇敬，發願出家」；卻也得等到丈夫去世，才能如願啊！那時年歲已經老大了，所以特別冠以「高齡長老尼蘇摩納」（見 1~16〈高齡長老尼蘇摩納所說偈〉）又如 1~17〈曇摩長老尼所說偈〉也說：「曇摩出生在舍衛城的一個高種姓家庭，適齡婚配，嚮往佛教，請求出家，丈夫不准，丈夫去世之後纔如願以償。」僧伽長老尼也是：「出家別愛子，牛畜亦捨棄。」（見 1~18〈曇摩長老尼所說偈〉）5~8 的索娜則是因為丈夫出了家，她還得把子女養大、分了家產給他們以後，他們不孝了，不再顧養她了，她才悲淒地「往謁高行尼」而出了家，證了果。，又如 40~1 的伊悉達悉長老尼在〈偈陀 406～419〉寫當時女子受丈夫兒子的欺凌，真是讓人掬淚的呀 40~1：「適時來侍奉，門坎手腳洗；洗淨進屋中，和掌拜夫婿。拿起梳和粉，鏡子和畫筆；為君巧打扮，像是女奴隸。親手去做飯，親自洗炊具；母待獨生子，似我待夫婿。謹慎勤伺候，盡心且殫力；夫君仍不滿，發怒常罵詈。夫君稟公婆，我要離家去；不願和伊悉，居住在一起。伊悉甚勤奮，有智通情理；不知緣何故，不討兒歡喜？」她兒子居然說：「他雖沒欺我，我也不願意；他於我無用，不辭也出離。」於是，儘管伊悉沒有過錯、欺瞞、惡語；但是，依然被「攆回父家去」了！回父家的伊悉，又被嫁一富貴子，她更「日月勤奉侍，處境似家奴；守規無怨言，再度遭驅逐。」最後，嫁給了乞丐，乞丐卻說：「還我衣與鉢，我還去行乞。父母和親友，問他是何意：如有何需求，立即滿足

你。乞士答言道：我尚能自立，不願在這裡，長期伴伊悉。」男人要就來，不要就丟棄，女子的悲情眞要伊於胡底了呢！

（四）王室的威權

我國唐朝的太宗皇帝（即李世民）聽說武士彠的女兒（即後來的武則天）美容儀，便召她爲才人，害得她母親楊氏哭得死去活來；而太宗的賢明，竟然無視於離散天下之子女，這便是威權！1~4、1~5 的蒂莎、1~6 的娣拉、1~7 的維拉、1~8 的蜜妲、1~9 的跋得拉、1~10 的烏帕薩瑪等等，都是「二十歲被招入宮，成爲悉達多王子的宮女」的；當然，這不是悉達多王子的威權，也不關乎他的對錯，而是古今中外的王室存在的現象而已。再如 2~8 阿巴耶的母親帕杜瑪沃蒂本來是城中的名妓。頻頗娑羅國王貪圖她的美色，竟然指使宰相把她帶入宮中，還生一王子。大概母親出身的關係，王子並不得寵，乃出家修道；其後帕杜瑪沃蒂聽兒子說法，也毅然地皈依佛門，出家爲尼了！這不是王室的威權而爲非作歹嗎？又如 3~5 的烏比娌也因貌美而被納爲宮女。

（五）富貴人家生活豪奢、多住樓房，有錢人家的權勢甚至超越王公顯貴

印象之中，多以爲印度是貧窮、落後的第三世界的國家；實則不然，當她們在強盛的世代，也是過著堂皇富麗的生活的。譬如：1~1〈得利卡長老尼所說偈〉就說：「得利卡無欲知足，生活異常簡樸，不再裝飾。」可見她不簡樸時，是非常地裝飾了。又譬如，1~12〈達磨亭娜長老尼所說偈〉記其生活說：「一天，維薩卡去聽佛陀說法，入阿那含向。他回家上樓時，妻子達磨亭娜像往日一樣伸出一手，欲拉他上樓，不期被丈夫拒絕。」又如 1~16〈高齡長老尼蘇摩納所說偈〉寫她布施的闊綽：「蘇摩納本是舍衛城拘薩羅國王的王妹……待到丈夫去世，他便將貴重袈裟布施給寺院的僧人。」又如，5~9 的巴達坤扎拉蓋薩，雖然只是一個富商的女兒，卻能把犯了竊盜罪而被判死刑的宰相的兒子，從刑場中救贖了出來，那麼，他們的能耐就可以想見了。

六、地域考

本節是依照地名的筆順排列，方便檢閱也；其後的數字，是〈長老尼偈〉的章節、頁數。

四畫

王舍城 1~12 287、2~5 294、2~6 295、2~9 296、3~6 302、5~9 313、5~10 316、6~8 326、12~1 340、20~5 357、30~1 362。

案，馮承鈞氏《西域地名》，頁60〈R〉字條：「Rajagrha，舊譯多作王舍城，也作羅閱。《西域記》作曷邏闍姞利呬，今在 Patna 南之 Rajgir。」考《大唐西域記》卷九〈摩揭陀國下〉記說：「迦蘭陀池西北，行二三里，有窣堵坡，無憂王所建也，高六十餘尺。傍有石柱，刻記立窣堵波事，高五十餘尺，上作象形。石柱東北不遠，至曷邏闍姞利呬城（自注：唐言王舍）。外郭已壞，無復遺堵；內城雖毀，基址猶峻，周二十餘里，面有一門。」季羨林氏校注「曷邏闍姞利呬」說：「曷邏闍姞利呬，梵文 Rajagrha，巴利文 Rajagaha，意譯王舍。此指王舍新城。一說此城為與佛陀同時代的摩揭陀國頻毗娑羅王所建。一說為據法顯記載：『新城者是阿闍世王（即玄奘稱未生怨王）所造。』（案，這是引唐・釋玄應《一切經音義》的話），法顯和尚的《佛遊天竺記・義熙元年（405 A. D.）》條則只說：『從此（案，指那羅聚落）西行一由延，到王舍新城。』案，所謂王舍新城，據岑仲勉先生說，就是 Rajagriha or Rajagaha；然而這兩字，前者為梵文，後者為巴利語。以其音讀，則作『羅閱』為近似，於是引玄應《一切經音義》的話，說：『羅閱，以拙反。案《阿闍世王經》云：『羅閱祇，晉言王舍城。』似應訛也；正言羅閱揭梨醯，羅閱義是料理，以王代之，謂能料理人民也。揭梨醯，此云舍中，總名王舍城，在摩伽陀國中城名也。』也就是現在的 Rajgir，在 Behar 西南十六里。」又說：「城的建築規模相當宏大堅固，有三十二個城門，六十四個望樓。在頻毗娑羅與阿闍世王在位時，此城十分繁榮。佛陀涅槃後二十八年，鄔陀耶遷都華世城之後，王舍城才逐漸失去其政治上的重要性，但在佛教史上王舍城仍是重要聖地之一，佛教徒的第一次結集就在此地舉行……新城在環繞舊城的五山之北，距舊城日四里。」因為是聖地，所以尼師也即特多了。

王格哈拉國 20~3 351

巴利文做 Vamgahara，不詳確在何所；而〈偈陀 294〉以烏帕格的口吻說：「離別那拉村，誰願居伊村？」那麼，Vamgahara 之中應有一那拉村在，但是全〈長老尼偈〉的王格哈拉國卻僅此一見；夷考〈長老尼偈〉7~2 330 有一那拉格村，是在摩揭陀國境內，應該不同一處。至於摩揭陀國，說詳下文。

巴魯卡加城　9~1　335

巴利文做 Bharukaccha，不詳確在何所。

五畫

卡瑪薩達磨村　在居樓國內，5~6　311

卡瑪薩達磨村，根據 5~6〈梅達卡利長老尼小傳〉說是在居樓國內。居樓國有兩見，除此之外的另一見是在 5~5〈嬌杜德拉長老尼小傳〉：「嬌杜德拉長老尼出生在居樓國的一個婆羅門家庭，他首先學習了婆羅門應該掌握的全部技藝，然後便手持一根閻浮樹枝去會見尼乾陀，以求解脫。皆未達目的，之後又轉向縱欲。以後又與各家各派進行辯論，在與目犍連進行辯論時敗給了目犍連，纔遵照目犍連的教誨皈依了佛教。」尼乾陀，就是耆那教徒 Jainas。根據學者的考證，佛陀時代的耆那教徒多盛行於王舍城，季羨林氏《大唐西域記校注》卷九〈摩揭陀國下〉說：「對耆那教徒，王舍城也是一聖地……近代考古學界曾在王舍城進行過發掘，但收穫不大。出土的文物中耆那教的神像及寺院遺址較多，佛教的卻很少。」佛教儘管很少，這地方卻百分之百是佛教的一聖地，佛的幾位大弟子便是在此皈依的。然則手持一根閻浮樹枝去會見尼乾陀、又與各家各派（王舍城自古以來，正是各種宗教教派的匯集之地。）進行辯論、與目犍連進行辯論的嬌杜德拉長老尼應該是在王舍城內的。美國歷史學者威爾‧杜蘭氏曾說：「由于道路狀況的不良與交通的阻塞不暢，因而征服容易但要統治印度就困難了。由於地形上的理由，除非有了鐵道的鋪設，否則這一準大陸的地區已註定了它分裂的局面。」（《世界文明史‧印度與南亞》，頁 131）那麼，嬌杜德拉長老尼以一女眾之身，能走多遠呢？所以推定所謂居樓國，應在摩揭陀國左近。

瓦拉那瓦底城　〈大偈集〉　372

巴利文做 Varanavati，不詳確在何所。

六畫

朱拉山　5~9　313

據〈巴達坤扎拉蓋薩長老尼小傳〉的記載，應該是在王舍城內（請見本論文中〈本論〉之引文）；〈佛遊天竺記〉、〈大唐西域記〉不載，則可以補缺焉。

竹林精舍　6~3　322

此一精舍，應當就是迦蘭陀竹園裡的精舍，在摩揭陀國薩格拉 Sagala 城

境內。《大唐西域記校注》卷九〈摩揭陀國下〉說：「山城北門行一里餘，至迦蘭陁竹園，今有精舍，石基塼室，東闢其戶。如來在世，多居此中，說法開化，導凡拯俗（案，這說法可以從6~3〈凱瑪長老尼所說偈〉的話可以爲證。『凱瑪本是摩揭陀國薩格拉 Sagala 城的一位公主，生得十分俊美，被頻毗娑羅王納爲王后。凱瑪自知佛陀嫌惡美容，所以從未到竹林精舍拜見佛陀。頻毗娑羅王向他一再宣揚竹林精舍如何富麗壯觀，促使王后心嚮往之。最後，王后終於由侍從陪同到竹林精舍瞻拜。當他看到精舍，未見佛而即想回宮時，侍從秉承國王旨意，設法使他去佛前禮拜。』）今作如來之像，量等如來之身。」季羨林氏注迦蘭陁竹園，說：「迦蘭陁，梵文、巴利文 Kalandaka，又譯作迦蘭多迦、迦蘭鐸迦、羯嫩馱迦，人名。竹園，梵文 Venuvana，巴利文 Veluvana。此園迦蘭陁初與尼犍外道後奉佛而爲僧園。見《中本起經》上、《根本說一切有部毗奈耶破僧事》卷八。惟南傳佛教則作爲頻毗娑羅王贈予釋迦牟尼的園林（案，這也可以從上引文得證）。」《大唐西域記校注》卷九〈摩揭陀國下〉又說：「竹林精舍北，行二百餘步，至迦蘭陁池，如來在昔多此說法。水既清澄，具八功德，佛涅槃後枯涸無餘。」季羨林氏又注說：「迦蘭陁池，即迦蘭陁竹園附近的池塘，此間有溫泉，近代考古發掘業已證實。」

七畫

吠舍離城　1~1　283、2~2　293、5~2　308、5~3　308、20~2　348。

梵文作 Vaisali，巴利文作 Vesali；或音譯爲毗舍離、薜舍離、毗耶離，甚至於作維耶；而其本義爲廣博、莊嚴，馮承鈞氏《西域地名》說：「釋藏諸經律多譯其義爲廣嚴城，今 Besarh。」Besarh 或作 Basarh，就在甘達克（Gandak）河左岸，哈齊普爾（Hajipur）以北十八英里木扎伐浦爾（Muzzaffarpur）處。根據季羨林氏《大唐西域記校注》卷七〈吠舍釐國〉說：「吠舍釐爲古代梨車毗（Licchavi）部族的國名和首府名。公元前六世紀左右栗呫婆爲東印度的一個強大部族，一般認爲這一部族屬於喜瑪拉雅山南麓的黃種人，他們和弗栗恃、毗提訶等八部族組成弗栗恃聯邦，是當時十六大國之一。吠舍釐不僅是該聯邦的首府，也是梨車毗人的國都，此城即因其地區『廣大 Visala』而得名。」她的現址據考古學家的考訂，應該是在甘達克（Gandak）河左岸、哈齊普爾（Hajipur）以北十八英里木扎伐浦爾（Muzzaffarpur）地方的巴莎爾（Basarh）。

那拉格村　在摩揭陀國，7~2　330（請參閱前文）

那拉村 在王格哈拉國，20~3 351（請參閱前文）

八畫

舍衛城 1~2 284、1~16、1~17（以上具見於頁 289）、2~4 294、3~1 299、3~5 301、5~7 312、5~8 312、6~2 321、6~7 326、7~1 329。

梵文作 Sravasti，巴利文作 Savatthi，所以《大唐西域記》音譯作室羅筏悉底，而舊譯或作舍衛、舍提婆。馮承鈞氏《西域地名》說：「古國在今 Patna 西北 Sahet Mahet 區中。」

案，舍衛城一名初見於後漢安清所譯的《父母恩重難報經》，而法顯和尚的《佛遊天竺記》則說：「從此（案，蓋指沙祇大國言）南行八由延，到拘薩羅國舍衛城，即波斯匿王所治城也。」隋朝失譯的《起世因本經》則作舍囉婆悉帝城，案，《華嚴經音義》說：「室羅筏國舊云舍衛國，具稱室羅筏悉底，此翻爲好道，或曰聞物，此乃城名，非是國號……然國都號爲憍薩羅，但以就勝易彰，故以城號國也。」這話很對，我們只要一對〈長老尼偈〉便知端的（譬如 1~16〈高齡長老尼蘇摩納所說偈〉就說：「蘇摩納本是舍衛城拘薩羅國王的王妹……」云云，便是力證。）；所以岑仲勉先生在《佛遊天竺記考釋》裏引 Thomas 氏的《Life of Buddha》話說：「舍衛乃拘薩羅國首都，在 Ramayana 書中，其首都爲 Ayodhya（巴利語曰 Ayojjha）經近人考定爲沙祇，殆無疑義。至名稱殊異之故，或因沙祇本一區之名，如波羅奈別號迦尸；或因 Ayodhya 有『不可克』之義，戰勝者予以新稱也。總當是拘薩羅國勢力南伸，故沙祇代舍衛爲首都矣。」至如舍衛城的所在，據季羨林氏《大唐西域記校注》卷六〈室羅筏悉底國〉說：「憍薩羅是印度古代的十六大國之一。此國以薩羅踰（Sarauy）河爲界，一分爲二，舍衛城所在的稱爲北憍薩羅（Uttara Kosala），以別於南憍薩羅（Daksina Kosala）。北憍薩羅最早的國都爲阿踰陁（Ayodhya），然後爲沙祇（Saketa），最後爲室羅筏悉底。」又說：「室羅筏悉底位於阿契羅伐替 Aciravati 河畔，通王舍城以及西南方各處的三條重要商道在此會合，是北印度的商業中心之一，各類貨物的集散地，市場繁榮，人口眾多，商旅如雲，極盛時該城居民多達五萬七千戶。」這情形除了在〈長老尼偈〉中可以依稀彷彿之外，《方廣大莊嚴經》也有詳細的記載；但是，佛涅槃後五百年竟莫明所以地衰頹了，到法顯和尚去的時候，只剩下二百餘戶「繞祇洹精舍，有十八僧伽藍，盡有僧住處，唯一處空。」這空氣裏，眞嗅得出「烏衣巷口夕陽斜」的況味了；而玄奘法師來的時候，就只剩斷垣殘壁，極目荒涼而已……

季羨林氏又說：「先是康寧哈姆比定拉普提（Rapti）河南岸的沙赫特（Saheth）、馬赫特（Maheth）二村爲室羅筏悉底遺址。二村在現今北方邦奧德境內貢達（Gonda）與巴赫雷奇（Bahraich）二縣的邊界上，遺址呈半月形。該地曾出土有巨大佛像，像上銘文中即有室羅筏悉底字樣。Maheth 爲王城遺址，Saheth 爲祇洹精舍遺址。」

拘桑白城　2~10　297。

待考。

拘薩羅國　1~11　286、1~16　289、3~3　300、3~5　301。

考見上〈舍衛城〉條。

阿拉沃卡國　3~7　302

巴利文作 Alavaka，其他則待考。

居樓國　5~5　310、5~6　311

請參看本節「五畫·卡瑪薩達磨村」條。

昂伽園林　6~4　323

即昂伽納沃那（Anjanavana）之略稱，其他則待考。

波羅奈城　20~4　354

《佛遊天竺記》說：「復順恆水西行十二由延，到伽尸國波羅捺城（請參下說）。」可見波羅捺城是伽尸國的一城，根據季羨林氏《大唐西域記校注》的說法，是這兩個名字本來可以交替、聯合使用的；不過人們的習慣是以伽尸爲國名，波羅捺爲首都名。伽尸，或譯作「迦尸」，說詳下；波羅奈的梵文作 Baranasi，或作 Varanasi，巴利文則從梵文作 Baranasi。於是漢譯就多了，略有：波羅奈、波羅捺、波羅那斯、波羅斯、槃奈等等。如後漢失譯之《大方便佛報恩經》、《十二遊經》才說：「波羅奈國者，晉言鹿野，一名諸佛國。」可以爲證。

今案，鹿野應該是國中一地，不就是國名，《佛遊天竺記》接上面引文說：「城東北十里許，得仙人鹿野苑 Mrigadava 精舍。自鹿野苑精舍西北行十三由延，到拘睒彌國 Kausambi。」可以爲證。至於說是諸佛國，那是因爲過去、現在、未來諸佛多在此地說法度眾的原故，譬如：支僧載《外國事》說：「彌勒佛當生波羅奈國，是《尼陀羅經》所說，在迦維羅越南。」又，釋道安《西域志》說：「波羅奈斯國，佛轉法輪處在此國也。」然則，波羅奈城在現今的什麼所在呢？岑仲勉先生在《佛遊天竺記考釋》裏引 Beal 氏的話說：

「Varanasi 者，乃 Banaras 之梵名，因其地介居殑伽兩支水 Varana 及 Asi 之間，故名。」季羨林氏說得更明白，他說波羅奈曾經叫做貝拿勒斯（Benares），現在則叫做瓦臘納西，在阿拉哈巴德（Allahabad）下游八十英里，位於恆河左岸。《大唐西域記》云：「波羅斯國周四千餘里。」是水陸交通的中心，工商繁榮，人口眾多，爲北印度重鎮。佛陀大部分時間在此度過，其初轉法輪就是此地。

九畫

迦尸國　2~4　293

迦尸國 Kasi，就是波羅斯，亦即所謂波羅奈城的國度（請參上說）。迦尸國，早見於《增壹阿含經》；其後《通典》卷一九三引〈扶南傳〉作：「舍衛國隸屬天竺伽尸國，一名波羅奈國，亦名皮波羅奈斯國。」（案，「皮」字疑是衍文）《華嚴經音義》說：「迦尸者，西域竹名也，其竹堪爲箭幹。然以其國多出此竹，故立斯名，其國即在中天竺境憍薩羅國之比鄰，乃是十六大國之一數也。」不過，這「十六大國之一數」的迦尸國，說的是古印度時期；在釋迦文佛之世，已經沒落了，已經在波斯匿王即位以前被併吞了〔註11〕。所以《大唐西域記校注》說：「憍薩羅國勝軍王（案，即波斯匿王，說見岑仲勉氏《佛遊天竺記考釋》）即位以前，迦尸國已被憍薩羅國併吞。勝軍王之父摩訶憍薩羅把女兒嫁給摩揭陀國頻毗娑羅王時，就以迦尸村作爲嫁妝。當摩揭陀國未生怨王打敗憍薩羅國，稱霸北印度時，迦尸國終於被併入摩揭陀國。」但是，迦尸的古紀錄是怎樣的呢？季羨林氏又說：「迦尸一直是可能起源於前《吠陀》時期的非亞利安人的大天（Mahadeva，即大自在天）派的根據地，大自在天是波羅斯的保護神。這一派和後來的遍入天派爲了爭奪波羅斯進行過激烈的鬥爭。大史詩《摩訶婆羅多・備戰篇》中關於黑天（Krsna，遍入天的化身）多次焚毀波羅斯城的神話，就暗示著這場鬥爭的頻繁與劇烈。」於是，我們清楚了伽尸國的種種。

迦毗羅衛城　1~4　284、2~1　292、2~7　295

迦毗羅衛，梵文 Kapilavastu，巴利文 Kapilavatthu；也有寫作 Kapilapura、

〔註11〕　《魏書・釋老志》引魚豢〈魏略〉說：「車離國一名禮惟特，一名沛隸王，在天竺東南三千餘里。其地卑濕暑熱，其王治沙奇城；別有城數十，人民怯弱，月氏、天竺擊伏之。其地東西南北數千里，人民男女皆長一丈八尺，乘象橐駝以戰，今月氏役稅之。」沛隸王，根據岑仲勉氏的考證，說是 Prasenajit 的音譯，也就是所謂的波斯匿王。

Kapilahvayapura 的情況，所以漢譯特多，諸如：迦毗羅衛、迦維羅閱、迦維羅衛、劫比羅伐窣堵國、迦夷，意譯則有妙德城、蒼城、黃赤城等等。《華嚴經音義》解釋說：「迦毗羅城，具云迦毗羅皤窣都。言迦毗羅者，此云黃色也；皤窣都者，所依處也。謂上古有黃頭仙人依此處修道，故因名耳。」《佛遊天竺記》說：「從此（案，指舍衛城而言）東行減一由延，到迦毗羅衛城，城東五十里為佛生處。」證之以《大唐西域記》則說：「劫比羅伐窣堵國，周四千餘里。空城十數，荒蕪已甚；王城頹圮，周量不詳……宮城內有故基，淨飯王（案，梵文名 Suddhodana，又作白淨王）正殿也，上建精舍，中作王像。其側不遠有故基，摩訶摩耶（原注：唐言大術。案，梵文名 Mahamaya。中印度提婆陀訶（Devadaha）城善覺王之女。）夫人寢殿也，上建精舍，中作夫人之像。其側精舍，是釋迦菩薩降神母胎處，中作菩薩降神之像。」那是若合符節的；但是，法顯來此遊歷時，是「城中都無王民，甚丘荒，止有眾僧，民戶數十家而已。」到了玄奘法師，更是殘破不堪（具如上引）；其後約八、九十年時，慧超和尚在他的《往五天竺國傳》這樣地記說：「迦毗耶羅國，即佛本生城。無憂樹見在，彼城已廢，有塔無僧，亦無百姓；此城最居北，林木荒多，道路足賊。」真是不堪聞問了。其實，在佛住世時，它不是這樣的，我們只要一讀《普曜經》、《佛所行讚經》就可以知道當時、當地的富庶繁榮的情景了。至於此地是方今的哪裡？《大唐西域記校注》說：「根據國外近年的報導，印度考古學家從 1971～1974 年間在北方邦巴斯底（Basti）縣的比普拉瓦（Piprawa）重新進行了發掘，出土有佛教的窣堵波、公元前五至四世紀的舍利壺等文物。最重要的是在這裡出土了公元前後時期的封泥 sealings 五十多枚，其中約四十枚上面刻有波羅謎體的 Kapilavastu 的字樣，還有一個蓋上刻有同樣字樣的罐子。因此，發掘者認為，這就是「劫比羅伐窣堵的真正故址。」

祇園精舍 5~7 312

或稱祇洹精舍，其全稱應該是 Jetavanathapindikarama，《大唐西域記》說就是逝多林給孤獨園，在室羅筏悉底國（請參閱上文）「城南五、六里」處。

十畫

烏德城 2~8 296

或者就是烏德尼城，根據《長老尼偈》的敘述，說帕杜瑪沃蒂因為貌美，

頻毗娑羅王乃指使宰相把她帶入宮中；那麼，烏德城應在摩揭陀國之內。

烏德尼城 2~9 296、40~1 366（見上）

十一畫

婆吒梨城 40~1 366

應當就是波吒釐子城（Pataliputra），又稱華氏城。《大唐西域記》卷八〈摩揭陀國上〉說：「殑伽河南有故城，周七十餘里，荒蕪雖久，基址尚存。昔者人壽無量歲時，號拘蘇摩補羅城（原注：唐言香花宮城），王宮多花，故以名焉。逮乎人壽數千歲，更名波吒釐子城。」城原在恆河邊的 Pataligrama（波吒釐村）與對岸的俱胝村（Kotirama）遙相對望。是王舍城通往吠舍釐的要衝。季羨林先生的《大唐西域記校注》說：「地望在今巴特那（Patna）西北至訂那浦爾（Dinapore）的中途。」

曼達沃帝城 〈大偈集〉 372。

巴利文做 Varanavati，不詳確在何所。

十二畫

提婆達訶城 6~6 324

案，這是大愛道長老尼的出生地，至若當於現今何處，則待考焉。

十五畫

摩揭陀國 4~1 305、6~3 322、7~2 330

摩揭陀國，梵文、巴利文都寫作 Magadha，是印度古代十六大國之一，大概就是現在的比哈爾邦的巴特那（Patna）和加雅（Gaya）的地方。《大唐西域記》卷八〈摩揭陀國上〉記說：「摩揭陀國周五千餘里，城少居人，邑多編戶。」這是沒落時的情景，今據季羨林先生的考證，列一簡表如下：

七世紀 B. C. 童龍王朝，摩揭陀國勢極強。此時頻毗娑羅（Bimbisara）王有新、舊王舍城，其子阿闍世王繼位乃兼併四鄰，擴張版圖。阿闍世王的兒子鄔陀耶（Udaya）又在水陸要衝之處，建波吒釐子城（案，即婆吒梨城，詳見上文）Pataliputra，又稱華氏城。

413 B. C. 頻毗娑羅王朝爲難陀（Nanda）王朝所推翻。

326 B. C. 旃陀羅笈多（Candragupta，意譯爲月護）崛起，定都華氏城，統一北印度，建立空前強大的孔雀王朝。

305 B. C. 旃陀羅笈多擊退亞歷山大的部將塞琉古·尼伽脫（Seleucus

Nicator），將希臘勢力逐出印度西北、俾路支、阿富汗一帶。這時摩揭陀國的領域已經到達西北的興都庫什山了。

273 B. C. 阿育王即位，他東征西討，領域到達南印度，討平羯餕伽等國。於是她的領域北抵喜瑪拉雅山麓，南達科弗里河畔，東起阿薩姆，西北至興都庫什山。華氏城既是首都，自然就是政治、經濟、文化的中心了。

185 B. C. 華友 Puspamitra 推翻孔雀王朝，建立巽伽（S'unga）王朝。羯餕伽、案達羅（Andhra）相繼獨立。

73 B. C. 甘婆（Kanva）王朝。

70 B. C. 案達羅統一北印度，摩揭陀國反為其藩屬。

320 A. D. 華氏城的旃陀羅笈多一世（Candragupta I；案，此與建立孔雀王朝者同名）崛起而建立了笈多王朝。其子三謨陀羅笈多（Samudragupta，意譯即為海護）在位，其國勢幾乎等同於孔雀王朝的盛世。

四世紀末～五世紀初　旃陀羅笈多二世是笈多王朝的黃金時代，我國法顯和尚就在此時蒞印。

533 A. D. 摩揭陀國王耶舍達摩（Yaśodharma）聯合諸國逐出厭噠人，其文治武功稍可媲美前代。

摩訶帝特婆羅門村　4~1　305
案，這是在摩揭陀國境內。

德沃達訶城　5~1　307
巴利文作 Devadaha，是大愛道長老尼奶媽的出生地。

十七畫

彌提羅　6~2　321、20~4　354
巴利文作 Mithila，是佛陀經常弘法處，根據《長老尼偈》的敘述，或許就在舍衛國境內。

十八畫

薩蓋德城　6~4　323、6~5　324
巴利文作 Saketa，其他則待考。

薩格拉城　4~1　305、6~3　322
巴利文作 Sagala，根據《長老尼偈》的敘述，應在摩揭陀國之內。

二十四畫

靈鷲山 2~5 294、2~6 295、3~3 300

《大唐西域記》作姞栗陀羅矩吒山，梵文 Gṛdhrakūṭa、巴利文作 Gijjhakūṭa；玄奘法師說：「舊曰耆闍崛山，訛也。」意譯也叫鷲峰，在王舍城東北，今賽拉吉爾（Sailagiri）處。

肆、結 論

說到綜結研究的結果，我們似乎可以從以下幾點，來作歸結：

一、我們如果只讀〈佛說大愛道般泥洹經〉等等一類的經典，很容易誤以爲佛只許大愛道一人出家而已（此地是指蒙佛親加攝受而言）；這是不確的，我們從本經中已知達磨亭娜、蘇摩納等，總共二十七長老尼，都是直接傳承於佛的。至於從阿難、舍利弗、目犍連等比丘得法的，也大有人在（請參閱前面引文）。因此可以證明，從來學者以爲佛教有性別歧視，是誤解了佛法的。（佛說眾生平等，若有歧視，則是差別心，何有平等可言？）

二、佛住世之時，當然沒有教派分裂的事實；因爲彼時所傳，多在小乘佛法的範圍之內。譬如阿難、舍利弗、目犍連、迦葉、大愛道、達磨亭娜、蘇摩納等諸長老、長老尼所修的多是四諦、十二因緣、八正道、三十七道品等法；而所證的，僅只預流果、阿羅漢之果位而已；其偈陀所歌頌的，也只是破我執、斷煩惱、明生是空罷了。又因爲他是釋尊，是佛教的開創者，所以他所教導出來的，往往是某一門的第一人，譬如大愛道是尼師之始、達磨亭娜是說法第一尼、凱瑪是智慧第一尼等等。

今請分析她們的修法與授受之道如下：

（一）從大愛道披剃，又得佛陀親加攝授的。從大愛道披剃者，大愛道總是會請佛親加攝授（譬如得利卡長老尼就是：「（得利卡）得夫應允，遂從大愛道披剃。大愛道令他去拜會佛陀，以得面授。」），而受者往往可以得到佛光的加庇，如穆妲長老尼就是：「（穆妲）從大愛道出家。一日齋畢，到靜處坐禪，佛陀從香室向他發出佛光後……穆妲禪功大增，不日即成羅漢。」裴娜長老尼也是：「二十歲從大愛道出家。佛陀遙見，放出一道佛光……。」

（二）自我成就的，總是在事理上的著證悟──即所謂「頓悟」──因此，師承與法系就比較泯然了。譬如：穆妲長老尼是自習止觀，而證得羅漢

果位的。曇摩長老尼是，因托缽回寺時，因身體虛弱，手腳顫抖，摔倒在地，而使他體悟到諸行無常等三法印的深義，心領神會之餘，頓得阿羅漢果的。再如悉哈則是，坐禪七年，仍不得定慧，絕望之餘，乃決定自縊；竟然在將繩索套綁脖頸的剎那間，頓然開悟，成爲羅漢的。也有因聽聞《大念住經》，便修習禪觀，而由之入道的梅達卡利。又如，16~1 的般娜聽《獅吼經》後得預流果，出家後遂修成羅漢的。以上諸例，都是明證；然則所謂師承、法系，便顯得不是那麼明確了。

（三）直接傳諸佛陀的，則多在佛的或講經、或頌偈、或顯神通的接引下而入道，而證果。

（四）從佛之弟子而得攝受的，這有幾種情況：或者只受戒法，如阿扎迦尸長老尼是；而大多是先爲外道，因與佛弟子辯論而得攝受的如：薩瑪長老尼之與阿難長老、維摩拉、嬌杜德拉長老尼之與目犍連長老、巴達坤扎拉蓋薩長老尼之與舍利弗等是。可見佛陀在世時，門人之攝眾，初不在於自設的道場，而是通過辯論的方式以折服外道的。

（五）聽聞兒子說法而得道的，有帕杜瑪沃蒂、阿巴帕里等兩例，她們的共同點是，皆爲當時的名妓。

（六）從佛陀的再傳弟子而得證悟的，如本論文「四、師承與法系」之6~10 所述，她們的傳法雖不盡相同，但因爲去佛不遠，所以不能看作教派的分裂。

三、她們的成道與否，不必一定要受具方可。譬如：1~4 的蒂莎，〈傳〉中就明白地說：「他聽後即成羅漢。當時他還是一位尚未受具的式叉摩那。」又如，2~1 的標題，則直接以之爲稱呼了——〈世尊以如下偈頌開導美女嬌達式叉摩那〉。又如，2~2 的金達也是。又如，5~10 的帕扎佳拉是「修得預流果位。其後正式出家受具，修習禪觀」的。另外，6~3 的凱瑪、6~4 的蘇佳姐、6~5 的阿奴帕瑪、11~1 的蓋薩高得密、20~4 的遜得里、20~5 的蘇巴情況亦同。

四、印度講究種姓、社會階層的風尚（我不說是「制度」，因爲它並不是某人或某時訂定下來；而是自然形成，且二千多年來從沒有改變過的。美國歷史學家威爾・杜蘭（Will Durant）氏在他的鉅著《世界文明史 The Story of Civilization》的〈印度與南亞 India and Her Neighbors〉卷子裡，引用英國歷史學家的話說：「沒有階級的存在，印度的社會是不可以想像的。」他們之所以

如此，是倫理的，不是制約的〔註12〕，所以我說它是風尚，而不說是制度。）
是盡人皆知的事體，這種姓、階層一般區分爲四，就是：戌陀羅（案，玄奘
法師說：「舊曰首陀，訛也。」見《大唐西域記》卷二〈十二族姓〉）、吠舍（案，
玄奘法師作「奢」，引全前。）、刹帝利和婆羅門〔註13〕，一層高於一層。當
然，權利義務也要跟著節節高昇，譬如：「一個婆羅門教徒即使犯了罪行，他
也不會被判死刑；國王可能將他放逐，但仍允許他帶走他的財產……如一個
首陀羅階級的人誘姦了婆羅門教徒的妻子，他的全部財產將被沒收，並將生
殖器割除。一個首陀羅的人殺死了一個首陀羅，爲了贖罪要給婆羅門教徒十
頭牛；如他殺死了一個吠舍，他要給婆羅門一百頭牛；假如殺死了一個刹帝
利，他就得付與婆羅門一千頭牛；如果他殺死了一個婆羅門的人，他就得處
死。只有殺死婆羅門才是眞正的犯了謀殺罪行。」這很不公平不是？不過話
說回來：「如他犯了一項罪行，他必須接受一項比對低下階層的人更嚴重的處
罰：例如「一個首陀羅犯偷竊罪，他要被罰他所盜竊物品所值，或全部金錢
的八倍；如果是一個吠舍階級是十六倍，一個刹帝利階級則爲三十二倍。但
如果是婆羅門，則要罰六十四倍。」（全上引）有權利就有義務，印度的社會
風尚就在這樣的背景下塑成。因此，階級、種姓較低下的女子的婚姻，大多
比較不幸。譬如，2~3 的蘇曼格拉之母也是，〈蘇曼格拉之母長老尼所說偈〉
的〈偈陀23〉說：「解脫自在尼，擺脫舂與杵；不再鍋邊轉，也不須製傘。今
得離他家，擺脫無恥婿。」從「無恥婿」的怨懟之言，就可以想見了。

　　五、我們如果只從〈偈陀〉、〈小傳〉看到當時印度妓女行業，難免會覺
其不可思議，難道她們或他們竟不以之爲羞恥嗎？譬如阿扎迦尸的纏頭資就
等同於國家的一日稅收，而她也頗以之自詡：「迦尸國稅日千金，我之收入原
相似；村民減價付其半，因而稱我半迦尸。」再如 2~8 的帕杜瑪沃蒂和 2~9
的阿巴雅本來是種姓高貴的家庭，卻因爲貌美，竟然作了城中的名妓。而 20~1

〔註12〕威爾·杜蘭（Will Durant）氏在他的《世界文明史》的〈印度與南亞〉裏說：
「當階級制度消失，印度的倫理生活將要經過一個長時期的紊亂過程，因爲
倫理的法則幾乎是與階級緊緊地接合一起而不可分離。倫理也可以說就是本
能，也即是在一個階級裡每一個人在他生活裏的常規。」（頁140）
〔註13〕案，《大唐西域記·十二族姓》卷二云：「若夫族姓殊者，有四流焉：一曰婆
羅門，淨行也，守道居貞，潔白其操。二曰刹帝利，王種也，奕世君臨，仁
恕爲道。三曰吠奢，商賈也，貿遷有無，逐利遠近。四曰戌陀羅，農人也，
肆力疇壠，勤身稼穡。凡茲四姓，清濁殊流，婚娶通親飛伏異路，內外宗枝，
姻媾不雜。」

的阿巴帕里則因爲太美了，惹得王子們爭相求婚，她乾脆做了妓女，以便雨露均霑！實則印度的社會風尚、人們的理念不但不像我們的想法，甚至還以爲是神聖的。威爾・杜蘭（Will Durant）氏在他的鉅著《世界文明史 The Story of Civilization》的〈印度與南亞 India and Her Neighbors〉裡考究其事，說：「娼妓大部份僅止於廟宇。在南部地區凡有性需要的男人都由廟裡的神妓去接待，其名爲 Devadasis——亦稱『神的僕役』——事實上就是妓女。每一個 Tamil 廟宇裏都住有一群所謂的『神聖婦女』，最初她們專門在神前載歌載舞，也可能是爲了接待婆羅門祭師的一項禮貌……此外，又允許另一部份的妓女擴大她們的服事範圍，其條件是收入的一部份要繳給祭師。一般廟宇裏的妓女，或稱 Nautch 女郎（原注：這字來自印度語 nach，亦即舞女。）……這一習慣已由時間的久遠證實爲神聖了，因此沒有一個人會將它看作是不道德或不符合倫理；一般被尊敬的婦女經常是將她們的一個女兒奉獻去作爲一個廟宇裏的職業歌妓，這與她們將一個兒子送去作祭師是異曲同工的行爲。」所以，尼師之中有妓女是極其正常的事體，如 2~4 的阿扎迦尸就是當時迦尸國的名妓便是，其他還有 2~8 的帕杜瑪沃蒂和 2~9 的阿巴雅、5~2 的維摩拉、20~1 的阿巴帕里等等，亦復如是；不但如此，佛陀甚至於還因此別立了代授具戒的通例，直影響至今。譬如，〈阿扎迦尸長老尼所說偈〉引用《律藏・犍度》的記載，說：「名妓阿扎迦尸終於皈依佛教，出家爲尼。後來，他要到舍衛城去受具足戒，以求進取。一群好色的惡少聞訊趕來，堵在路口，攔住了他的去路。阿扎迦尸無法通過，便派使者去見佛陀，以陳明情況。佛陀隨機應變，便通過使者爲阿扎迦尸授了具足戒，並據此立了一條方便的戒規，說明在特殊情況下可通過使者傳授戒法。」可以爲證。再則，當阿巴雅「爲修不淨觀，要到林中去觀尸體」時，「佛陀從香室作法，使一尸體在阿巴雅面前次第呈現膨脹、青瘀等相。阿巴雅觀後心證苦諦，佛陀又以偈頌說法，阿巴雅聽完成爲羅漢。」這不是無緣大慈、同體大悲的顯現嗎？除此之外，也有外道而成就的，如 5~5 的嬌杜德拉就是。也有低種姓女，如 11~1 的蓋薩高得密者。也有乞丐，5~12 的姜達就是，〈姜達長老尼所說偈〉的〈偈陀 122～124〉說：「往昔無夫婿，無親友子女；無食亦無衣，生活何苦淒。」「捧碗持拐杖，挨門去行乞；受冷又受熱，度過七年期。」「帕扎佳拉尼，飲食得甚易；上前去拜見，請求爲披剃。」結果成就了一代尼師！

更有女奴，譬如 16~1 的般娜便是給孤獨長者家中一個女僕的女兒，直到

她證得了預流果，給孤獨長者見般娜品行高尚，才解除了他的奴隸身份。

從以上的分析歸納，可以看出佛陀儘管起初並不贊成女眾出家；但是，一旦容許之後，起攝受四眾，也是了無分別的呀。

六、當時女眾出家，似乎可以無限度的返俗，譬如 2~10 的薩瑪悲痛於好友的死亡，她在〈偈陀 37、38〉就說：「過去心未伏，心中無寧日；寺廟去復來，已然有九次。」又，「第八夜滅貪，諸苦已了然；實行佛之教，精進得涅槃。」鄧氏的注說：「四度去，第五次返回，共有九次。」這是說來來去去、去去來來的意思，初不限定四、五為九吧！又如 3~2 的烏得瑪也是一樣，她的〈偈陀 42〉說：「修禪不入定，我心未安轉；寺廟去復來，已然有九次。」又如 6~8 的維佳亞也是，〈偈陀 169〉說：「心念未調伏，心神未得寧；反覆曾九度，離寺又復回。」等等的話，都是明證。那麼，今日所見比丘尼出、入道法只能一往返而已，恐怕就不是當初的佛制了。

七、尼師在其時，已經頗有不容輕忽的勢力了，譬如 6~6 的大愛道就是著例，〈大愛道長老尼所說偈〉便說：「大愛道遂成為佛教史上第一位比丘尼，以後也才有了比丘尼團體。准許婦女出家修道，尋求真理，這在古代社會當中，無疑是一件了不起的事。大愛道為原始佛教僧團的發展也有貢獻，他一生中教化了不少的女性，被眾尼推為首座。」又如，3~6 的蘇卡就是，蘇卡長老尼曾經是一善於講經說法的，而且有五百尼常隨眾，則其為當時一勢力也。而她的師父達磨亭娜正是佛陀的尼弟子中，說法第一的人。詳情請見前文 1~12 287、3~6 302 引。又有大愛道的奶媽，也是達磨亭娜長老尼的攝授弟子呀，詳見 5~2。又如 5~10 的帕扎佳拉，〈小傳〉說：「帕扎佳拉長老尼一生教化了大批尼眾，對佛教的發展、壯大，作出了傑出的貢獻！」所以，5~11 的〈三十位長老尼所說偈〉便說：「佛陀時代的三十位長老尼，他們出身於不同的種姓與家庭，但聽帕扎佳拉長老尼說法之後，都皈依了佛教，成為三十位比丘尼。他們依帕扎佳拉之教導勇猛精進，最終證得了羅漢果位。他們自說三首偈頌，表達證得果位的喜悅和對恩師的感激之情。」想想看，這是何等的一股力量呀！

八、受具足戒，一般是要滿二十歲才可以的；但也有例外的，譬如 3~7 的塞拉就是，〈塞拉長老尼所說偈〉說：「塞拉……因早已明白諸行無常的佛理，所以出家七日，便得羅漢位。當時他剛滿七歲，佛陀對這一位小沙彌尼很是器重，又破格為這位七歲的小沙彌尼授了比丘尼戒。」這是佛教的方

便法門呀，可見後世墨守成規的不當了。

九、當時女子地位的卑微，是社會大眾的共識。如 3~8 的索瑪，她已經是國王大臣的女兒了，可是當時的評價，還是被輕蔑的，這可從以下的〈偈頌 60〉（根據本傳說此偈是摩羅，即所謂魔鬼，所唱的）看出來的：「佛陀諸聖賢，修證成羅漢；其他平庸輩，求得已困難；女流『二指智』，絕然不可攀。」所謂「二指智」，根據鄧氏的注解，說是：「是對女性的貶稱為。印度古時，女人的職責便是給男人做飯。為察看米飯是否已熟，他們往往從鍋中取出幾粒米，用兩指捻壓。因此人們認為，女人之智能，唯此而已。」因為有這樣的歧視，所以索瑪的答頌才說：「我心能守一，智循羅漢向；佛法心領會，女性又何妨？」又如 11~1 的蓋薩高得密在〈偈陀 217〉借佛陀之口，說盡了婦人的苦楚：「世尊有稱號，調御大丈夫；曾說婦人苦，多妻難度日。有婦產一胎，便自縊身亡；弱婦因產痛，自殺服毒喪。遇到難產時，死傷子及娘。」又〈偈陀 220〉：「汝家已敗落，貧女屢遭難；直至千萬代，眼淚流未乾。」

十、從入道因緣的比較之中，我們發現了中、外的差異，譬如說：

（一）若以佛教的發源地——中天竺來看，我國當然屬於「邊地」；以佛法傳承的時機來講，我們當然是在「末法時期」。因為時空的限制，不能因睹佛的威儀，因欣羨而出家的事例了。

（二）女眾出家，家庭變故原本是一大因素；但是，印度多有因為婚姻不順（尤其是單方面嫌棄丈夫不好，甚至於是因為醜陋）或者感覺生活無趣而憤然出家的，然而，我國的尼眾則幾乎沒有這樣的事體。這當然是國情、民風不同之故了。

（三）印度是一個政權難於統一，思想絕對分歧的國家，所以佛教之外的道術特多，乃常有外道而皈依我佛者；至於我國，則殊不一見。

（四）在〈比丘尼傳〉或碑刻銘文之中，常可看到女眾因身罹疾疢，於是或自願、或被動（為其家人所迫）而出家的；但在〈長老尼偈〉中，卻絕無僅有。這是信仰理念之不同使然，無足怪者。

（五）我國經常有宮娥嬪妃被強迫出家的例子；在〈長老尼偈〉中，卻絕對沒有。這是國情和理念影響下，自然顯現的結果。關於這一點，詳情請參閱拙著《比丘尼傳》研究之柒〈北朝嬪妃多入道‧南朝則恰相反對的原因〉，頁 141。

附　錄

一、長老尼繫年長編

因爲審查《長老尼偈》中，諸長老尼活動的時間、空間，絕大多數都是在本師釋迦牟尼佛的時、空之間；所以，本「長老尼長編」的編製，乃以本師的活動時、空爲編寫的主軸。

又因爲印度先天地就是一不重視歷史的族群，所以本師的活動起訖時、空，便成了學者爭論之點。我們乃根據韓廷傑先生翻譯的斯里蘭卡的巴利文原典《島史》、印順法師《妙雲集》中有關佛教的史地考釋、岑仲勉先生《佛國記校注》、季羨林先生《大唐西域記校注》、美國・威爾・杜蘭（Will Durant）氏《世界文明史・印度與南亞》、日・玉城康四郎等著、李世傑譯之《佛教思想（一）在印度的開展》等重新爲之擬定一比較近似的編年，請學者、專家指正。

624 B. C.〔註14〕（當我國周相王二十八年）　夏曆四月八日，本師釋迦牟尼（Sakyamuni）佛降生於臘伐尼林（Lumbini；案，即藍毗尼花園）無憂樹下。釋迦，是他的種姓；牟尼，是他的號。他應該是姓瞿曇（Gautama）氏（或稱甘蔗 Iksvaku、日種 Suryavamsa、舍夷 Sakya）瞿曇，義爲「最好的牛」〔註15〕；名字是悉達多（Siddhartha），義爲「能成就一切的」。屬剎帝利種（Ksatriya）。此時其父迦毗羅衛城（Kapiavasth）城主淨飯（Suddodana）王五十餘歲，母親摩耶（Maya）夫人四十五歲（太子生後七日而夫人

〔註14〕本師釋迦牟尼佛的生滅年代，因爲印度不重史事的記錄，所以自來學者的考釋，便眾說紛紜。譬如印順法師就把它比定在471～390 B. C.，這恰是相當我國周元王六年～周安王十二年，已經要到戰國時代了。而季羨林先生的說法卻以爲：「現在多數學者認爲佛滅於公元前486年左右」這與季先生校注卷八「頻毗娑羅王」的說法乃相矛盾，因爲頻毗娑羅王 Bimbisara 在位二十八年（582～554 B. C.）就以554 B. C.來推算，才不過佛年十一歲，彼時佛未出家，更遑論悟道、說法，則頻毗娑羅王怎麼能迎接佛陀呢？所以根據巴利文史詩〈大史〉Mahavamsa 和《島史》Dipavamsa 的記載，把它比定爲624 B. C.生，544 B. C.滅，應該比較與史實相應。

〔註15〕這可以由《島史》的記載加以證明：「無上士走向堅定不動如公牛一樣的最勝座，結跏趺坐。」又「人中最好的公牛，坐在樹王下的最勝座上。」其實，農業社會的民俗信仰多是崇奉牛隻的，《論語》：「犁牛之子騂且角，雖欲勿用，山川其捨諸？」正是這一層道理的體現。

辛，由摩訶波闍波提（Mahaprajapati），也就是後來的大愛道長老尼，撫養成人）。

619 B. C.（當我國周襄王三十三年）　太子年五歲而頻毗娑羅王（Bimbisara）生。

612 B. C.（當我國周匡王元年）　太子年十三；頻毗娑羅王年八歲，發五大願：「一、父親教我剎帝利王義，二、人中公牛佛陀應當生於我國，三、如來最初見我而來，四、爲我說甘露法，五、我於勝法都能了解。」（以上據《島史·第三章摩訶三摩多王系》）

609 B. C.（當我國周匡王四年）　太子年十六，王爲其納耶輸陀羅（Yasodhara）和瞿毗耶（Gopka）二妃子。

605 B. C.（當我國周定王五年）　太子年二十；頻毗娑羅王年十五，《島史·第三章摩訶三摩多王系》說：「從他（頻毗娑羅王）生後第十五年，其父已死，他舉行了灌頂禮。」

595 B. C.（當我國周定王十二年）　二月初八日中夜出家，時年二十九。

589 B. C.（當我國周定王十八年）　十二月八日晨，在尼連禪河十里的畢波羅樹（Pippala，即菩提樹）下，睹明星而成等正覺，時年三十五。即往波羅奈國鹿野苑度憍陳如〔註16〕等五人，是爲最初比丘。時頻毗娑羅王三十歲。

588 B. C.（當我國周定王十九年）　頻毗娑羅王即位的第十六年，佛入王舍城；頻毗娑羅王歡喜踴躍，《大唐西域記》卷九有其迎佛遺跡的記載：「沒特伽羅子故里東行三四里，有窣堵波，頻毗娑羅王迎見佛處。」且於竹園內立竹林精舍，是有僧寺的開始。這眞是佛教的一大護法，護法到讓他的王后出家爲尼，眞是難行能行，難忍能忍了。6~3〈凱瑪長老尼所說偈〉就如是說：「凱瑪本是摩揭陀國薩格拉（Sagala）城的一位公主，生得十分俊美，被頻毗娑羅王納爲王后……頻毗娑羅王向他一再宣揚竹林精舍如何富麗壯觀，促使王后心嚮往之。最後，王后終於由侍從陪同到竹林精舍瞻拜。」進而披剃爲尼，成就了「智慧第一尼」。（其他請參詳本論文〈地

〔註16〕　（阿若）憍陳如 Annakodanna，根據巴利文〈長老偈246〉是婆羅門種，出生在迦毗羅衛城附近的兜那瓦杜 Donavatthu 村。得法後修成羅漢，在鹿野林中十二年而入涅槃。

域考〉之第十五畫摩揭陁國條）

此時又度化了舍利弗（Sariputta）、大迦葉（Mahakasyapa）、大目犍連（Mahamaudgalyana）等大弟子。（以上參見《長老偈 259、261、263》）

584 B. C.（當我國周簡王二年）　世尊成道之第六年，乃返迦毗羅衛國謁其父淨飯王，時四十一歲。

582 B. C.（當我國周簡王四年）　阿難八歲出家，爲沙彌之始，時世尊四十三歲。

581 B. C.（當我國周簡王五年）　佛子羅睺羅（佛之妃子耶輸陀羅所生）出家，時世尊四十四歲。

582 B. C.（當我國周簡王四年）　在這一段期間（582～554 B. C.）頗有長老尼爲佛攝受的，如達磨亭娜長老尼，就是佛陀爲她講了《有明小經》（cullavedalla），而將她培養成爲「說法第一尼」的。又有索瑪長老尼也是。

高齡長老尼蘇摩納，原來是舍衛城拘薩羅國王的王妹，佛陀向國王說法時，她因心生崇敬而請求披剃，佛陀見他智慧乃爲她說偈，而成就了羅漢果位。這應該是在波斯匿王的時候，季羨林先生的《大唐西域記校注》說：「鉢邏犀那恃多王（Prasenajit；案，又譯作波斯匿王，意譯爲勝軍王）爲公元前六世紀憍薩羅國王，建都於室羅伐悉底城。憍薩羅國在當時是北印度列強之一，鉢邏犀那恃多王則是釋迦牟尼時代的重要人物之一。他贊助佛教，敬慕釋迦牟尼，對佛教的發展是有力的推動……當他與釋迦牟尼在劫比羅伐窣堵進行最後一次會見時，留在國內總攝政事的大臣宣佈憍薩羅國廢除鉢邏犀那恃多的王位，立其子毗盧擇迦爲王。他聞訊後立即前往王舍城向摩揭陁國阿闍世王求助，打算奪回王位，但是剛走到王舍城外，他終於因勞累而含恨死去。」這是當時佛教的損失，不過，從之也可以知道佛陀是經常來往於王舍城和舍衛城以弘法的。另一位在憍薩羅國爲佛陀度化的是烏得瑪長老尼以及出生在舍衛城一個高種姓家庭，而因其貌美，被拘薩羅國王納爲宮女的烏比娌長老尼也是親炙佛陀的開示的。至於薩姑拉長老尼則是正當佛陀得祇園精舍，她在盛大的法會上聽佛說法便得開

悟而皈依了佛教，隨之披剃出家，後修為羅漢，贏得佛陀稱之為「天眼第一」。還有被佛陀許為「精進第一」的索娜長老尼、尼師中度眾最多的帕扎佳拉長老尼、娃塞提、古達等長老尼也是在此時得度的。

又如嫡達式叉摩那長老尼，也是此時蒙佛攝受的；但她的過程，卻是透過大愛道，令大愛道集合全體尼眾，為其分別開示，更且顯佛陀的神通而成就她的道業的。另外，2~2的〈金達長老尼所說偈〉說：「金達本是吠舍離城釋迦族的一位公主，他的經歷與美嫡達略同。」那麼，或者也應該歸在這一時期而稍後吧？還有阿拉沃卡國的小公主塞拉也應當列在此時，詳請參看 3~7 的〈塞拉長老尼所說偈〉。此外猶有阿奴帕瑪長老尼

578 B. C.　（當我國周簡王八年）　憍陳如等五比丘於鹿野苑林中入般涅槃，時佛已世壽四十七歲，正好是弘法的第十二年，大愛道也在此時出家（其時跟隨她一起出家而有名姓可考的，就有：蒂莎、娣拉、維拉、蜜妲、跋得拉、烏帕薩瑪（案，以上都是悉達多王子的宮女，其身世和經歷也都大同小異）。以及大愛道的乳母。）接著有舍利弗長老的三個妹妹佳拉、烏帕佳拉、悉蘇帕佳拉也在此時此國皈佛的，又有蘇巴也是，〈蘇巴長老尼所說偈〉說佛陀得道之後，首萐王舍城時，蘇巴和蘇巴·吉娃卡巴瓦尼卡都是目睹佛顏，心生敬仰，便爾披剃為尼，而終成就了羅漢果位的。

567 B. C.　（當我國周靈王十四年）　阿闍多設咄路王（Ajatasatru，舊作阿闍世王，意譯曰未生怨王）實際上統治著摩揭陀國。〔註17〕

558 B. C.　（當我國周靈王十四年）　頻毗娑羅王（時六十二歲）讓位〔註18〕

〔註17〕《島史·第三章摩訶三摩多王系》說：「當他涅槃（案，即佛陀）的時候，這位剎帝利統治了二十四年。」對照季羨林先生的說法：「佛教文獻說他（案，指頻毗娑羅王）的王位是被阿闍世篡奪的，而阿闍世則又是在釋迦牟尼的堂弟和敵人提婆達多的陰謀煽動下幹此勾當的。史密斯（V. A. Smith）認為這種說法可能是正統佛教為了污衊提婆達多教派而篡改印度歷史的結果。這個見解比較合理。」但是，對照《島史》的年代紀錄（請參閱本編年567～544 B. C.），反倒是正統佛教的說法較為可信。

〔註18〕《島史》說：「這位剎帝利（案，即頻毗娑羅王）統治了五十二年，於三十七年間與佛陀一起。」這樣看來，是王即位的第十六年之後，直到駕崩，都與佛同在了。（仝上）

於其子阿闍多設咄路王，王嘗擴充其勢力而征服憍薩羅國與跋耆國，建立了強大的摩揭陁國。時佛的世壽已經六十七歲了。

553 B.C.（當我國周靈王十九年）　阿闍多設咄路王本年接受灌頂，時佛的世壽已經七十二。

544 B.C.（當我國周景王元年）　佛從王舍城，渡恆河，到毗舍離化度婬女菴摩羅（這是最後一位的比丘尼），而受捺樹林供獻；於是在其附近的竹林村，因遇饑饉而遣眾。之後，二月十五日，在拘尸羅〔註19〕的熙連若跋提河畔的娑羅雙樹下般涅槃，世壽八十。

二、《長老尼偈》索引

案，本〈索引〉是根據「圓明出版社」的鄧譯《長老尼偈》而製，所以章節、頁數都與之同。前為章節，如 1~1；後為頁數，如 283 等是。又，本索引也附錄了《大藏經·釋迦譜》中的「名聞比丘尼五十人」之法號，因為是散編在本論文「參、本論、二入道法門」裏面，所以檢索的條碼就如下的編法：參二（一）或（二）……等等。

（一）人　名

三畫

大愛道　1~1　283、1~2、1~3、1~4（以上具見頁 284）、2~5（以上具見頁 294）、3~4 300、4~1　305、5~1　307、5~4　309、6~6　324

大迦葉　即比帕利，4~1　305

四畫

比帕利　即大迦葉，4~1　305

巴德拉卡比拉尼　4~1　305

巴達坤扎拉蓋薩　5~9　313

〔註19〕拘尸羅，梵文作 Kusinagara，或譯作拘尸那揭羅、拘尸那伽羅、拘夷那竭等等，意譯為香茅城、角城等等。原本是末羅 Malla（意譯為力士生地，古名拘舍伐蒂 Kusavati）人的住地之一，《大唐西域記》卷六載：「拘尸那揭羅國城郭頹毀，邑里蕭條，故城墼基，周十餘里。居人稀曠，閭巷荒蕪。城西北三十四里，渡阿恃多伐底河（案，即希連禪河或譯作熙連若跋提河，今小甘達克河 Little Gandak）西岸不遠，至娑羅林。其樹類槲而皮青白，葉甚光潤；四樹特高，如來寂滅之所也。」末羅人在佛陀住世時，是一最虔誠的信眾，因此佛於此地般涅槃。

一位長老尼）

十五畫

十六畫

十七畫

十八畫

（二）書　名

三畫

九畫

二十二畫

參考書目

1. 鄧殿臣・威馬萊拉擔尼合譯，《長老偈・長老尼偈》，圓明出版社。

2. 韓廷傑譯，《島史》，慧炬出版社。

3. 釋印順，〈原始佛教聖典之集成〉，見《妙雲集》，大乘出版社。

4. 釋印順，〈佛教史地考論〉，見《妙雲集》，大乘出版社。

5. 梁啓超，《中國佛教研究史》，中華書局。

6. 呂澂，《印度佛學源流略講》，中華書局。

7. 梁・釋僧祐，〈釋迦譜〉，《大正大藏經》，新文豐出版公司。

8. 晉・釋法顯原著、岑仲勉考釋，《佛遊天竺記》，臺灣商務印書館。

9. 唐・釋玄奘、辯機原著、季羨林等校注，《大唐西域記》，新文豐出版公司。

10. 馮承鈞編，《西域地名》，華世出版社。

11. 馮承鈞校注，《諸蕃志》，臺灣商務印書館。

12. 法・伯希和著、馮承鈞譯，《交廣印度兩道考》，臺灣商務印書館。

13. 日・玉城康四郎等著，李世傑譯，《佛教思想（一）在印度的開展》，幼獅公司。

14. 美・威爾・杜蘭（Will Durant），《印度與南亞》，幼獅公司。

15. 周次吉撰，《〈比丘尼傳〉研究》，國科會研究計畫補助 NSC 89-2411-H-324-006。